Teach yourself the marrow of English grammar
through Oscar Wilde's The Happy Prince

オスカー・ワイルドで 学ぶ英文法

倉林秀男　原田範行

ask
PUBLISHING

はじめに

『オスカー・ワイルドで学ぶ英文法』というタイトルがついておりますが、本書は包括的な英文法書ではありません。本書は、『ヘミングウェイで学ぶ英文法』シリーズと同様のコンセプトで、**「英語の小説を読み切る楽しさを味わいながら、英文法の知識を身につける」**ことを目的に書かれました。オスカー・ワイルドの代表作である『幸福な王子』を6つの場面に分け、物語を読み解く上で重要な文法事項を丁寧に解説してあります。

外国語で文学作品を読む楽しみの1つは、**「原文の美しさを味わう」**ことだと思います。原文を繰り返し音読して、そのリズムを体の中に染み込ませることで、心地よい言葉の調べの中に身をおくことができる——そんな経験をされたことがある方もおられるでしょう。『幸福な王子』は、美しい英語の響きを体の中にしみこませ、表現の美しさを感じ取ることができる格好の教材です。冒頭部分を音読すると、たちまち私たちはワイルドの描き出す美しい言葉の世界に引き込まれていきます。

High above the city, on a tall column, stood the statue of the Happy Prince. He was gilded all over with thin leaves of fine gold, for eyes he had two bright sapphires, and a large red ruby glowed on his sword-hilt.

用いられている語はどれも平易なのに、とても流麗な文章だと感じませんか。『幸福な王子』は全体を通して簡単な語彙で物語が展開しますが、読み進めていくうちに、こうした平易な言葉がここまで美しく並べられているのかと驚嘆させられるでしょう。音読をするとすぐに、**リズムの心地よさ**に魅了されます。日本語の七五調で書かれた文章を声に出したときの心地よさに近いものを感じ取れるはずです。それは、stood the statue の [st] の音の連続や a large red ruby の [r] の連続、thin leaves of fine gold で [n] がくり返されていることなどに関係していそうです。

音楽的な美しさに加え、**表現レベルでの美しさも特筆に値します**。最初の high above the city は、これから物語が展開する街を見下ろすような高い場所を私たちに意識させます。雲の合間に見え隠れする京都の街を描いた日本画の「洛中洛外図」のような俯瞰的な映像が、この high above the city という表現から連想されるかもしれません。私たちが俯瞰的に街を見下ろす視点を持ったところで、on a tall column と円柱が私たちの目の前にそびえ立つイメージを喚起させ、最後に stood the statue of the Happy Prince という部分で王子の像が描き出されます。このように、俯瞰的な視点が徐々に特定のものにフォーカスされていく様子は、今日の映像的なカメラワークにも似ています。これを The statue of the Happy Prince stood on a tall column high above the city. とすると、なんとも味気ない文になってしまいます。やはり、High above the city, on a tall column, stood the statue of the Happy Prince. という語順でなければ「美しくない」のです。

　『幸福な王子』の英文を声に出して読んでいくうちに、その美しい言葉の響きは、私たちの体の中に自然と染み込んできます。英語学習は目、耳、口を使った総合的な身体運動です。そして、正しいリズムとイントネーションで英文を朗読するには、**英文の正確な意味の理解**が必要不可欠です。そのためには、英文法の正しい知識を備えておかなければならないのです。

　本書の企画立案者である倉林は言語学・文体論が専門ですので、読むために必要な文法解説の執筆を担当しました。また、オスカー・ワイルドを始めとするイギリス文学、そしてイギリス文化研究の第一人者である原田範行が、訳と作品解説、エッセイを執筆しました。ちなみに、原田先生は私の学生時代の恩師で、互いに原稿を確認しながら執筆をし、こうして名前を並べることができるなんて 20 年前には夢にも思っていませんでした。さらに、私が学生時代から観ていた「CBS ドキュメント」や「CBS60 ミニッツ」で世界情勢を見事に解説してくださっていたピーター・バラカン氏に朗読をお願いいたしました。ワイルドの繊細な文章のリズムをバラカン氏の朗読で存分に楽しんでいただけると思います。

　なお、丁寧に一字一句原稿を修正していただいたアスク出版編集部の森田修氏、および母語話者の観点からアドバイスをくださった同編集部のマルコム・ヘンドリックス氏には深く感謝しております。また、同社営業部の方々や書店員の方々をはじめ、他にもたくさんの人々に支えていただきましたことを、この場を借りて心より御礼申し上げます。

　最後に、この本を手に取っていただいた皆様に感謝申し上げます。本書を通じて、英語で小説を読む楽しさと、文法学習の面白さを知っていただけたら幸いです。

倉林秀男

CONTENTS

本書の構成と利用法

　本書は、ワイルドの『幸福な王子』（The Happy Prince）を6つのシーンに分け、1つの作品を「読み切る楽しみ」を味わいながら、同時に英文法の知識を効果的に深められるように、以下の構成になっています。

🖊 まずは和訳をチェック

「和訳先渡し方式」により、作品の内容を先に把握していただくことができます。まずは英語をそのまま味わいたいという中・上級者の方は、和訳を最後に見ていただいてもかまいません。

🖊 「ここに気をつけて読もう」

注意すべき文法上のポイントを、右ページにピックアップしています。また「解釈のポイント」として、注意して読み解くべき箇所もハイライトしました。

🖊 「ここに気をつけて読もう」の解説

各シーンの文法上のポイントを、じっくり丁寧に解説してあります。『幸福な王子』の名文を素材として、英文法の重要ポイントを確実に押さえることができます。「解釈のポイント」についても、わかりやすく解説しました。

🖊 ワンポイント文法講義

「原級比較」「無生物主語構文」「強調構文（分裂文）」などのテーマをシーンごとに設定し、深く切り込んでいます。ライブ感あふれる「実況中継講義」をお楽しみいただけます。

🖊 場面解説

各シーンの最後には、作品をさらに深く味わうための文学的解釈や作品背景などに関する解説を入れました。

◎ Scene 2 および Scene 5 の章末には、『幸福な王子』およびオスカー・ワイルドに深く切り込んだ、**本格的なコラム**を収載しました。

◎ A Wee Feast for the Ears「ちょっとした耳へのご馳走」として、オスカー・ワイルドのもう 1 つの短編作品『**ナイチンゲールとバラの花**』の「**英文＋音声**」（解説はありません）をご用意しました。

ダウンロード音声に関して

　本書の各シーンの英文、および『ナイチンゲールとバラの花』の朗読音声ファイルをダウンロードしてご利用いただけます。本書の音声は、パソコン、スマートフォンのどちらでもご利用いただけます。ダウンロードは、アスク出版のサポートサイトと、オーディオ配信サービス audiobook.jp の両方より行えます。

　スマートフォン（iPhone、Android など）をご利用の方は、audiobook.jp のアプリを事前にダウンロードする必要があります。詳細は下記をご覧ください。

https://audiobook.jp/exchange/ask-books

右記の QR コードからもアクセスできます。　

　なお、audiobook.jp で音声をダウンロードされる場合は、シリアルコード「93506」が必要となります。

王子の像と
少し変わったツバメ

　街を見下ろす塔の上に、
「幸福な王子」の像が立って
いました。その像は、この国
で幸福な生涯を送り、若くし
て亡くなった王子を記念して
建てられたものでした。この
物語のもう1人の主人公であ
る、ツバメの登場シーンにも
注目してみましょう。

幸福な王子

　街の上にそびえるように、高い円柱の上に幸福な王子の像が立っていました。純金の薄片に全身を覆われ、目には2つの明るいサファイア、刀の柄には大きな赤いルビーがきらめいていました。

　王子はとても尊敬されていました。「風見鶏のように美しい」とはある議員の言葉。この人は芸術的センスがあると思われたかったのですが、「ただし、それほど役には立たないがな」とも付け加えました。現実離れした人間だと思われたくなかったためですが、彼が現実離れしているなんて、そんなことはありません。

　「どうして幸福な王子のようにしていられないの？」と、ないものねだりをしている小さな男の子に向かって分別顔のお母さんが言いました。「幸福な王子は、おねだりして泣いたりなんかしないわよ」

　「この世に本当に幸せな人がいるなんて嬉しいねえ」と、今度は、絶望した男が、美しい王子の像を見ながらつぶやきました。

　「天使みたいだね」と言ったのは慈善学校の子どもたち。鮮やかな緋色のマントに身を包み、真っ白なエプロンを掛けて大聖堂から出て来たところでした。

　「そんなことどうして分かるのだ？」と数学教師がつっかかりました。「君たちは天使なんて見たこともないのに」

　「そうか！ でも夢で見たことはありますよ」、そう子どもたちが答えると、数学教師は眉をひそめ、厳しい顔つきになりました。この人は、子どもが夢を見ることをよいとは思っていなかったのです。

　ある晩のこと、1羽の小さなツバメが街の上に飛んできました。仲間のツバメたちは6週間も前にエジプトへ飛び立ったのですが、彼だけは残っていました。とってもきれいなアシに恋していたからでした。ツバメがアシに出会ったのは春先のこと、ちょうど大きな黄色いガを追いかけて川の上を飛んでいるときのことで、アシのほっそりとした腰つきにすっかり魅了されてし

まったツバメは彼女に話しかけようと立ち止まったのです。

「あなたに恋してもいいですか？」なんでも単刀直入に言うツバメがそう話しかけると、アシは深くお辞儀をしました。それでツバメは何度もアシの周りを飛び、翼で水に触れては銀のしぶきをあげるのでした。これが彼の求愛表現で、それが夏の間ずっと続きました。

「バカげた恋だね」と、ほかのツバメたちはさえずっていました。「アシなんて、お金もないのに、親戚はたくさんいるのだから」実際、川にはたくさんのアシが生えていました。そうこうするうちに秋になって、彼らはみんな飛び去ってしまいました。

みんながいなくなってしまうと、例のツバメは寂しくなり、恋人にも飽きてきました。「彼女は話もしないし、なんだか浮気っぽいな。いつでも風といちゃついているんだから」、そう彼は言いました。たしかに、風が吹くとアシはいつも、それはそれは優雅に振る舞うのでした。「彼女は家にいるのが好きだけど、ぼくは旅が好きなんだ。だからぼくの妻にも旅が好きになってもらわないと」、そう彼は続けました。

「ぼくといっしょに旅に出ないか？」ついにツバメは彼女にそう言いました。でもアシは首を振るばかり、彼女は自分の家から離れられません。

「ぼくのことをもて遊んでいたのか」とツバメは声を上げました。「ぼくはピラミッドの方へ行くよ。さようなら！」そう言ってツバメは飛び去ったのでした。

The Happy Prince

①High above the city, on a tall column, stood the statue of the Happy Prince. He was gilded all over with thin leaves of fine gold, ②for eyes he had two bright sapphires, and a large red ruby glowed on his sword-hilt.

He was very much admired ③indeed. "He is as beautiful as a weathercock," remarked one of the Town Councillors who wished to gain a reputation for having artistic tastes; "④only not quite so useful," he added, fearing ⑤lest ⑥people should think him unpractical, which he really was not.

"Why can't you be like the Happy Prince?" ⑦asked a sensible mother of her little boy who was crying for the moon. "The Happy Prince never dreams of crying for anything."

"I am glad there is some one in the world who is quite happy," muttered a disappointed man as he gazed at the wonderful statue.

"He looks just like an angel," said the Charity Children as they came out of the cathedral ⑧in their bright scarlet cloaks and their clean white pinafores.

"How do you know?" said the Mathematical Master, "you have never seen one."

"Ah! but we have, in our dreams," answered the children; and the Mathematical Master frowned and looked very severe, ⑨for he did not approve of children dreaming.

⑩One night there flew over the city a little Swallow. His

G r a m m a r   P o i n t s

こ こ に 気 を つ け て 読 も う

① この文の主語はどの部分でしょうか?

② この for はどのような意味を表しているでしょうか?

③ この indeed の役割はなんでしょうか?

④ 省略されている語句を補ってみましょう。

⑤ この lest の品詞はなんでしょう?

⑥ この文の文型はなんでしょうか?

⑦ この asked に対応する主語はどの部分でしょうか?

⑧ この in の用法はなんでしょうか?

⑨ この for の用法はなんでしょうか?

⑩ この文の主語はどの部分でしょうか?

....

N O T E S

....

`L.002` gild ▶…に金メッキをする

`L.002` fine gold ▶純金（＝pure gold）

`L.004` sword-hilt ▶（剣の）つか

`L.006` weathercock ▶風見鶏

`L.006` councillor ▶（市議会などの）議員

`L.011` cry for the moon ▶だだをこねる、ないものねだりをする

`L.018` pinafore ▶子供用のエプロン、前掛け

`L.023` approve of ... ▶…を認める、是認する

friends had gone away to Egypt six weeks before, but he had stayed behind, for he was in love with the most beautiful Reed. He had met her early in the spring as he was flying down the river ⑪<u>after</u> a big yellow moth, and had been so attracted by her slender waist ⑫<u>that he had stopped to talk to her.</u>

"⑬<u>Shall</u> I love you?" said ⑭<u>the Swallow, who</u> liked to come to the point at once, and the Reed made him a low bow. So he flew round and round her, touching the water with his wings, and making silver ripples. This was his courtship, and it lasted all through the summer.

"⑮<u>It is a ridiculous attachment</u>," twittered the other Swallows, "she has no money, and ⑯<u>far</u> too many relations;" and indeed the river was quite full of Reeds. Then, when the autumn came, they all flew away.

After they had gone he felt lonely, and began to tire of his lady-love. "She has no conversation," he said, "and ⑰<u>I am afraid</u> that she is a coquette, for she is always flirting with the wind." And certainly, whenever the wind blew, the Reed made the most graceful curtseys. "I admit that she is domestic," he continued, "but I love travelling, and my wife, consequently, ⑱<u>should</u> love travelling also."

"Will you come away with me?" he said finally to her; but the Reed shook her head, she was so attached to her home.

"You have been trifling with me," he cried, "⑲<u>I am off to the Pyramids</u>. Good-bye!" and he flew away.

Grammar Points　　　　　　ここ に 気 を つ け て 読 も う

⑪ この after の意味はなんでしょうか？

⑫ この that 節はどのような役割を果たしていますか？

⑬ この shall の意味はなんでしょうか？

⑭ このコンマは省略可能ですか？

⑮ The Swallow is ridiculously （　　　　　）to the Reed. の空所に適語を入れて、ほぼ同じ内容の文を作ってください。

⑯ この far の役割はなんでしょうか？

⑰ I am afraid の意味はなんでしょうか？

解釈のポイント　→ p.46

このdomesticは、どのような意味で使われていると思いますか？

I admit that she is <u>domestic</u>, ...

⑱ この should の意味はなんでしょうか？

⑲ この文は「現在」と「未来」のどちらを表していますか？

NOTES

L.026 reed ▸アシ（水辺に群生する、背の高いイネ科の植物）

L.033 courtship ▸求愛（動作）、（女性への）求婚

L.035 attachment ▸愛着、愛情、恋慕

L.035 twitter ▸さえずる

L.039 tire of ... ▸…に飽きる

L.041 coquette ▸男をもてあそぶ女、男たらし

L.041 flirt ▸（恋人を）もてあそぶ、ふざける、いちゃつく

L.048 trifle with ... ▸…をからかう、…をおもちゃにする

「ここに気をつけて読もう」の解説

→ p.15

① この文の主語はどの部分でしょうか？

High above the city, on a tall column, stood the statue of the Happy Prince.

▶ ▶ ▶ **the statue (of the Happy Prince)** です。

解説 High above the city, on a tall column という部分は「場所を表す副詞句」であり、stood が動詞、そして**主語は the statue (of the Happy Prince)** です。

このように、小説の冒頭部分で〈［場所・方向を表す副詞句］＋（助動詞）動詞＋主語〉という構造が現れたときは、［場所・方向を表す副詞句］は「**場面設定**」として物語の背景となり、**主語として提示される名詞句を中心に物語が展開されることを予告する役割**があると考えてもよいでしょう。

なお、このような〈副詞句 ＋（助動詞）動詞 ＋ 主語〉という語順を、「動詞が2番目に来る」ことから「**動詞第二位語順**」(verb-second word order) と呼びます。これは、英語を除くゲルマン諸語（ドイツ語やオランダ語など）に見られる一般的な特徴です（ただし英語でも、古英語の時代にはこの語順が基本型になっていました）。

→ p.15

② この for はどのような意味を表しているでしょうか？

..., for eyes he had two bright sapphires, ...

▶ ▶ ▶ 「…の代わりに」あるいは「…のための」という意味です。

解説 前置詞のforには様々な意味があります。語源をたどると、古英語の時代には「(時間的あるいは空間的に)…の前に」という意味を表していました。その意味は、現代でもbeforeやforwardなどに残されています。

　ここでは、「交換」「代用」(…の代わりに) あるいは「目的」(…のために) の意味で用いられていると考えることができます。つまり、このfor eyesは「(本物の) 目の代わりに」、または「目の役割をするために」「目に相当するものとして」という意味を表しているのです。

〈「交換」「代用」のfor〉

▣ They repay me evil <u>for</u> good, and hatred <u>for</u> my love.
　(彼らは悪をもってわが善に報い、恨みを持ってわが愛に報いるのです)

　…▶旧約聖書(新国際版)の『詩篇』109:5からの引用ですが、いわれのない悪意が向けられた「わたし」の苦悩が書かれています。彼らはわたしの与えた「善」(good) の代わりに「悪」(evil) で報いる、そしてわたしの与えた「愛」(love) の代わりに「恨み」(hatred) で報いるという意味になっています。ちなみに「恩を仇で返す」はrepay [reward] evil for goodです。

▣ The teacher had to substitute <u>for</u> her deceased colleague.
　(その教師は亡くなった同僚の代理を務めなければなりませんでした)

▣ I bought it <u>for</u> twenty pounds.
　(私はそれを20ポンドで買った)

　…▶「もの」を「金額」で買うという表現でforが使われているのは、「交換」をしていることがよくわかりますね。exchangeがforを前置詞として後ろに取るのも合点がいくと思います。

〈「目的」の for 〉

例 This train is bound <u>for</u> Abiko.

（この列車は我孫子行きです）

…▶「目的地」を表す用法です。

例 John would often visit Karuizawa <u>for</u> the summer.

（ジョンは、夏を過ごすためによく軽井沢を訪れていました）

…▶ in the summer は単に「夏に（なると）」という「時」を表す表現ですが、for the summer は「夏を過ごすという目的で」というニュアンスが伴います。

例 What is it good <u>for</u>?

（それがなんの役に立つの？）

　なお、第2段落の ... to gain a reputation for having artistic tastes ... という部分でも for が使われていますが、この for は「傾向」を表す用法だと考えられます。

〈「傾向」の for 〉

例 He has a good ear <u>for</u> music.

（彼は耳が肥えています）

例 He has a talent <u>for</u> business.

（彼は商売のセンスがあります）

　ワイルドが one of the Town Councillors who wished to gain a reputation for having artistic tastes「芸術的なセンスがよいという評判を得たいと思っている議員」という表現を入れているところに面白さを感じますね。この議員が

「風見鶏と同じぐらいに美しい」と見栄を張っている様子が浮かび上がってきます。偉そうにしているけれど、知識や教養が欠けている —— そんな人物に対するワイルドのシニカルなものの見方が反映されていると読み取ってもよいでしょう。

→ p.15

③ このindeedの役割はなんでしょうか？

He was very much admired <u>indeed</u>.

▶ ▶ ▶ 話し手が、あることがらを「強調」する役割を果たしています。

解説 indeedは「実に」「確かに」「まったく」のようなニュアンスで、話し手が何かを**強調する**ときに用いる、ややフォーマルな表現です。以下に示すように、文頭や文末、あるいは強調したい表現の前に置いて用いられます。

例 Thomas is quite right. <u>Indeed</u>, he is a well-known expert in the field.
（トーマスの言うとおりです。実際、彼はこの分野ではよく知られている専門家です）

例 He is a competent engineer <u>indeed</u>.
（彼は本当に優秀なエンジニアです）

例 It is <u>indeed</u> a pleasure to meet you.
（お会いできて本当にうれしいです）

また、indeedには、**間投詞のように当惑や不審など**を表す用法もあります。

例 A: Your supervisor said that you failed the exam.
（指導教授が言うには君は試験に落ちたんだって）

B: Did he, <u>indeed</u>?
（え、そうなの？）

⋯▶「先生が本当にそんなことを言ったの？」という「戸惑い」を表しています。

このように、indeedだけで「え、そうなの？」「本当に？」という反応を示すことができますので、会話でも便利に活用できますね。

また、主にイギリス英語の用法に、〈very ＋ 形容詞（＋名詞）＋ indeed〉や〈very ＋ 副詞 ＋ indeed〉というパターンがあります。veryとindeedを「重ねて」用いることで、形容詞や副詞の意味を最大限に強調することができます。

例 Mr. Suzuki can swim very fast <u>indeed</u>.
（鈴木氏は実に速く泳ぐことができます）

イギリスのパブで軽食を食べてお店を出るときに、店主からThank you very much indeed.と言われたことを思い出します。丁寧なお礼の表現ですね。一般にindeedは書き言葉で使われる固い言葉だとされていますが、実際はこのように会話でもしばしば使われています。

なお、indeed以外の「強調」する副詞としてveryやmuchがありますが、これら2つを正しく使い分けることはできますか？ それぞれ確認してみましょう。まず、veryは**「形容詞・副詞の原級」**を強調するために用います。

例 There stands a <u>very</u> big house on the hill.
（丘の上にとても大きな家が立っています）

⋯▶veryは「形容詞の原級」であるbigを修飾しています。

例 He played the guitar <u>very</u> fast. We couldn't see his fingers.

（彼はものすごい速さでギターを弾いたので、私たちには指の動きを捉えられませんでした）

…▶ veryは「副詞の原級」であるfastを修飾しています。

そして、muchが修飾するのは**「動詞」**および**「形容詞・副詞の比較級および最上級」**です。

例 Thank you very <u>much</u> for purchasing our books.

（私たちの書籍をお買い上げいただき誠にありがとうございます）

…▶ muchは動詞のthankを修飾しています（なお、veryは「副詞の原級」のmuchを修飾しています）。肯定文では、ほとんどの場合very muchの形を取ります。

例 This dictionary is <u>much</u> more expensive than that one.

（この辞書は、あの辞書よりもずっと高価です）

…▶ muchはmore expensiveという「比較級」を修飾しています（still / far / even / a lotなどにも同様の用法があります）。

例 This is <u>much</u> the best book ever written.

（これはこれまでに書かれた中で、ずば抜けてすばらしい本です）

…▶ muchはthe bestという「最上級」を修飾しています（by farにも同様の用法があります）。なお、muchにはmuch the same「ほぼ同じで」のように「だいたい」という意味もあるため、much the bestは「あいまい」な感じがするとして、このような言い方を好まない英語母語話者もいます。ただし、very much the bestのようにveryをつければ、あきらかに「強調」だとわかるので、こちらの言い方は多用されています。

veryにも最上級を強調する用法がありますが、muchとは語順が異なること
に注意が必要です。

例 This is the <u>very</u> best book ever written.
（これはこれまでに書かれた中で、まさに最高の本です）

そして、muchには「**動詞の過去分詞形**」を強調する用法があります。

例 The doctor is <u>much</u> admired.
（✗ The doctor is very admired.）
（その医師は、とても尊敬されています）

ところが、同じ過去分詞形でも、tired / interested / excitedなどを強調する際
にはveryを用いる必要があります。

例 I was <u>very</u> tired.
（✗ I was <u>much</u> tired.）
（私はとても疲れていました）

例 The audience got <u>very</u> excited.
（✗ The audience got <u>much</u> excited.）
（聴衆はとても盛り上がりました）

実は、tired / interested / excitedなどの過去分詞は「形容詞」と見なされる
ため、muchではなくveryを使うのです（辞書を引くと「形容詞」として載っ
ています）。このように、形容詞として使われる過去分詞・現在分詞のことを
「分詞形容詞」 と呼びます。

→ p.15

④ 省略されている語句を補ってみましょう。

only not quite so useful

▶ ▶ ▶ only **he is** not quite so useful **as a weathercock**

解説 前後の文脈から判断ができるときは〈主語＋be動詞〉や as [so] … as の後ろ側の as 以下が省略されることがあります。ここでは、he is と as a weathercock が省略されています。この比較の文も議員の言葉です。省略を含んだ短い言葉になっているため、あえて議員が「付け足した」ような感じとして受け取れます。

また、この only は「ただし」という意味の接続詞です。全体としては、「ただし、風見鶏ほど役には立たないがな」という意味を表しています。

かつての規範的な立場の英文法では、not as … as は文法的に誤りであるとされ、not so … as にすべきだと考えられていましたが、現在ではどちらも問題なく用いられており、むしろ not as … as が多用される傾向にあります。なお、特に「強調」の気持ちを込める場合は、否定文だけではなく肯定文でも so … as が用いられると言われています。

例 I'm <u>not so</u> old <u>as</u> Atsushi.
（私はアツシほど年はとっていません）

…▶ so を as に変えると、「同い年ではない」という意味になります。

例 He is <u>not so</u> strong <u>as</u> he used to be.
（彼は昔ほど丈夫ではありません）

例 An editor <u>so</u> talented <u>as</u> Mr. Shimizu is hard to find.
（清水氏ほど才能のある編集者はそうそういません）

→ p.15

⑤ この lest の品詞はなんでしょう？

... <u>lest</u> people should think him unpractical ...

▶ ▶ ▶ **接続詞**です。

解説　lest の後に完全な文（people should think him unpractical）が続いていることからもわかるように、lest の品詞は**接続詞**です。〈lest ＋主語＋(should) ＋動詞の原形〉で「**(主語が) …しないように**」などの意味を表します。やや古風な表現ですが、今でもフォーマルな文章などでは用いられています。

接続詞としての lest には「**目的**」「**理由**」「**同格**」を表す用法がありますので、ここで整理しておくことにしましょう。

〈「目的」の lest 〉

〈lest ＋主語＋ should ＋動詞の原形〉で、「主語が…しないように」という意味を表します。この用法は、〈so that ＋否定文〉を使って言い換えることも可能です。

例 I must study hard <u>lest</u> I should fail.

（不合格にならないように一生懸命勉強しなければならない）

…▶ ... so that I won't fail. とも表現できます。

〈「理由」の lest 〉

〈lest ＋主語＋ should [might] ＋動詞の原形〉という形で、「主語は…ではないかと」「主語は…しないかと」という意味になります。本文の lest もこの用法です。この意味で用いられた場合は、for fear (that) ... と書き換えられることもあります。

例 The Prime Minister talked in whispers to the Finance Minister <u>lest</u> he should be heard.

（首相は人に聞かれるのではないかと、小声で財務大臣に話しかけました）

…▶ … for fear (that) he should be heard. とも表現できます。

〈「同格」の lest〉

fear, danger, be afraid など恐れや危険を表す語の後に置かれ、「…ということ」という意味で同格の that と同じ働きをします。

例 There was danger <u>lest</u> our plan should become known.

（我々の計画が漏洩する危険がありました）

→ p.15

⑥ この文の文型はなんでしょうか？

… lest <u>people</u> should <u>think</u> him <u>unpractical</u> …

▶ ▶ ▶ 第5文型（SVOC）です。

解説　I've never <u>thought about</u> having to wear a mask all the time. （常にマスクをつけていなければならなくなるなんて、これまで考えたこともなかった）や I'm always <u>thinking of</u> quitting my job. （いつも今の仕事をやめることばかり考えています）などのように、think には前置詞と組み合わせて「…のことを考える」という意味を表す用法があります。前置詞を伴っているので、この think は**自動詞用法**ですね。

　一方、think には他動詞用法もあります。最も身近なところでは、「どう思いますか？」と尋ねるときの What do you think? がそれに当たります（他動詞 think の目的語が what に置き換わって、文頭に移動しています）。また、I <u>think</u> (that) the economy will start to pick up soon. （まもなく経済は上向き始めると思います）のように、that 節を目的語にとって「…だと思う」という意味を

表すthinkも他動詞です。

　また、thinkには〈think A B〉の形で「AをBだと思う（みなす）」という意味を表す用法もあります。people should think him unpracticalのthinkもこの用法で、「人々が彼のことを実利的ではないと考えてしまう」という意味を表しています（このthinkも他動詞用法）。つまり、この文は**SVOCの第5文型**です。

　think of ...やthink about ...という形をよく見かけるので、それに引きずられ、「私はその計画は実行可能だと思います」を*I think of the plan viable. などとしてしまいがちです。正しくはI think the plan viable.となります（I think (that) the plan is viable.のように〈think＋that節〉にすることも可能）。

　なお、think ofを使って「AをBだとみなす」と言いたい場合には、Jacqui thinks of Carrie as her best friend forever.（ジャッキーはキャリーのことを永遠の大親友だと思っています）のように〈think of A as B〉の形になります。

　ここで、〈think O C〉という構造がわかったと思います。そうすると、Oの位置に形式目的語が来る構造もしっかり把握できるようになります。以下の例文で確認してみましょう。

〈itが後続する不定詞を受ける場合〉

例 Do you think <u>it</u> strange to make friends online?
（インターネット上で友達を作るのは変だと思いますか？）

例 Don't you think <u>it</u> best to say nothing about the problem?
（その問題については何も言わないのが最良だと思いませんか？）

〈itが後続する動名詞を受ける場合〉

例 I don't think <u>it</u> a good idea going for a walk dressed in black at this time of night.
（夜のこんな時間に黒い服を着て散歩するのはいい考えだとは思いません）

〈 it が後続する名詞節を受ける場合 〉

例 He thought <u>it</u> strange that there was no one holding onto the strap while standing in a train.
(電車の中で誰もつり革に掴まっている人がいないことが奇妙だと彼は思いました)

そして、〈think O C〉という知識と、名詞が目的語、形容詞が目的格補語になることがわかっていれば、以下の文もちゃんと理解できるはずです。

例 You should not think painful what is good for you.
(自分のためになることを辛いと考えてはいけません)

この文はthinkの直後に形容詞painfulが来ており、一瞬「あれ？」と戸惑ってしまいます。そして後ろを見るとwhat is good for youという名詞節が来ています。実は、what is good for youという目的語が長いため、目的格補語のpainfulと語順が入れ替わっているのです。〈think O C〉という基本形がわかっていれば、理解できるはずです。このように、**文型の知識や品詞をしっかり頭に入れておけば、様々な形式の文に対応できるのです。**

→ p.15

⑦ このaskedに対応する主語はどの部分でしょうか？

"Why can't you be like the Happy Prince?" <u>asked</u> a sensible mother of her little boy who was crying for the moon.

▶ ▶ ▶ **主語は a sensible mother です。**

解説 この文が、A sensible mother asked of her little boy, "Why can't you be like the Happy Prince?" という**直接話法**の文が**倒置**されたものであることはおわかりになると思います。それよりも重要なのは、「**誰が誰に何をaskしたのか**」という文の構造を正しく捉えることです。

まずは、askという動詞のとる構文を確認しましょう。以下のように、askは〈ask A B〉の形で「AにBを聞く」「AにBを頼む」という意味になります。

　　例 Now, I'll <u>ask</u> you five questions.
　　（次に、あなたに5つの質問をします）

　　例 May I <u>ask</u> you a small favor?
　　（ちょっとした頼み事をしてもいいですか？）

　askは、「聞きたいこと」や「頼みたいこと」を前に出して、〈**ask B of A**〉というパターンで用いることもできます。

　　例 Now, I'll <u>ask</u> five questions <u>of</u> you.
　　（次に、あなたに5つの質問をします）
　　　…▶ 文法的には問題ありませんが、少し不自然な言い方です（of以下が長い場合は自然）。

　　例 May I <u>ask</u> a small favor <u>of</u> you?
　　（ちょっとした頼み事をしてもいいですか？）
　　　…▶ 「頼む」の意味の場合は〈ask B of A〉を自然な形で用いることが可能です。

　本文から引用した箇所も〈ask B of A〉という構造になっていますね。「誰が誰に何をaskしたのか」をまとめると、「a sensible motherが、her little boyに、"Why can't you be like the Happy Prince?"をaskした」となります。よって、「askした人」、つまりこの文の「**主語**」はa sensible motherです。
　この〈ask B of A〉という構造が見抜けないと、誤ってa sensible mother of her little boy「分別顔の、小さな男の子のお母さん」という名詞句で読んでしまい、正

しく意味を捉えられなくなってしまいます。なお、〈ask A B〉に書き換えると以下のようになります。

A sensible mother asked her little boy who was crying for the moon,
"Why can't you be like the Happy Prince?"

　この形だと意味の区切りがわかりにくく、「誰にask したのか」「何をask したのか」をすぐに理解するのは困難になります。ここで、「主語を移動させて後ろに置くこと」および〈ask B of A〉という文法パターンが選択されているのは、読み手にとって「意味の区切れが明確となり、そうしたほうがわかりやすいから」でしょう。このように、**ある文法形式が選択される場合、そこには「ちゃんとした理由」**があるのです。

→ *p.15*

⑧ この in の用法はなんでしょうか？

... <u>in</u> their bright scarlet cloaks, and their clean white pinafores.

▶ ▶ ▶「着用」を表す in です。

解説　in には「着用」(…を身に着けて) という意味を表す用法があります。ここでは慈善学校の子供たちが「鮮やかな緋色のマント」と「真っ白なエプロン」を身に着けている様子が描かれています。

　「服の中に入っている」→「服を着ている」と考えると確かにわかりやすいのですが、実際には服だけでなく、「帽子」や「靴」などに対しても用いられます。*Men in Black* という映画がありますが、この in も着用の in ですね。このタイトルは、映画に登場する「黒づくめの男たち」のことを表しているのですが、彼らは黒いスーツだけではなく、真っ黒なサングラスに、黒いネクタイ、そして黒い靴を身に着けています。

　関連する例を1つ紹介しておきます。次の文の in の意味を考えながら読んで

ください。

> 例 Sleeping <u>in</u> contact lenses is dangerous because it drastically increases your risk of eye infection.

　Sleeping <u>in</u> contact lenses の部分を「コンタクトレンズの中で寝る」と考えるのは、無理がありますよね。この in も「着用」を表していて、全体としては「目の感染症のリスクを劇的に高めてしまうため、コンタクトを着けたまま寝てしまうのは危険です」という意味になります。

　このように、in の意味を考えるときには、「空間や箱の中に物体がある」というイメージがいつでも適用できるわけではありません。少しでも疑問に思ったときには、イメージで考えるだけではなく、しっかり**辞書を確認して多義的な意味を確認する**ようにしましょう。

→ p.15

⑨ この for はどのような用法でしょうか？

the Mathematical Master frowned and looked very severe, <u>for</u> he did not approve of children dreaming.

▶ ▶ ▶「理由」を表しています。

解説　前置詞の for のいくつかの用法を②で確認しましたが、後に文（he did not approve of children dreaming）が続いていることから、この for が**接続詞**だとわかります。「（というのは）…だから」という意味で「理由」を表しています。ワイルドの文体上のクセかもしれませんが、この作品では、接続詞の for がたくさん使われています。

　接続詞の for はやや文語的で、会話などでは because が好まれます。because は従属接続詞なので because 節を文頭に置くこともできますが、for は等位接続詞なので、〈for ＋ 文〉を文頭に置くことは好まれません。

以下の例文で確認しましょう。

例 ○ I was hungry <u>because</u> I skipped breakfast.
（お腹が空いていました。なぜなら朝食を食べなかったからです）

例 ○ <u>Because</u> I skipped breakfast, I was hungry.
（朝食を食べなかったので、お腹が空いていました）

例 ○ I was hungry, <u>for</u> I skipped breakfast.
（お腹が空いていました。というのは、朝食を食べなかったからです）

例 ✕ <u>For</u> I skipped breakfast, I was hungry.

　等位接続詞のforは、**直前に述べた内容に対して補足的に理由を述べる**ために用いられます。また、for以下で示される補足情報は、多くの場合、聞き手や読み手にとっては**「新情報」**です。

　ついでに、この文で使われているfrownという動詞にも注目しておきましょう。*Longman Dictionary of Contemporary English*（LDOCE）の定義では "to make an angry, unhappy, or confused expression, moving your eyebrows together" とあり、「顔をしかめる、眉をひそめる、難しい顔をする」という意味で用いられます。look severeは「厳しい顔つきをする」ということですから、子どもたちの無邪気な言葉や表情とは対象的に、数学の先生が不快感をむき出しにして、まったく理解を示していない様子が印象的に描かれていますね。

　ちなみにfrown at ...とすると、「しかめ面をして…を見る」という意味になります。

例 Look, that security guard is <u>frowning</u> at us.
（おい、あの警備員、俺たちのこと怪しいと思ってこっちを見ているぞ）

→ p.15

⑩ この文の主語はどの部分でしょうか？

One night there flew over the city a little Swallow.

▶ ▶ ▶ a little Swallow です。

解説 動詞（flew）の直前にあるthereが主語だと思ってしまうかもしれませんが、この文は「ある晩、1羽の小さなツバメが、その街の上空にやってきました」という意味であり、**主語はa little Swallow**です。

there flew over the city a little Swallowのthereは、**There is[are] ...**（…がある）のthereと同じ役割を果たしていると考えていいでしょう。There is[are] ...は**「存在文」**（existential）とも呼ばれますが、「…がある、いる」という「存在」の意味を表します。以下のように、be動詞以外の一般動詞も、このような形を取ることがあります。

例 There stands a church on the hill.
（山の上に教会があります）

例 Once upon a time, there lived an old man in a small village.
（昔々、ある小さな村に、1人の老人が住んでいました）

例 There still remain a lot of questions to be solved.
（解決されるべき疑問は、まだたくさん残っています）

例 There broke out a war between the two nations.
（その2国間に戦争が勃発しました）

ここで、1つ考えてみなければならないことがあります。there flew over the city a little Swallowは、なぜ、主語（a little Swallow）を動詞（flew）の直後

に置いた<u>there flew a little Swallow over the city</u>という形になっていないのでしょうか。実際、ある英語母語話者に確認すると、there flew a little Swallow over the cityという言い方は「かなり不自然」とのことでした。さらに、その理由について聞いてみたところ、

> There flew a little Swallow over the city. という文の場合、a little Swallow over the cityが「ひとかたまり」になっているので、「<u>街の上にいる小さなツバメが飛んで行った</u>」というような、奇妙なイメージになってしまう。

という説明をしてくれました。

　実は、flyのように単なる「移動」を表す英語の自動詞がover the cityのように**「方向を表す前置詞句」**と結びついた場合、**「出現」を表すひとかたまりの複合動詞的**に扱われることがあるのです。例えば、walk「歩く」とinto the room「部屋の中に」が結びついたwalk into the roomは、「部屋の中に入ってくる」という「出現」の意味を表します。

　そのため、例えば「きれいな女性が部屋に入ってきました」に相当する英語表現としては、There walked into the room a beautiful girl. が自然であり、There walked a beautiful girl into the room. という言い方は通常できないのです。本来は「ひとかたまり」であるべきwalk into the roomが離れてしまっているため、英語母語話者はa beautiful girl into the roomのほうが「ひとかたまり」であると感じてしまい、違和感を覚えるわけですね。

　「母語話者の直感」（native speaker's intuition）に基づく、このような「違和感」の多くは、**実は文法的に説明できることが多い**のです。そのため、**英文法を学習することは、英語を母語とする人たちの思考様式に迫ることに他ならない**のです。

→ p.17

⑪ この after の意味はなんでしょうか？

... he was flying down the river <u>after</u> a big yellow moth ...

▶ ▶ ▶「…の後を追って」という意味です。

【解説】このafterは「…の後を追って」という意味の**前置詞**です。「ツバメは、大きいな黄色いガを追いかけて、川の上を飛んでいました」という意味になります。flyは自動詞で、その後にdown the riverとafter a big yellow mothという、副詞句の役割を果たす2つの「**前置詞句**」が並ぶ構造になっています。

つまり、flying down the river「川の上を飛んでいる」と、flying after a big yellow moth「大きな黄色いガを追いかけて飛んでいる」という、**2つをまとめて示した形**になっているわけですね。

副詞句には、ある程度、並べる順番に対する制約があります。ここでも、... he was flying <u>after a big yellow moth down the river</u> ...のように入れ替えると不自然な文になってしまいます。英語母語話者に確認したところ、

> he was flying after a big yellow moth down the river という順番にすると、先ほどの「ツバメ」の例と同様にa big yellow moth (which was) down the riverのように読めてしまい、「<u>川の上を飛んでいる黄色いガ</u>」のような内容を想像してしまうので、不自然になる。

という説明をしてくれました。

→ p.17

⑫ この that 節はどのような役割を果たしていますか?

... and had been so attracted by her slender waist <u>that he had</u> <u>stopped to talk to her.</u>

▶ ▶ ▶「ツバメがアシの細い腰つきに惹かれたこと」に対する「結果」を表しています。

解説 この that 節の少し前に、so attracted ... という表現があることに注目します。実は、この部分は、**so ... that ～** というおなじみの構文になっています。一般に、この構文は「**とても…なので～**」のように「前から」訳すことも、「**～なほど…**」のように「後ろから」訳すことも可能です。

例 She was <u>so</u> shocked <u>that</u> she fainted.

上の文は、前から「**彼女はとてもショックを受け、失神してしまいました**」と訳しても、後ろから「**彼女は失神するほどのショックを受けました**」と訳しても、表されている事実関係に違いはないと言えるでしょう。前から訳す場合は、「ショックを受けた」ことの「**結果**」として、「失神した」という解釈になります。そして、後ろから訳すパターンは、どの「**程度**」のショックを受けたのかの具体的内容として、「失神してしまうほど」という事例が取り上げられているという解釈です。しかし、常に「結果」と「程度」の両方の解釈が可能とは言えません。

例 I'm <u>so</u> hungry <u>that</u> I could eat a horse.

could は仮定法なので、この I could eat a horse. は「馬をまるごと1匹食べようと思えば食べられるかもしれない」という意味を表しています。つまり、「**具体的な事例**」ではないため、この so ... that ～ を「結果」として解釈するのは

無理があります。「馬を1頭食べられる<u>ぐらい</u>腹ペコです」のように、「程度」を表しているという解釈が自然ですね。

　ここで、本文に戻って考えてみましょう。

... and had been <u>so</u> attracted by her slender waist <u>that</u> he had stopped to talk to her ...

　「程度」で解釈するなら「立ち止まって話しかけた<u>ぐらい</u>、アシの細い腰つきに惹かれた」という訳になりますが、これは少し不自然です。次の段落の冒頭が、"Shall I love you?" という「ツバメがアシにかけた言葉」から始まっていますから、話が自然につながるように、「ツバメはアシの細い腰つきにとても惹かれたので、（その結果として）立ち止まって声をかけた」のような**「結果」**に解釈するのが自然ですよね。

　なお、ここで過去完了形が使われているのは、前の文からさらに過去に時間を戻して、ツバメがアシと出会ったときのことが語られているからです。

→ p.17

⑬ この shall の意味はなんでしょうか？

<u>Shall</u> I love you?

▶ ▶ ▶ 「聞き手の意志」を尋ねています。

解説　shall を「1人称および3人称主語の疑問文」で用いた場合、**「聞き手（質問相手）の意志」**を表します。Shall I ...? は「私はあなたの意志において…しますか？」、つまり **「よろしかったら…しましょうか？」**「**…してもよろしいですか？**」のように、**相手の意向を尋ねる表現**なのです。

例 <u>Shall I</u> open the window?
　（窓を開けましょうか？）

例 What <u>shall I</u> get for lunch?
（ランチには何を買いましょうか？）

例 <u>Shall we</u> eat out tonight?
（今夜は外食にしませんか？）

　3人称主語の場合は少し複雑で、「あなたの意志において、…は〜をしましょうか？」→「よろしかったら、…に〜させましょうか？」のような**「使役」**のニュアンスになります。

例 <u>Shall my daughter</u> bring a dictionary to school?
（娘に、学校へ辞書を持って行かせましょうか？）

　上の文は、Shall I ...? を使って Shall I have my daughter bring a dictionary to school? と言い換えることもできます。

　なお、Shall I ...? は、特にイギリスで好まれる表現で、アメリカ英語では Do you want me to ...? や Would you like me to ...? のような、「ストレート」な言い方のほうが好まれます。

→ p.17

⑭ このコンマは省略可能ですか？

"Shall I love you?" said <u>the Swallow, who</u> liked to come to the point at once, and the Reed ...

▶ ▶ ▶ **「継続用法」のため、省略はできません。**

解説 関係詞の who と which には**「限定用法（制限用法）」**と**「継続用法（非制限用法）」**があります。以下の例文で、その違いを確認しておきましょう。

A She has two sons <u>who</u> are studying organic biochemistry.

[限定用法]

B She has two sons, <u>who</u> are studying organic biochemistry.

[継続用法]

Aの限定用法の文では、who are studying organic biochemistry「有機生化学を研究している」という関係詞節は、**具体的に「どのようなtwo sonsなのか」を限定する役割**を果たしています。訳は「彼女には、有機生化学を研究している2人の息子がいます」となり、「**有機生化学を研究している2人の息子以外にも、息子がいるかも知れない**」という可能性が生まれます。すなわち、例えば、She has two sons who are studying organic biochemistry, three sons who are dedicated to the study of differential topology, and two daughters who are authoritative researchers of pediatric infectious diseases. (彼女には、有機生化学を研究している2人の息子、微分位相幾何学を熱心に研究している3人の息子、それに小児感染病学研究の権威である2人の娘がいます) のような文も作ることができます。

これに対して、**B**の継続用法は、She has two sons「彼女には2人の息子がいます」のところで、**いったん文が完結**します。それに続けて、..., who are studying organic biochemistry.「その2人の息子は(どちらも)有機生化学を研究しています」という具合に、**補足的説明**をしているわけです。

そのため、もし本文から引用した部分が... the Swallow <u>who</u> liked to come to the point at once ...となっていたとすると、「『なんでも単刀直入に言うツバメ』以外のツバメも登場するのかな?」と、読者は悩んでしまうかもしれません。

ただし、この区別は、実際には「コンマがなければ必ず限定用法である」というほど、厳密なものではありません。そもそも、「話し言葉」の場合は、コンマの有無を判断することができません。あくまでも「傾向」として考えておくようにしましょう。

→ p.17

⑮ The Swallow is ridiculously (　　　) to the Reed. の空所に適語を入れて、ほぼ同じ内容の文を作ってください。

It is a ridiculous attachment.

▶▶▶ **The Swallow is ridiculously (attached) to the Reed.**

解説 この文の a ridiculous attachment という名詞句に注目してみましょう。attachment は動詞の attach が名詞になっているので、**これを動詞に戻してみましょう**。そうすると、A is attached to B「A は B に愛着を抱いている」「A は B を慕っている」という形が表れます。ここでは、ツバメがアシに対して愛着を抱いている訳ですから、The Swallow is attached to the Reed. とすればよいわけです。そして、attachment を修飾している形容詞の ridiculous は副詞の ridiculously に形を変えて、動詞 attached を修飾させます。そうすると、**The Swallow is ridiculously attached to the Reed.** と言い換えることができるのです。ここで見たような動詞を名詞に変えて表現する手段を**「名詞化」**(nominalization) と呼びます。この名詞化を理解すると、英語の読解力が格段に増します。

くわしくは、ワンポイント文法講義③「無生物主語構文と名詞構文」を見てください。

→ p.17

⑯ この far の役割はなんでしょうか?

... she has no money, and <u>far</u> too many relations.

▶▶▶ **too を強調する副詞です。**

解説 far は「差を強調する副詞」で、ここでは too を強調しています。prefer「…をより好む」や rather「むしろ」などのように、「差」を表す表現と共に用いられます。

例 I would far prefer to stay at home.
（家にいるほうがずっとましです）

例 I would far rather burn my whole book, than that he or any other man should think that I had behaved in a paltry spirit.
（彼あるいは他の人に、私が下劣な精神で行動したと思われるぐらいなら、私は自分の本を焼いてしまったほうがましです）

⋯▶ チャールズ・ダーウィンの『種の起源』（*On the Origin of Species*）に登場する一節です。

また、aboveやbelowの前にfarを置いて、「はるかに…」のように強調する用法もあります。

例 His theory was far above my comprehension.
（彼の理論は、私にはとても理解できませんでした）

例 The temperature was far below zero yesterday.
（昨日、気温は零度をはるかに下回りました）

そして、本文から引用したfar too many relationsのように、過度であることをさらに強調するために**too …の前**に置かれることがあります。

例 I have been working far too hard to have time for my family.
（あまりにも忙しく働きすぎているので、家族のための時間をとれずにいます）

→ *p.17*

⑰ I am afraid の意味は何でしょうか？

<u>I am afraid</u> that she is a coquette.

▶ ▶ ▶ 「…ではないかと思う」という意味です。

解説　オスカー・ワイルドの別の短編『ナイチンゲールとバラの花』(*The Nightingale and the Rose*) には、こんな場面があります。

"There is a way," answered the Tree; "but it is so terrible that I dare not tell it to you."

"Tell it to me," said the Nightingale, "<u>I am not afraid.</u>"

「赤いバラを手に入れたい」と願うナイチンゲール（サヨナキドリ）に対して、バラの木が「方法はあるが、それはあまりに恐ろしいので、お前には教えられない」と答えます。それでも Tell it to me.（教えて下さい）と食い下がるナイチンゲールが、さらに I am not afraid.（私は恐れてなどいません）と決意を示している場面です。

このように、afraidは「**怖がって**」「**恐れて**」という意味の形容詞なのですが、I am afraid (that) …のようにthat節が続く場合には「怖がって」という意味にはならないので注意が必要です。

I am afraid (that) …は、❶誘いを断り「申し訳ないのですが…」、❷言いにくいことを言うときに「残念ながら…」「…だと思うのですが」、❸相手の誤りを指摘し「失礼ながら申し上げますが…」、❹謝罪をするときに「申し訳ないのですが…」などの意味で使われます。

ここでは、「**言いにくいことを言う**」**表現**として使われています。自分が好きになったアシのことをcoquette、すなわち「男の気を引こうとする女」「男に色目を使う女」だったと自分なりに結論づけるのです。それは純粋であればあるほど、言い出しにくいことですよね。

⑱ このshouldの意味は何でしょうか？

... my wife, consequently, <u>should</u> love travelling also.

▶▶▶「…でなければならない」という話し手が相手に期待する義務を表します。

解説 助動詞のshouldには多くの意味があります。辞書的な羅列になりますが、大まかな意味を確認しておきましょう。

---

1 義務「…すべきである」（話し手が義務だと思っていることを表す）

例 Students <u>should</u> wear uniforms at school.
（生徒は学校では制服を着るべきです）

2 助言「…したほうがよい」（この場合、主語は2人称で用いる）

例 You <u>should</u> take some rest.
（少し休んだほうがいいですよ）

3 推量「…するはずだ」

例 He <u>should</u> notice that soon.
（彼はそろそろそのことに気がつくはずだ）

4 意志（shall が時制の一致で should になる場合）

例 He asked me if he <u>should</u> call an ambulance.
（彼は私に救急車を呼びましょうかと言った）

⋯▶ He asked me, "Shall I call an ambulance?" を間接話法にした形。

5 仮定法の帰結

例 If I had enough money, I <u>should</u> be happy to go with you.
（もし十分なお金があれば、よろこんであなたと行くのですが）

44

6 丁寧な願望を表す

例 I should like to tell you something.
（少しあなたにお話があるのですが）

7 条件節中で「万が一…したら」

例 Should you have any questions, please contact us.
（万が一質問があれば、連絡してください）

8 要求・必要性（that 節の中で用いられ、仮定法現在の代用として使われる）

例 It is necessary that we should prepare for the worst.
（最悪な事態に備えておく必要があります）

9 感情表出

例 That it should come to this!
（こんなことになるなんて！）

…▶ シェイクスピア『ハムレット』より。「感情のshould」と呼ばれるもので、話者の「ありえない！」という気持ちが込められています。

→ p.17

⑲ この文は「現在」と「未来」のどちらを表していますか？

I am off to the Pyramids.

▶ ▶ ▶ **未来のことを表しています。**

解説 I am going to leave for the Pyramids. と同じような意味になりますね。be off to ... で「…に向かって出かける」ということを表しています。まだ、ツバメはピラミッドには向かっていませんが、「これから向かう」という未来のことがらについて言及しています。ここでI am off to ... と未来のことを現在形で表現しているのは、すぐにでも実現することがらについて言及し

45

ているからです。この表現から、ツバメは王子の場所にいるのは今だけであり、すぐにこの場を離れてエジプトに向かうことを考えていることがわかります。英語の時制「現在形」は「絶対時間」を表すだけではなく、**現在に近接している未来のことがらも表すことができる**のです。

I'm off to the pub with my colleagues. (同僚とパブに行ってきます)、I'm off to Okinawa next week. (来週、沖縄に行ってきます) のように、これから出かけようとしていることを伝えるときに使うことができます。

この domestic は、どのような意味で使われていると思いますか？

I admit that she is <u>domestic</u>, ...

→ 空港に行くと、international flights / domestic flights という掲示を見かけると思います。international flights は「国際便」で、domestic flights は「国内便」という意味ですね。このように、まず domestic には「**国内の**」という意味があります。「**家庭的な**」という意味もあり、さらに、動物に対して使うと「**人になれた**」という意味を表します。ここは、ツバメが「自分の将来の妻」について妄想している場面ですから、なんとなく「家庭的な」という訳語がいいのではないかと思ってしまいますが、それだと流れがおかしくなってしまうのです。ツバメの発言全体を確認してみましょう。

"I admit that she is domestic," he continued, "but I love travelling, and my wife, consequently, should love travelling also."

... but I love travelling, and my wife, consequently, should love travelling also. は「しかし、ぼくは旅が好きなんだから、ぼくの奥さんにも、旅が好きになってもらわないと」ということですね。逆接のbutから始まっているのですから、I admit that she is domestic, ... という部分は「旅が好きではない」という内容であることが想像できるはずです。

　「家庭的な」という言葉は、「家庭生活に向いている」「家事が得意あるいは好きである」「家庭・家族を大事にする」という意味だと思います。ですから、**「家庭的な」という訳語では「旅が好きである」という後半との逆接関係が成立しないのです。**

　実は、このdomesticは「家庭的」ではなく「家にいるのが好きな」と解釈すべき形容詞です。アシは地面に生えている草ですから、当たり前の話ですが、「旅に出る」ことなどできませんよね。純真無垢なツバメは、そのことを「家にいるのが好きだ」と解釈しているわけです。p. 58の「Scene 1解説」でも、「自分の家から離れられない」アシについて触れていますので、あわせてお読みください。

ワンポイント文法講義 ①

Mini-lecture

原級比較
(as ... as ～)

　形容詞・副詞を使って「比較」をする場合には、John is <u>taller</u> than Paul.（ジョンはポールよりも背が高い）のような「比較級」を使ったパターンや、John can run the <u>fastest</u> in his class.（ジョンは、彼のクラスで一番速く走れる）のような「最上級」のパターンを活用できますね。さらに、もう1つのパターンとして「原級比較」があります。

▌ 原級比較とは ▌

　原級比較とは、本文に登場した以下の文（L.005）のように、〈as ... as ～〉の形で「～と同じぐらい…」という意味を表すパターンのことです。

He is <u>as beautiful as</u> a weathercock.
（彼は風見鶏と同じぐらい美しい）

　A is as ... as Bという形の原級比較は「同等比較」とも呼ばれ、Bを基準として、…の部分が「同じ」だということを提示するものです。話し手はBについて、それが「美しい」とか「背が高い」ということを知っていて、それを基準として「AとBが同じ」ということを示すのです。この文では、**「風見鶏は美しい」ということを前提として、「彼（＝王子の像）は、その風見鶏と同じように美しい」と述べているのです。**

　相手に何かをわかりやすく伝える方法の1つとして、自分が知っていて、さらに、相手も知っているだろうと思われる情報とセットにして提示することがあります。例えば、単に「昨日、電車で見かけた人はイケメンだった！」というよりも、相手が知っているであろう芸能人の名前を出して、「昨日、電車で見かけた人は、<u>芸能人の○○と同じぐらい</u>イケメンだった！」と言うほうが相手

には伝わりやすいはずです。

　さて、ここでは「彼（＝王子の像）が美しい」ので、その美しさをわかりやすく伝えるために、**自分の知っている別の美しいものを例として出したとも言**えます。現代の感覚では「風見鶏」が「美しさ」の象徴というのはピンとこないかもしれませんが、当時は建物の装飾的な意味合いが強く、芸術的な意匠が施されたものが多かったようです。

┃ 原級比較の意外な落とし穴 ┃

　原級比較は、中学校で学習する初歩的な文法事項ではありますが、意外に侮れない一面もあります。以下の2つの文を比べてみてください。

　(1) John is <u>as old as</u> Ken.
　(2) John is <u>as young as</u> Ken.

　どちらもシンプルな文ですので、意味を取り違えることはまずないと思います。(1)は**「ジョンはケンと同い年である」**という意味で、(2)は**「ジョンはケンと同じぐらい若い」**という意味ですね。

　なぜ、(1)の文を「同じぐらいに<u>年老いている</u>」とはあまり訳さないのでしょうか？　実は、(1)のJohn is as old as Ken.のoldは、**「年老いた」「古い」「年上の」という文字通りの意味ではありません。**その証拠に、この文は、ジョンとケンが7歳であっても、75歳であっても用いることが可能です。つまり、John is as old as Ken.という文は、**John is old. / Ken is old.ということが前提に**なっていないのです。

　これに対して、(2)の文は、例えば「ジョンとケンが75歳」だった場合は通常成立しません。**どちらも「若い」**こと、つまり、John is young. / Ken is young.ということが前提になっています（人によって「若さ」の定義は様々でしょうが…）。oldとyoungには、このような「性質の違い」があることを押さ

えておきましょう。

　ちなみに、比較の対象とのなる人が明らかに「年老いている」場合には、old が本来の「年老いた」という意味を保つこともあります。例えば、John is as old as my grandfather.（ジョンは私の祖父と同じぐらい年齢を重ねた人だ）という文は、自分の祖父の年齢がわかっており、「だいぶ年を取っている」ということが前提になっています。

　さらに例を見てみましょう。

(3) Mana is <u>as tall as</u> Keiko.

(4) Mana is <u>as short as</u> Keiko.

　(3)は「マナは背が高い」という意味ではなく、「**同じ身長だ**」と言っているにすぎません（ケイコがとても背が高い人だという前提であれば、「マナも同じように背が高い」という意味にもなります）。これに対して、tall の反意語である short が使われている (4) は、「マナとケイコは背が低い」ことが前提であり、「マナはケイコと同じぐらいに背が低い」という意味になります。

　(1)〜(4)で用いられた形容詞は、old — young、tall — short という反意語の関係にあり、old / tall は「**基準よりプラス方向**」、young / short は「**基準よりマイナス方向**」の意味が内包されています。「年齢」や「身長」に言及する場合は、「基準よりプラス方向」の意味を持つ形容詞が優先的に使われます。ですが、「基準よりマイナス方向」の意味を持つ形容詞を用いると、文字通りの意味になります。他にも、high / low、wide / narrow、deep / shallow、thick / thin、big / small のような対をなすものがありますが、「『高さ・幅・深さ・厚さ・大きさ』が同じ」などと言う場合には、やはり「基準よりプラス方向」の意味を持つ形容詞を用います。

▍異なった性質を原級比較で表す ▍

　原級比較の基本用法は、上で見たように、**「同一の尺度」**において**「身長」**や
「年齢」などが同じであることを示すというものです。さらに原級比較は、異
なった2つの「性質」について言及することも可能です。以下の例を見てくだ
さい。

(5) Hiro was <u>as faithful as</u> he was brave.
　　（ヒロは勇敢でもあったが、忠実でもあった）

(6) My appetite is not <u>as good as</u> it used to be.
　　（私の食欲は昔ほどではない）

(7) He doesn't drive <u>as carefully as</u> he used to.
　　（彼は昔ほど慎重に車を運転しない）

　(5) 〜 (7) の例文は、他との比較ではなく、**ある人やものを異なった観点から
捉えて比較する**表現です。〈A is as ... as B〉や〈A ＋ 動詞 ＋ as ... as B〉で、**A
（A＋動詞）がBと同程度である**ことを示すのが原級比較の原則だと考えれば、
これらの例文の意味もきちんと捉えることができます。

　(5) の例文は、Hiro was faithful. と Hiro was brave. という2つが比較されて
おり、「ヒロは勇敢だった。それと同じぐらいに、忠実だった」ということを示
しています。(6) は、「かつての自分が食欲旺盛であったことは認識しており、
それと比較して今は同じ量を食べることができない」、すなわち、「今はそんな
に食欲旺盛ではない」ということを言っています。そして、(7) は「彼は、かつ
ては車の運転が慎重であった」ことを前提として、「それとは同じ程度ではな
い」、すなわち「慎重さに欠ける運転をするようになった」ということを表して
います。

▌「差」を原級比較で表す ▌

原級比較は「同じ」であることを示すのに用いられるだけでなく、程度を表す副詞を伴うことで「差」も表せます。例文 (8) を見てください。

(8) Eric is <u>twice</u> as old as David.

この文は、「エリックとデイビッドが同じ年齢になるには、デイビッドの年齢を2倍にしなければならない」ということです。つまり、「エリックはデイビッドの2倍の年齢です」という意味になります。視覚的にわかりやすくするために、数式のように書いてみると以下になります。

Ericの年齢 ＝ Davidの年齢 × 2

twiceは「2倍に」という意味の副詞です。thrice「3倍に」という表現もありますが、より一般的にはA is X times as ... as B.というパターンが用いられます。「判断基準のBをX倍するとAと同じ値になる」、すなわち「AはBのX倍…である」という意味になります。なお、「半分」の場合は、Eric is half as old as David.(エリックはデイビッドの半分の年齢です)のように、A is half as ... as B.という形になります。

ちなみに、Eric is as old as David.のような、倍数表現が含まれない原級比較の文であっても、「エリックの年齢はデイビッドの年齢の<u>1倍</u>である」のように、**常に「差」を意識しておく**ようにしたいところです。これは以下のような数式を用いて示すことができます。

Ericの年齢 ＝ Davidの年齢 × 1

次の文の意味を考えてみてください。

(9) Eric is as old <u>again</u> as David.

　againという副詞が使われていますが、*Oxford Advanced Learner's Dictionary*（OALD）によれば、againにはadded to an amount that is already there「すでにある分量に追加して」という意味があります。もう少し簡単に言えば、againをonce moreとして捉え、**「さらに1を加える」**と考えることができます。つまり、Eric is as old again as David.という文は「エリックはデイビッドの2倍の年齢だ」となり、(8)の例文と同じになります。これは以下のように「数式」を用いて書くことができます（「＋1」の部分がagainで示されています）。

　　Ericの年齢＝Davidの年齢×（1＋1）

　さらに次の例はどうでしょうか？

(10) Eric is half as old again as David.

　halfとagainが入っていますので、少し複雑に感じられますが、ここまで理解できていれば、この文も問題はないでしょう。まずは、Eric is half as old as David.という文で考えてみましょう。これは、［Ericの年齢＝Davidの年齢×0.5］ということであり、「エリックの年齢はデイビッドの年齢を半分にしたものである」という意味になるわけです。次にagainを加えて考えてみると、以下のようになります。

　　Ericの年齢＝Davidの年齢×（0.5＋1）

　ということで、Eric is half as old again as David.は「エリックの年齢はデイビッドの<u>1.5倍だ</u>」という意味になるのです。他にも、例えばThe price of gas is half as much again as it was three years ago.なら「ガソリンの値段は3年

前の1.5倍です」となります。

まずは以下の例文から考えてみましょう。

(11) Matt isn't as rich as Sarah.
（マットはサラほどお金持ちではない）

A is not as ... as B は「A は B ほど…ではない」という意味になります。肯定文の時と同じように、話し手が**B を基準**として、**A と B が同程度に達しない**ことを述べる形です。さらに、この文は比較級を用いた文に書き換えることができます。それが、次の **(12)** の例文です。

(12) Sarah is richer than Matt (is).
（サラはマットよりもお金持ちである）

つまり、サラとマットは同程度ではなく、「むしろサラのほうがマットよりもお金持ちである」ということを表しているのです。たいていの場合、「A＜B」という程度・優劣の差があることを示します。

次の例はどうでしょうか？

(13) Mr. Yamada is not so much a teacher as a scholar.

この場合も、原級比較の否定であることに変わりはありませんので、シンプルに考えてみましょう。そうすると「ヤマダ氏は教師と学者が同じ程度ではない」、そして「教師＜学者」であるということを表しています。このように考えると、「ヤマダ氏は教師というよりも学者である」という意味になることがわか

りますね。

　つまり、A is not as ... as B や not so much A as B のような原級比較の否定文は、**基準となるBの方がAと比べて程度が高い**ことを示しているのです。裏を返せば、Aの程度が低いということを言いたいわけです。

　もう1つだけ例を出しておきます。

(14) His success came not so much by talent as by diligence.

　この文はどうでしょうか。原級比較の否定文は基準となるBのほうがAと比べて程度が高いということを考えれば、not so much by talent as by diligence を「才能による＜勤勉による」とすることができます。つまり、「彼の成功は才能よりも勤勉によってもたらされたのである」という意味になるのです。

▌原級比較のレトリック▐

　この講義の冒頭で紹介した、He is as beautiful as a weathercock. という表現を、最後にもう少し見ておきましょう。

"He is as beautiful as a weathercock," remarked one of the Town Councillors who wished to gain a reputation for having artistic tastes; "only not quite so useful," ...

　伝達節 の remarked one of the Town Councillors who wished to gain a reputation for having artistic tastes;（芸術的素養があるという評判が欲しい議員のうちの1人が言った）という部分を便宜上取り除くと、He is <u>as beautiful as</u> a weathercock. Only not quite so useful. という文が出てきます。

　これまで説明してきたように、A is as ... as B という形の原級比較は、Bを基準として、程度が「同じ」だということを示しています。そのため、議員は

「風見鶏は美しい」という前提のもと、「風見鶏と幸福な王子の像が同じぐらいに美しい」と述べているわけです。

それに続けて、only not quite so useful と付け加えられています。省略されている部分を補ってみると、He is only not quite so useful as a weathercock. となります。A is not so ... as B や、not so much A as B のような原級比較の否定文は、「基準となるBの方がAと比べて程度が高い」ということを示し、「Aの程度が低い」ということを伝えているのです。ここでは、Aに当たるのが「王子の像」で、Bに当たるのが「風見鶏」です。有益さにおいて、王子の像が劣っていると表しています。つまり、議員は「王子の像は美しいが、役に立たない」と思っているのです。

議員は、自分が浅はかな男だとは思われないように、He is as beautiful as ... と述べて、「自分には芸術的センスがある」というアピールをしています。さらに、only not quite so useful「ただし、少しも役に立たない」と議員が付け足したのは、自分が「現実主義者」なので、先ほどの発言を他人から「現実的ではない」と言われたくなかったからです。

この議員は、実際にはそれほど芸術について造詣が深いわけでもないのに、人々から「芸術的センス、さらに実用主義的な面も持ち合わせた優れた人物」だと思ってもらいたいという承認欲求が非常に強い人物であることがわかります。それが語り手によって、..., which he really was not.（＝though he really was not unpractical）「ですが、実のところ彼は実利的でないわけではなかった」→「なかなか彼は実利的であった（彼は実利的な性格の持ち主であった）」という関係代名詞の継続用法の部分で暴露されることになります。このように、あえてワイルドはその様子を仰々しく古めかしい言い方に加えて、関係代名詞の継続用法で皮肉たっぷりに書いているのです。

この「像」が実用的ではない、という議員の言葉は、最後の場面に描き出される、新たな像の建立についての議員たちの醜い争いの伏線になっていますので、最後まで読んだところでもう一度考えてみてください。

Scene 1 解説 —— 語彙と connotation の幅

　『幸福な王子』の冒頭場面、いかがでしたか。舞台は、作者オスカー・ワイルドの生地であるアイルランドのダブリンを思わせる街。王子とツバメという、作品の中心的な存在が、対照的な形で登場します。王子は「純金の薄片」に全身を覆われているのですが、円柱の上に立つ像なので、自ら動くことはできません。街の人々から見られるばかり。他方、王子の像のあるこの街に飛んできたツバメは、これからエジプトへ向かうところ。空を自由に飛べるというのに、川辺のアシに恋をしていたため、春先からずっと留まっていたのでした。

　王子の像は、街の人たちから、いろいろなことを言われます。「とても尊敬されて」いるのですが、「芸術的センスがあると思われたい」という、ある議員の言葉によると、「風見鶏のように美しい」とあります。なんだかちょっとヘンな表現ですね。確かに当時の風見鶏には芸術的意匠を凝らしたものが多かったようですが、通常は as changeable as a weathercock「風見鶏のようにクルクル向きが変わる」のように「気まぐれ」「心の移ろいやすさ」を表すものを「美しい」（beautiful）ものの代表例にするのは少し無理があります。しかもこの議員は、「現実離れした人間だと思われたくないために」、わざわざ、この風見鶏が「それほど役には立たない」とつけ加えています。どうやらこの人には、「芸術的センス」（artistic tastes）があまりないようです。

　「ないものねだり」をしている小さな男の子に向かって、「幸福な王子は、おねだりして泣いたりなんかしないわよ」とお母さんが言いますが、このお母さんには sensible「分別顔の」という形容詞が付されています。sensible の本来の意味は「感覚（sense）を通して知覚する能力がある」ということですが、そういう感覚によって感じられる対象物や、感じる力のある人にも使われ、そこから、機知や道理や良識をすばやく感じられる賢い人、といった意味にも使われるようになりました。ですから、この「お母さん」はたしかに賢い。でも、王子の像は本当に泣いたりしないのでしょうか。そうした合意を含めて、「分別顔」と一歩踏み込んで訳してみました。

　王子の像を「天使みたいだ」と言う子どもたちに向かって、数学教師が「見たこともないのに」とつっかかります。この教師は、自分が実際に目で見ているも

のしか信じられません。そこで子どもたちが「夢」というと、眉をひそめてしまう。子どもが夢を見るなんてけしからん、というこの数学教師にとって、「夢」は、非現実のたわごとにしかすぎなかったのです。しかし、今日広く知られているように、「夢」は、人間が自己表現するための重要な様式の1つです。そのことを、オーストリアの精神科医ジークムント・フロイトが明らかにしたのは、この『幸福な王子』の出版後まもなくのことでした。ワイルドとフロイトの関係については、研究論文も少なくありません。

　王子の像は「自分では動けない」わけですが、ツバメが恋したアシもそうでした。彼女は、「自分の家から離れられません」とある。ここは、she was so attached to her home と書かれていますが、attach にはもちろん、モノどうしが接続しているとか、ある人に責任や罪がある、といった意味のほかに、情愛で結ばれている、という合意もあります。アシはどうだったのでしょうか。結局、ツバメを「もてあそんでいた」だけだったのでしょうか。

　このように Scene 1 を振り返ってみると、一見、非常に明快な表現でありながら、よく考えると、皮肉や思わぬ合意（connotation）があったり、あるいはそういう合意によって、文章表現に重層性が生まれていたりすることに気づきます。ワイルドは、『ドリアン・グレイの肖像』という小説の序言の中で、All art is at once surface and symbol.（あらゆる芸術は、表層であり、象徴である）と言っています。私たちは、「行間を読む」と称して、ことさら言外の意味を探ろうとすることがありますが、ワイルドは、そのような姿勢をよしとはしませんでした。あくまでも表現されているものがすべてであり、その表現自体に、もしそれが芸術であるならば、象徴が込められているのである、という立場です。「風見鶏のように美しい」という言葉には、美しいものとして「風見鶏」を持ち出す議員の「芸術的センス」への皮肉があるのはもちろんですが、それと同時に、「美しい」ものを、限定的にしか捉えられない社会通念そのものに対する皮肉も感じられます。それらをまとめて、ワイルドは「芸術的センス」のない議員のことばに集約してみせた。非芸術的な議員の言葉から、本当に美しいものは何か、という問いに鋭く切り込んでいくワイルドの勢いのある筆致が感じられます。

　語彙と connotation の幅をこのように見てくると、やはり一番気になるのは、次のことのように思います——幸福な王子は、本当に幸福なのでしょうか？

ウォルター・クレインによる挿絵

王子とツバメの出会い

アシとの恋が実らなかった
ツバメは、越冬のためにエジ
プトを目指して飛び続けまし
た。そして、ひと晩休むため
にこの街にやってきます。ツ
バメが夜露をしのぐために選
んだ場所が、幸福な王子の像
でした。

　ツバメは一日中飛び続け、夜になって街に着きました。「どこに泊まろうかな？」と彼は言いました。「街で支度しておいてくれるといいのだけれど」

　ふと、見上げるような円柱の上にある王子の像がツバメの目にとまりました。

　「あそこがいい」、彼は思わず声を上げました。「ちょうどいい場所にあるし、新鮮な空気もいっぱい吸える」それで彼は、幸福な王子の両足の間にとまりました。

　「黄金の寝床だ」と彼は、あたりを見回しながらそっとつぶやくと、寝る準備をしました。ところが、頭を羽の下にうずめようとしたとたん、大きな水滴が落ちてきました。「おかしなことがあるものだ！」と彼は声を上げました。「空には雲ひとつないし、星はあんなに明るく輝いているというのに雨なんて。北ヨーロッパの気候は実にひどいもんだ。アシは雨が好きだったけれど、そんなの彼女のわがままだよ」

　すると、また一滴、落ちてきました。

　「雨をしのげなくては、いったいこの像は何の役に立つというんだ？」とツバメは言いました。「どこかいい煙突の笠でも探さなくちゃ」、彼はその場を飛び去ることにしました。

　ところが、羽を広げようとすると、3度目の水滴が落ちてきたので、彼は上の方に目をやりました。そこで彼が目にしたものは——ああ、彼は何を見たのでしょうか？

　幸福な王子の目には涙がいっぱいたまっていて、その涙が、彼の黄金の頬をつたってしたたり落ちているのでした。王子の顔は月明かりの中でたいへん美しく、小さなツバメはすっかりかわいそうになってしまいました。

　「あなたは一体、何者なのですか？」と彼は訊きました。

　「私は幸福な王子です」

　「じゃあ、どうして泣いているのですか？」とツバメは尋ねました。「おかげですっかり濡れてしまいましたよ」

　王子は答えました。「まだ命があって人間の心を持っていた頃、私は涙な

どまったく知りませんでした。悲しみなど入って来ることのない、歓楽宮（サンスーシ）で暮らしていましたから。昼には、仲間たちと庭園で遊び、夜になれば、まっさきに大広間で踊り出す。庭園の周囲にはとても高い壁がめぐらされていましたが、その外にあるもののことなんて気にもしませんでした。周りにあるのは美しいものばかり。廷臣たちは私のことを幸福な王子と呼んでいました。実際、幸福だったのです、楽しいということが幸福なのだとすればですがね。そんなふうに私は人生を送り、そして死を迎えました。死んでから人々は、私をこの高い場所に据え付けたのですが、それで私は、わが街の醜さやみじめさをすべて目にすることができるようになったのです。今私の心臓は鉛でできていますが、涙をこらえきれないのです」

　「なんということ！　中まで金でできているわけじゃないのか？」ツバメはそう心の中で思いました。彼は礼儀を弁（わきま）えていましたから、自分の思いを声高に言うことはなかったのです。

All day long he flew, and at night-time he arrived at the city. "Where ①<u>shall</u> I put up?" he said; "I hope the town has made preparations."

Then he saw the statue on the tall column.

"I ②<u>will</u> put up there," he cried; "it is a fine position, with plenty of fresh air." So he alighted just between the feet of the Happy Prince.

"I have a golden bedroom," he said softly to himself ③<u>as</u> he looked round, and he prepared to go to sleep; but just ④<u>as</u> he was putting his head under his wing a large drop of water fell on him. "What a curious thing!" he cried; "there is not a single cloud in the sky, the stars are quite clear and bright, ⑤<u>and yet</u> it is raining. The climate ⑥<u>in</u> the north of Europe is really dreadful. The Reed ⑦<u>used to</u> like the rain, but that was merely her selfishness."

Then another drop fell.

"What is the use of a statue if it cannot keep the rain off?" he said; "I ⑧<u>must</u> look for a good chimney-pot," and he determined to fly away.

But before he had opened his wings, a third drop fell, and he looked up, and saw——Ah! what did he see?

The eyes of the Happy Prince were filled with tears, and tears were running down his golden cheeks. His face was so beautiful in the moonlight that the little Swallow was filled with pity.

"Who are you?" he said.

Grammar Points

ここに気をつけて読もう

① この shall はどのような意味を表していますか？

② この will はどのような意味を表していますか？

③ この as はどのような意味を表していますか？

④ この as の意味はなんでしょうか？

⑤ この and yet の意味はなんでしょうか？

⑥ この in の役割はなんでしょうか？

⑦ この used to は would に置き換えることができますか？

解釈のポイント → *p.93*

この文が伝えたいことはなんでしょうか？

What is the use of a statue if it cannot keep the rain off?

⑧ この must はどのような意味を表していますか？

NOTES

| L.002 | put up | ▶（短期間）泊まる、滞在する |

L.002 put up ▶（短期間）泊まる、滞在する

L.006 alight ▶（鳥・昆虫などが）降りて止まる

L.013 dreadful ▶ひどく不快な、とんでもない、恐ろしい

L.015 selfishness ▶身勝手さ、わがまま

L.017 keep ... off ▶（雨・風・日光などを）さえぎる、…を寄せ付けない

L.018 chimney-pot ▶煙突の先端についている（笠状の）通風管

"I am the Happy Prince."

"Why are you weeping then?" asked the Swallow; "⑨you have quite drenched me."

"When I was alive and had a human heart," answered the statue, "I did not know what tears were, ⑩for I lived in the Palace of Sans-Souci, where sorrow is not allowed to enter. In the daytime I played with my companions in the garden, and in the evening I led the dance in the Great Hall. ⑪Round the garden ran a very lofty wall, but I never cared to ask what lay beyond it, everything about me was so beautiful. My courtiers called me the Happy Prince, and ⑫happy indeed I was, if pleasure ⑬be happiness. ⑭So I lived, and so I died. And now that I am dead they have set me up here so high that I can see all the ugliness and all the misery of my city, and though my heart is made of lead yet ⑮I cannot choose but weep."

"What! is he not solid gold?" said the Swallow to himself. He was too polite to make any personal remarks out loud.

Grammar Points

⑨ この現在完了の用法はなんでしょうか？

⑩ for節およびwhere節の、それぞれの役割を説明できますか？

⑪ この文の主語はどの部分でしょうか？

⑫ この文の文型はなんでしょうか？

⑬ なぜ、ここでbeが使われているのでしょうか？

⑭ ここで使われている2つのsoはどのような意味でしょうか？

⑮ I cannot (　　) (　　).のカッコ内に適語を入れて、ほぼ同じ意味の文に書き換えてみましょう。

NOTES

L.027 weep ▶悲しくて涙を流す、すすり泣く

L.028 drench ▶…をずぶ濡れにする

L.031 the Palace of Sans-Souci ▶歓楽宮、無憂宮

L.031 sorrow ▶悲しみ、悲哀

L.034 lofty ▶非常に高い

L.039 ugliness ▶醜さ

L.041 solid ▶中まで同一物質の、無垢の

L.042 out loud ▶声に出して（＝aloud）

「ここに気をつけて読もう」の解説

Commentaries on Grammar Points

→ p.65

① この shall はどのような意味を表していますか?

Where <u>shall</u> I put up?

▶ ▶ ▶「…したらいいのだろう」という「自問自答」の気持ちを表しています。

解説 p. 38で確認したように、shallは**「聞き手（質問相手）の意志」**を表す助動詞です。疑問文で使われるshallは、相手の気持ち・意見・意志を尋ねる表現になります。Where shall I meet you?（どこでお会いしましょうか?）やWhat shall I get for lunch?（ランチに何を買ってきましょうか?）、あるいはShall we go to the restaurant?（レストランに行きませんか?）のように、たいてい「目の前の相手と対話をしているとき」に用いられます。なお、shallには、Shall we get to Tokyo station in time?（東京駅に時間内に着けるでしょうか?）のように、「…でしょう」「…だろう」という主語の意志を超えた単純未来を表す用法もあります。

上に挙げたWhat shall I get for lunch?という表現を、もう一度検討してみましょう。これは**相手がいなくても使うことができる表現**です。例えば、今、自宅で1人で本を読んでいるとします。そろそろお昼になりますが、家には誰もおらず、料理するための食材もありません。そんなとき、「お昼は何を買おうかな? コンビニでいいかな」などのような「ひとりごと」を言う場合があると思います。shallを1人称主語の疑問文で用いる場合、このように、自分自身の意志を確認する**「自問自答」**の表現になることもあります。

本文から引用した、Where shall I put up?というツバメの発言も、相手の意向を尋ねる表現ではありませんよね。「どこに泊まればいいかな」とツバメがひとりごとを言いながら、泊まる場所を探している場面です。したがって、ここ

では**自問自答**をしていると捉えておきましょう。

→ p.65

② このwillはどのような意味を表していますか?

I <u>will</u> put up there.

▶ ▶ ▶ 「**(今その場で)…しよう(と決めた)**」という意味を表しています。

解説 助動詞のwillには「**意志**」「**習慣や習性**」「**依頼**」「**単なる未来の予測**」を表す用法があります。I will put up there.のwillは話し手の「**意志**」を表していますが、*be* going to *do*とは異なり、「**(今その場で)…しよう(と決めた)**」というニュアンスになることに注意しましょう。ツバメは、「前もって泊まる場所を決めていた」のではなく、幸福な王子の像が「たまたま」目に入ったので、「**その場で思いついて、そこに泊まることに決めた**」わけです。この「**その場で意志を決定する**」という用法のwillを、以下の例でも確認しておきましょう。

例 I'<u>ll</u> answer the phone.
　（私が電話に出ます）

　…▶ 不意に電話が鳴ったときに、「私が出ます」と相手に伝えるための表現です。I'm going to answer the phone.にしてしまうと、まるで「電話が鳴ることが前からわかっていて、ずっと待ち構えていた」かのようなニュアンスの、不自然な表現になってしまいます。

例 I'<u>ll</u> wait for him here.
　（ここで彼を待つことにします）

　…▶ 訪問相手が不在で、「すぐに戻ってくるとは思いますが、出直しますか?」と聞かれた場合のひとことです。このように、予定していないことが起きて、その場で何かしようと思ったときにwillが使われます。

「強い意志を表す」will の例を見てみましょう。

例 A: Stay inside. There's a storm coming.
（外に出てはだめです。嵐になりますよ）

B : No, I <u>will</u> go out now.
（絶対、今出かけます）

⋯▶「どうしても出かけるんだ」という強い意志をwillによって表しています。この用法の場合、短縮形のI'll ...ではなく、I will ...にするのが一般的です。

例 This door <u>won't</u> open.
（どうしてもドアが開かない）

⋯▶「まるで意志を持っているかのように、ドアがどうしても開いてくれない」といったニュアンスでドアが「擬人化」されています。「強い意志」のwillは、通常「人」や「動物」が主語になりますが、このように、否定文の場合は無生物を主語にとることもできます。

「いつも変わらず…するものだ」という **「習慣や習性」** を表す際にも、willが用いられます。少しネガティブなものの見方をして、文句を言ったり、非難したりする感じを伴ったり、「そういうものだからしかたがない」という「あきらめ」の気持ちが込められたりすることもあります。

例 Boys <u>will</u> be boys.
（やっぱり男の子は男の子ですね）

⋯▶「男の子たちは男の子たちになるでしょう」という意味ではありません。このwillは「一般的な男の子ってやっぱりやんちゃだ」という前提の上に成り立っています。

例 He <u>will</u> always buy expensive things.
　（彼はいつも高いものを買ってばかりいます）

　…▶ 現在形のHe always <u>buys</u> expensive things.という形にしても、「彼の恒常的性質」を表すという点では変わりませんが、willを使うことで、「いつも高いものばかり買っているので、まったくしょうがない人だなあ」という軽い非難の気持ちを込めることができます。なお、現在進行形（He is always buying expensive things.）でも似たニュアンスを表すことができます（くわしくは「ワンポイント文法講義④」をご覧ください）。

例 My son <u>will</u> play video games all day.
　（うちの息子は1日中ゲームばかりしています）

　…▶ 「息子は1日中ゲームをするでしょう」という意味にもなりえますが、「（放っておくと）息子は1日中ゲームをしてしまっています」ともなります。この「習慣を表すwill」が過去形（would）で使われると、「過去の習慣（よく…したものだ）」を表します。

　「習慣・習性」のwillも、「自分の意志で（つまり自発的に）よく…する」ということですから、「意志」のwillと根源的な部分では通底していると言えるでしょう。
　また、意志のwillをWill you ...?という疑問文で用いると、「相手の意志の有無」、つまり「してくれるかどうか」を尋ねる**「依頼」**の意味になります。

例 <u>Will</u> you open the window?
　（窓を開けてくれる？）

　ただし、「依頼」のWill you ...?はニュアンスに注意が必要です。willは「意志」ですので、Will you ...?は「…する意志はありますか」という「意志の確

認」になり、相手によっては「依頼」というより「命令」のように感じられ、少し失礼な感じになってしまうこともあります。そのため、Would you ...?やCould you ...?のような仮定法を使った表現のほうが、丁寧な印象を与えることができます。

　最後に、**「単なる未来の予測」**を表すwillの用法を確認しておきましょう。

🔲 You <u>will</u> like it.
　　（それ、気に入ると思うよ）
　　⋯▶ プレゼントをあげた相手に対してのひとこと。相手が将来起こすと
　　　 思っているアクションや反応について、話し手が予測して言う場合に
　　　 使われます。

🔲 He <u>will</u> be Karen's boyfriend.
　　（彼はカレンの彼氏でしょうね）
　　⋯▶ 「将来、彼はカレンの彼氏になるでしょう」という意味にもなります
　　　 が、「予測」から拡張して、mayよりも強い「確信のある推量」を表す
　　　 こともできます。

→ p.65

③ このasはどのような意味を表しているでしょうか？

... <u>as</u> he looked round

▶ ▶ ▶「同時性」（…しながら）を表すas です。

接続詞のasには様々な意味があります。例文とともに簡単にまとめておきましょう。

■ 比較「…と比べて」

「ワンポイント文法講義①」で扱った「原級比較」（as ... as ～）における2

番目のasは接続詞（前置詞と考える場合もあります）で、「…と比べて」という意味を表しています。なお、1番目のasは後の形容詞・副詞を修飾する副詞で、「同じぐらい」という意味です。

　⃞例　He sings as well <u>as</u> a professional (does).
　　（彼はプロと同じぐらい上手に歌を歌います）
　　…▶ He sings as wellの時点で「彼は同じぐらい上手に歌う」という意味になり、「誰と同じぐらい上手に歌うのか」がas a professional (does)によって示されているわけです。

　なお、He sings <u>as</u> a professional.（彼はプロ<u>として</u>歌を歌っています）という意味になるasは前置詞のasです。ちなみに、I know Haruo as well as Takako.という文は2通りの解釈をすることができます。1つは、I know Haruo as well <u>as I know Takako.</u>で「私はハルオのことをタカコのことと同じぐらいよく知っている」（タカコのことはもちろん、ハルオのことも知っている）という意味です。もう1つはI know Haruo as well <u>as Takako knows him.</u>と解釈して、「私はハルオのことをタカコが知っているのと同じぐらいよく知っている」という意味にとることができます。このように接続詞のasの後に他動詞の文が続く場合、〈主語＋動詞〉が省略されて**目的語が残るパターン**と、〈他動詞＋目的語〉が省略されて**主語が残るパターン**があるのです。

　また、asの後に自動詞文が続くときは、目的格が使われることがあります。

　⃞例　He runs as fast as <u>me</u>.
　　（彼は私と同じぐらいの速さで走ります）
　　…▶ He runs as fast as <u>I run</u>.の<u>I run</u>という自動詞文が、目的格のmeによって表されています。

2 様態「…のように」

「…のように」という副詞節を導く用法です。アメリカ英語では、このasを like で代用することもあります。

例 When in Rome, do <u>as</u> the Romans do.
（ローマにいるときにはローマ人のようにしなさい）

⋯▶ ことわざで、「郷に入っては郷に従え」とも訳されます。

例 Leave it <u>as</u> it is.
（そのままにしておきなさい）

例 Just <u>as</u> you said, he has gone.
（君が言ったとおり、彼はいなかった）

例 Emi was nervous, <u>as</u> were most of the other examinees.
（他のほとんどの受験生がそうだったように、エミは緊張していました）

⋯▶ 主語が長い場合、as節内で「主語と動詞の倒置」が起こることもあります。これはp. 18で説明した「動詞第二位語順」の一種です。

3 時間「…するときに」「…しながら」

2つの出来事が同じような時に生じる**「同時性」**を表します。一般に、as節は、when節やwhile節よりも同時性が高いと考えられています。

例 You can call me <u>as</u> the need arises.
（必要なときには、連絡していただいてかまいません）

例 He went into the room <u>as</u> he looked around.
（彼はあたりを見ながら、その部屋に入っていった）

4 比例「…するにつれて」

瞬間的な時間ではなく、**比較的長い時間で変化すること**を表します。

例 <u>As</u> time went by, he found that his colleague is dishonest.
（時が経つにつれ、彼は同僚が不誠実だということに気づいた）

例 <u>As</u> we get older, our memories grow dimmer.
（年を取るにつれ、我々の記憶力は衰えていくのです）

5 理由「…なので」

このasはbecauseとほぼ同じ意味ですが、asの従属節は、聞き手にとって**既知の情報**を伝えます。そのため、as節は主に文頭に置かれます。一方、becauseはその節内の情報が聞き手にとって新情報となるため、文頭よりも主節の後に置かれます。

例 <u>As</u> I was sick, I stayed home.
（体調が悪かったので、家にいました）

6 譲歩「…だけれども」

「譲歩」とは、「…だけれども」（≒though）という意味で、主節の内容に反する内容を示すときの用法です。asを譲歩の意味で使う場合、〈形容詞・副詞＋as＋主語＋動詞〉という語順になります。

例 Strange <u>as</u> it may seem, nobody was injured in the car accident.
（不思議に思われるかもしれないが、その自動車事故による負傷者はいなかった）

⋯▶ やや固い言い方で、古い英語ではAs strange as it may seem, ...のように〈as ... as〉の形でした。アメリカ英語では、<u>As busy as</u> I could

be, I have to attend three more meetings today.（これ以上ないぐら
いに忙しいのに、今日はあと3つ会議に出なくてはなりません）のよ
うに、この〈as ... as〉を使った譲歩のパターンが現在でも見られます。

例 Nice <u>as</u> Sarah is, she is loved by everyone in this class.
（サラは親切なので、このクラスのみんなから好かれています）

…▶「サラは親切なのに…」では、意味が通りませんね。このように、〈形
容詞・副詞＋as＋主語＋動詞〉の語順になっていても、「理由」のas
で解釈すべき場合があるので注意しましょう。

→ p.65

④ この as の意味はなんでしょうか？

Just <u>as</u> he was putting his head under his wing ...

▶ ▶ ▶「時間」を表し、「…するときに」と訳せます。

解説　このasは「時間」を表しています。asの前に「まさに」を意味する
justが置かれていますね。ここでは「まさにそのときに…」「ちょうど
そのときに…」のような意味になります。

例えば<u>Just as</u> I was about to leave, it began to rain. という文は、「ちょうど
出かけようとしたときに、雨が降ってきました」という意味になります。この
文は、「まだ出かけてはおらず、家を出ようとしたちょうどそのときに…」とい
う場面を想定することができますね。

では、Just as he was putting his head ... という表現に戻ってみましょう。こ
のとき「ツバメは自分の頭を翼の下に<u>埋めようとしていた</u>ちょうどそのとき」
なのか、それとも「ツバメは自分の頭を翼の下に<u>埋めていた</u>ちょうどそのとき」
なのかどちらでしょうか？　答えは、前者の**「ツバメは自分の頭を翼の下に埋め
ようとしていたちょうどそのとき」**であり、完全に寝る体制になってはいませ
ん。進行形を用いることで、ツバメの一瞬の動作に注目し、描写しているわけ

です。まさにその瞬間に、何やら水滴が垂れてきたのです。この場面もそうなのですが、ワイルドは作品を通して、ツバメの動作や様子を丁寧に描き出しています。

　なお、justは以下の例文のように、様態のasを強めることもできます。

圏 Just as he said, all the classes have been cancelled.
　（まさに彼が言った通り、授業はすべて休講になっていました）

→ p.65

⑤ このand yetの意味はなんでしょうか？
... and yet it is raining.
▶ ▶ ▶「それなのに」です。

解説　andは等位接続詞、yetは（接続）副詞としてそれぞれの文法的役割がありますが、and yetはひとつにまとまった接続詞として捉えておいたほうがいいでしょう。前言を受けて、and yet以下で「**それなのに…**」や「**〜にも関わらずしかし…**」という意味になります。この文で表されているのは、「雲ひとつないのに、雨が降っている」とツバメが思っている場面ですね。

　例文で確認をしておきましょう。

圏 Tom studied hard, and yet he failed.
　（トムは一生懸命勉強したのに、不合格でした）

圏 It was raining hard, and yet they went out.
　（雨がすごく降っていたにも関わらず、彼らは出て行きました）

and yetは、so near[close] and yet so far「とても近いのにとても遠い」→「こんなに近いところにいるのに手が届かない」のような決まり文句的な言い

77

方でもよく目にします。例えばYou are so near and yet so far.という表現は、「仲のいい幼なじみを異性として好きになってしまったが、その思いを伝えられない」なんていう状況を想起させます。

 "So near and yet so far," said the man when the bird lit on his gun.
（獲物の鳥が銃にとまったとき、「とても近いのに、とても遠い」と男は言いました）

…▶ アイルランドのことわざ。「獲物がすぐそばにいるのに、近すぎて撃てない」というもどかしさを表現しています。

→ p.65

⑥ このinの役割はなんでしょうか？

The climate <u>in</u> the north of Europe …

▶ ▶ ▶ 「場所」を表すinです。

解説 このinは「…における」という意味で、**「場所」**を表していますね。the climate in the northは「北の方の（地域の）気候」ということになります。

下の2つの文を比較してみてください。

(1) Hokkaido is <u>in the north</u> of Japan.
(2) Hokkaido is <u>to the north</u> of Tokyo.

(1)は「北海道は、日本の北の方にあります」、**(2)**は「北海道は、東京の北にあります」という意味をそれぞれ表しています。inの場合は、「日本の中に北海道が含まれている」ということが前提になっており、toの場合は「北海道は東京の外にある」ということになります。前置詞が変わるだけで、**「中なのか、そ**

れとも外なのか」が変わってしまうことに注意してください。

　例えば、日本の地理に明るくない人に「埼玉ってどこにあるの？」と聞かれた場合、Saitama is <u>in</u> the north of Tokyo.（埼玉は東京の北の方にあります）と答えてしまうと、「埼玉が東京の一部である」ということになってしまいます。必ずSaitama is <u>to</u> the north of Tokyo.（埼玉は東京の北にあります）と答えましょう！

　ついでに言うと、inとtoの区別でよく問題になるもう１つの例は、「太陽は東から昇って西に沈みます」のような文を英語にする場合です。これを、The sun rises <u>from</u> the east and sets <u>to</u> the west.と訳してしまう人がいますが、これは誤り。正しくは、The sun rises in the east and sets in the west.です。「…から〜に」という日本語に引きずられて、from / toを用いてしまうのでしょう。しかし、ここで示されているのは「太陽が<u>どこで</u>昇り、<u>どこで</u>沈むか」、つまり**「場所」**なのですから、どちらも前置詞はinを用いなければならないわけです。日本語から判断するのではなく、「場所」と「方角」の、どちらの情報が必要なのかを見極めて、英語で表現しなければなりません。なお、Oil prices rose <u>from</u> $43 per barrel <u>to</u> $91 per barrel by the end of 2011.（2011年の終わりまでに、原油価格は１バレルあたり43ドルから91ドルに上がった）のように、「上げ幅」について描写する場合はfrom / toを用います。

→ p.65

⑦ このused toはwouldに置き換えることができますか？

The Reed <u>used to</u> like the rain ...

▶ ▶ ▶ **置き換えることはできません。**

解説　used toとwouldは、どちらも**「過去の習慣」**を表しますが、両者の用法には大きな差異があります。一番大きな違いは、used toは**「過去の習慣的動作」**と**「過去の状態」**の両方を表せるのに対し、wouldは「過去の習慣的動作」しか表せないということです。

likeは「…が好きである」という意味で、動作ではなく状態を表す**「状態動詞」**です。そのため、「好きだった」という「過去の状態」を表すにはwould likeではなくused to likeという言い方を用いる必要があるのです。

例 He <u>used to</u> own a cottage down by the lake.
（かつて、彼は湖畔に別荘を所有していました）

···▶ ownは「…を持っている」という意味の状態動詞なので、used toを使います。

例 There <u>used to</u> be a church in my neighborhood when I was growing up.
（私が子供のころ、近所に教会がありました）

···▶「ある」という意味のbeも状態動詞です。

例 When I was in elementary school, I always <u>used to</u> go to bed at 9:00.
（小学生のころ、いつも9時に寝ていました）

···▶ go「行く」は状態動詞ではなく動作動詞なので、..., I <u>would</u> always go to bed at 9:00. と言うことも可能です。

また、used toによって過去の習慣的動作を表す際には、「今はしていないが、かつてはしていた」や「今は昔ほどはしていない」のような**「現在との対比」**のニュアンスが加わることがあります。wouldの場合は「今やっているかどうか」には関係なく用いられます。

例 My uncle <u>used to</u> smoke two packs a day, but he quit smoking cold turkey after he had an operation for lung cancer two years ago.

（おじは1日にタバコを2箱吸っていましたが、2年前に肺がんの手術を受けた後に、きっぱりやめました）

…▶ cold turkeyは「キッパリと」という意味の副詞です。

例 You cannot grow unless you are willing to change. You will never improve yourself if you cling to what <u>used to</u> be.

（変わりたいという意志がなければ成長などできません。過去に固執してしまっていたら、自分自身を向上させることなどできないのです）

…▶ 元大リーガーのレオン・ブラウンの言葉。「現在」との対比として、what used to be「かつてあったもの」「過去」という表現が用いられています。

→ p.65

⑧ このmustはどのような意味を表していますか？

I <u>must</u> look for a good chimney-pot, ...

▶▶▶「どうしても…しなければならない」という意味を表しています。

解説 mustは「（強い）義務」を表す助動詞で、話し手が、自分自身あるいは他の人が「ある行動をする義務がある」と考えていることを表します。ここでmustが使われているのは、**ツバメが「どうしても…しなければならない」と考えているから**です。

mustは、一般にhave toと言い換えが可能だとされていますが、両者には意味の違いがあることを確認しておきましょう。mustは**「話し手が義務を課す」**ことを表します。一方、have toは**「外部的な事情で主語が何かをする義務を課される」**ことを表します。次の例文で考えてみましょう。

(1) I <u>must</u> make an appointment with my supervisor.

(2) I <u>have to</u> go and see my supervisor tomorrow evening.

(1) は例えば卒論がうまく進まないため、「指導教員に会うためにどうしても
アポを取らなければならない」と話し手が自発的に思っています。一方、**(2)** は
卒論がうまく進んでおらず、「指導教員から明日の夕方に呼び出されていて、行
かなければならない」という状況が考えられます。

(3) You <u>have to</u> go and see your supervisor.
　　　（あなたは指導教員に会いに行かなければなりません）

(3) の場合は、指導教員が会いに来るよう求めていることが他者から告げられ
ているので、言われたら「何があるのかな？」と心がざわついたりしますね。
　本文ではI <u>must</u> look for a good chimney-pot. となっていることから、**ツ
バメ自身が「そうしなければならない」と思っている**ことが表されています。
have toであれば、「自分がそうしたいからやる」のではなく、他律的な感じに
なります。なお、have toは、誘いを断るときのI'd like to, but I <u>have to</u> work
overtime today.（そうしたいところですが、今日は残業しなければならないの
で…）のように、「自分自身がしたいからではなく、やむを得ない事情があるの
でそうする」あるいは「本当は嫌なのだが…」のような含みを伴うことがあり
ます。

→ p.67

⑨ この現在完了の用法はなんでしょうか？
You <u>have</u> quite <u>drenched</u> me.
▶ ▶ ▶「完了・結果」用法です。

　　　　現在完了形は、一般に**過去の行為や状態が現在と何らかの関係がある**
解説　　ことを表せます。完了・結果用法は、「現在までの動作が完了したこ
とと、その結果として現在どのような状態にあるのか」を示します。経験用法
は、現在に至るまでの経験を示す用法です。継続用法は、現在に至るまで動作
や状態が継続していることを示すために用いられます。

　さて、この場面は「王子の流した涙が何度かツバメに落ちてきて、その涙で
ツバメは濡れてしまっている」ということが示されています。「涙が落ちてきた
結果」を示しているのですから、これは**「完了・結果」の用法**だということが
わかりますね。

　なお、この文を直訳すると、「あなたは、私をまったくずぶ濡れにしてしま
いました」となりますが、これでは少し不自然です。「あなたが涙を落とした
結果、私はずぶ濡れになった」ということなのですから、「あなたのせいで、
ずぶ濡れになってしまったじゃないですか」「おかげですっかり濡れてしまい
ましたよ」のような**「被害」**のニュアンスを含めた訳にするのが適切です。

→ *p.67*

⑩ for 節および where 節の、それぞれの役割を説明できますか？

I did not know what tears were, <u>for I lived in the Palace of
Sans-Souci</u>, where sorrow is not allowed to enter.

▶▶▶ **for 節は「涙とは何かわからなかった」ことの理由を付け足しています。**
where 節は the Palace of Sans-Souci の補足説明をしています。

　　　　I did not know what tears were の what tears were は間接疑問文に
解説　　なっています。この文は「涙とは何かわからなかった（涙を流すなん
てことはなかった）」という意味になります。

　「涙とは何かわからなかった」という、ややあいまいな文に対して、**理由を付**
け足す役割を果たしているのが for I lived in the Palace of Sans-Souci という節
です。p. 32 でも解説しましたが、接続詞の for は because のように「強い因果

83

関係」を表すのではなく、前文の内容に対して、**付加的に理由を説明する**時に使われます。

　ここまでを訳してみると幸福な王子には「涙とはどんなものかわからなかった、というのも、歓楽宮に住んでいたから」となるのですが、このままではthe Palace of Sans-Souci「歓楽宮」とはどのようなものかがわかりませんので、..., where ... という継続用法の関係副詞節によって**補足的説明**がなされているわけです。where節によって、「その歓楽宮とは一体どんなところであるかというと、悲しみが立ち入ることのできないところだったのです」という情報が示されています。このように、**コンマに続く節によって情報が積み上げられていく描写方法**に慣れておきましょう。

　さて、「悲しみの無い世界に暮らした王子は、涙を流すことはもちろん涙とは何かを知らず、さらには悲しいという気持ちを持つことすらなかった」ということがこの文で明らかになります。そして、ここから徐々に「幸福な王子」と呼ばれている所以が語られていきます。

→ p.67

⑪ この文の主語はどの部分でしょうか？

Round the garden ran a very lofty wall, ...

▶ ▶ ▶ **a very lofty wall** です。

解説
　この文は〈場所を表す副詞句＋動詞＋主語〉という構造になっています。In the daytime I played with my companions in the garden「昼間は庭で友達と遊んでいた」というところでthe garden「庭」が提示されていましたので、文頭のround the gardenは既出の「旧情報」です。これに対して、文の主語であるa very lofty wall「とても高い壁」という名詞句は**「新情報」**であるため、文の最後に提示されているわけです。

　さて、この「壁」の内側と外側には異なった世界がありました。幸福な王子は、その内側にいたのです。I never cared to ask what lay beyond itのcared toはwished toと解釈できるので、「壁の外に何があるのか尋ねたいとは一切思わなかった」、つまり「壁の外にあるもののことなんて気にもしなかった」という意味です。こうして、王子が「外側」の世界には全く関心を持っていなかったことが明らかにされます。

王子はさらに、「内側」の世界での暮らしについて語っています。everything about me was so beautifulは「私の周りにあった全てのものが美しかった」という意味で、このaboutはaroundと同じ「…の周りに」という意味で用いられる前置詞です。

つまり、王子は庭の周囲（around the garden）にある高い塀の中の、さらに自分の周囲（about me）で美しいものだけに囲まれていたのです。そのようなとても小さな世界で暮らした王子が、像となって外の世界を強制的に見させられることで、現実を知ることになるのです。**その2つの世界を隔てる「壁」が、** Round the garden ran a very lofty wall, ... という表現によって、象徴的に導入されていると言えるでしょう。

なお、... but I never cared to ask what lay beyond it, everything about me was so beautiful.を読んで、**「接続詞がないのに、2つの文がそのまま並置されている」** ことに違和感を持った方もいらっしゃると思います。たしかに、I never cared to ask what lay beyond itという文と、everything about me was so beautifulという文が、**「コンマだけ」** で隔てられています。これはcomma spliceと呼ばれるもので、厳密には「誤用」と言えるのですが、18〜19世紀の文学作品などではよく使われています。カジュアルな文体にしたり、ある種の「雰囲気」を生み出したりするための手法と考えられます。適当な接続詞（この場合はbecauseもしくはas）あるいは「セミコロン」に置き換えて読むといいでしょう。このようなコンマは、本作品でも何度か登場していますので、注意して読んでみてください。

→ p.67

⑫ この文の文型はなんでしょうか？

happy indeed I was

▶ ▶ ▶ **第2文型（SVC）です。**

解説　この文は**第2文型**（SVC）で、補語（C）が文頭に置かれた形になっています。indeedはhappyを強調している副詞ですが、ここでは「実際、私は幸せだったのですが…」「確かに幸せではあったのですが…」のような**「含み」**を持たせていることに注意しておきましょう。

→ p.67

⑬ なぜ、ここでbeが使われているのでしょうか？

..., if pleasure <u>be</u> happiness.

▶ ▶ ▶ **仮定法現在として「想像」を表します。**

解説　この仮定法（叙想法）現在は、**「快楽が幸福だったとしたら」**と王子の想像を表しています。仮定法現在は「祈願文」「従属節内」「原形＋主語の構造」で主に見ることができます。いくつかの例を通して確認しておきましょう。なお、lest節中の仮定法現在についてはp. 26を参照してください。

❶ 祈願文で用いられる場合

　神や超越的なものを主語にして、それらに「何かをしてもらいたい」と願う場合に用いられます。

例 God <u>save</u> the Queen!
（神よ女王陛下を守り給え！）

　　…▶ saveがsavesになっていないことから、「神は女王陛下を救う」という「普通」の文ではないことがわかると思います。「神が女王陛下を救う」

ことを「祈願」している文なのです。ちなみに、Good bye.（さよう
なら）は、God be with you!（神があなたと共にあらんことを）とい
う祈願文が変化したものだと言われています。

例 Heaven <u>forbid</u> that this should happen to anyone ever
again.
（神よ、こんなことが二度と誰にも起こらないようにしてください）

…▶「神が…を禁止する」という叙実法（あることがらを事実として述べ
る言い方）の文ではなく、「神が…を禁じる、ということがあってほし
い」という祈願文です。この Heaven forbid that ...は「…なんて起
きなければいいのに」「…ということになったらたまらない」という
意味の定形表現になっています。Heaven forbid!だけでも、「どうか
そんなことになりませんように！」という意味を表せます。

例 <u>May</u> the Force be with you.
（フォースと共にあらんことを）

…▶ ある人気映画の有名なセリフですが、この文頭は「祈願文のmay」と
呼ばれるもので、仮定法現在の代用として使われます。Long may the
sun shine!（光が続くことを！）のように、may は主語の前に置いて
用います。このように、本来「シンプル」な仮定法現在を「わざわ
ざ」may を使って表すような文法現象を、英語史の用語では迂言法と
言います。

2 提案や要求を表す動詞に続く従属節（that節）中で用いられる場合

advise「…と忠告する」、demand「…を要求する」、insist「…を強く要求す
る」、order「…と命令する」、propose「…を提案する」、suggest「…を提案す
る」、recommend「…を勧める」などの**提案**や**要求**を表す動詞に続く that 節の
中では、仮定法現在（あるいは〈should＋原形〉）が用いられます。これは大

学受験の学習をされた方は、きっと記憶に残っていると思います。

例 Some doctors advise that people of all ages <u>walk</u> around 10,000 steps per day.
（年齢を問わず、すべての人が1日1万歩ぐらい歩くべきだという医師もいます）

例 It's not enough to have lived. We should be determined to live for something. May I suggest that it <u>be</u> creating joy for others, sharing what we have for the betterment of personkind, bringing hope to the lost and love to the lonely.
（これまで生きてきたという経験だけでは不十分。私たちは、生きる目的を持つという決意をしなければなりません。他の人たちに喜びをもたらしたり、私たちの持っているものを人類全体の向上のために分かち合ったり、失意に沈んだ人々に希望をもたらしたり、孤独な人々に愛を届けたりすることを、みなさんの生きる目的にしてみませんか）
…▶『葉っぱのフレディ』の著者である、アメリカの教育学者レオ・ブスカーリアの言葉。

例 I recommend that you <u>contact</u> technical support for that matter.
（その件については、テクニカルサポートに連絡することをお勧めします）

例 The blood test result suggests that he <u>has</u> a high chance of developing gout.
（血液検査の結果は、彼が痛風を発症する可能性が高いことを示しています）
…▶ suggestが「…することを提案する」ではなく、このように「…を示している」「…ということを示唆している」という意味になる場合は、仮定法現在やshouldは用いられません。

3 提案や要求を表す形容詞・名詞に続く従属節（that節）中で用いられる場合

desirable「望ましい、理想的な」、essential「欠くことのできない」、important「重要な」、necessary「必要な」、urgent「緊急の」などの形容詞に後続するthat節中では、仮定法現在（あるいは〈should＋原形〉）が用いられます。decision「決定」、requirement「要求」、resolution「決意」などの名詞の後のthat節中でも同様です。

> 例 It is imperative that politicians <u>be</u> good communicators.
> （政治家にとって、コミュニケーションが上手であることは必要不可欠です）
>> …▶ imperativeは「必須の、必要不可欠な」という意味の形容詞。ちなみに、文法用語の「命令法」はimperative moodと言います。

> 例 It is our order that the judgment of the trial court <u>be</u> reversed.
> （第一審裁判所の判決を破棄することを命じます）
>> …▶ orderは「命令」という意味の名詞です。動詞としての用法もあるので、We order that ... と言い換えることもできます。

4 条件・譲歩を表すif節の中で用いられる場合

従属節内で述べられることがらが、現在または未来に関することや、事実ではない、単なる「想像」を表すときに使われます。

> 例 And if life <u>be</u>, as it surely is, a problem to me, I am no less a problem to life.
> （そして、もし人生が私にとって問題であるならば、そして確かにそうなのだが、私自身がそれに劣らず人生に対して問題なのです）
>> …▶ 投獄されたオスカー・ワイルドが、反省と懺悔の気持ちを手紙にしたためた『獄中記』に出てくる一節。if life beのところは「想像」なの

で仮定法現在が、そして、as it surely isのところは「現実」の話をしているので、叙実法が用いられているわけです。

5 〈原形＋主語〉の構造の場合

〈原形（つまり、仮定法現在）＋主語〉という構造は、以下の例文のように「命令」の意味を持つことがあります。

例 Why now, <u>blow</u> wind, <u>swell</u> billow, and <u>swim</u> bark! The storm is up, and all is on the hazard.

（さあ、風よ吹け、波よ渦巻け、船よ漂え！ 嵐はやってきた。すべてを賭けて挑もう）

⋯▶ シェイクスピアの『ジュリアス・シーザー』に登場するセリフ。やや「古めかしさ」を感じさせる言い方です。

例 <u>Be</u> that as it may, you are wrong.

（それはともかくとして、あなたが悪いのです）

⋯▶ この〈原形＋主語〉の構造が従属節として機能する場合は、「譲歩」の意味を表すことがあります。このような〈原形＋主語〉のパターンは、come what may「何が起ころうと」やsuffice it to say that ...「…と言うにとどめておく」「…と言えば十分だろう」などの定形表現として、現代英語でも用いられています。

→ p.67

⑭ ここで使われている2つのsoはどのような意味でしょうか？

<u>So</u> I lived, and <u>so</u> I died.

▶ ▶ ▶「そのように」という意味の副詞です。

soにはいろいろな意味があります。soには「…するように」などの意味を表す接続詞用法がありますが、ここでは文法的に接続詞として捉えるのは無理があります。

このsoはどちらも副詞なのですが、副詞のsoには「とても」「だから」「本当に」など様々な意味があります。「**だから**」という訳語を当てはめると、「だから私は生き、だから私は死んだのだ」となり、なんとなく「これでいいのでは？」と思ってしまいます。

しかし、そのような解釈には無理があります。「だから…」という訳語を採用するには、前に「理由」が明示されていなければなりませんが、「生きた理由」「死んだ理由」と判断できるような記述は見当たりません。

So I lived, and so I died. より前の部分に書かれているのは、「**王子が歓楽宮で、どのような暮らしを送っていたか**」という内容です。ですから、このsoは「**そのように**」「**そんなふうに**」という意味に捉えなければ成立しません。soのようなシンプルな言葉は多義性を持っていることがほとんどですから、「なんとなく」訳して理解するのではなく、文の流れを見極めて、その意味をしっかり吟味する習慣をつけたいですね。

→ p.67

⑮ I cannot (　　) (　　). のカッコ内に適語を入れて、ほぼ同じ意味の文に書き換えてみましょう。

I cannot choose but weep.

▶ ▶ ▶ I cannot (help) (weeping). または I cannot (but) (weep). と書き換えられます。

 cannot choose but *do* という表現は「**…せざるを得ない**」という意味ですので、このI cannot choose but weep. は「私は泣かざるを得ません」→「私は涙をこらえきれないのです」という意味を表しています。

「…せざるを得ない」という意味の類義表現として、cannot help ...ing と cannot but *do* があります。そのため、この文はI cannot help weeping. または

I cannot but weep. と書き換えることが可能です。cannot but *do* という表現は、なぜcannotの後に動詞の原形ではなくbutが置かれるのでしょうか? これにはラテン語の影響が関わっています。

　英語の歴史において、1500年から1700年頃を「初期近代英語」(Early Modern English) の時代といいます。この時代、ヨーロッパ大陸では、レオナルド・ダ・ヴィンチやミケランジェロが新しい技法を用いて活躍しました。イギリスでは、学校教育が広がることで、これまで不統一であった正しい書き方(正書法) や文法がまとめられていきます。特にラテン語文法を模範として英語の文法を記述していくことになりました。そうした中、ラテン語から1万語程度の語いや表現が英語に借入され、英語風に改められていきました。この時にcannot but *do* という形がラテン語から英語に入ってきました。

　ラテン語の *Non possum non amāre.* はI cannot but love. と訳すことができます。*amāre* はフランス語のamour「愛」などとの関連から理解できると思いますが、英語のloveという動詞に相当します。残りの *Non possum non* という部分が "I cannot but, I must" の意味であったことから、I cannot but という定形表現として今日の英語に定着しました。そのため、I cannot but という「セットフレーズ」の後に、動詞の原形が置かれるのです。

　本文で使われているI cannot choose but *do* という言い方は、それより後に生じたものです。これはbutを「…以外の」という意味の前置詞 (≒except) として捉えています。cannotの後ろに動詞のchooseを置き、「…すること以外は選択できない」→「…せざるを得ない」という意味の表現になります。

　その後さらに、「…を避ける」という意味のhelpを用いたcannot help ...ing という表現も生まれ、同じような意味を表すことになりました。また、今日ではcannot help but *do* という形も見られますが、これはcannot but *do* とcannot help ...ing が「混ざって」できたものだと考えられています。

　ちなみに、ある表現の歴史的な変遷をたどるには、**Google Books Ngram Viewer** という無料のツールが大変役に立ちます。このツールを使うと、Googleが所蔵する大量の書籍の電子データをサーチして、ある特定の表現の登

場頻度の歴史的な変化を見ることができるのです。

Google Books Ngram ViewerのURL（2020年6月現在）
https://books.google.com/ngrams

　試しに、"can not help" "can not but" "can not help but" "can not choose"
をそれぞれGoogle Books Ngram Viewerで検索してみると、現代での使用頻
度はcan not help＞can not but＞can not help but＞can not chooseであり、
かつて最もよく登場していたcan not butの使用頻度が下がってきていること
がわかります。ぜひ、みなさんも気になった表現を自分で検索してみてくださ
い。

解釈のポイント ,,,,,,,,,,,,,,,,,,,,,,,,,,,, Beneath the surface

この文が伝えたいことはなんでしょうか？

What is the use of a statue if it cannot keep the rain off?

→ そのまま直訳すれば「もし、この像が雨を防ぐことができないのなら、何の
役に立つのでしょうか？」となります。しかし、相手が描かれていませんし、
誰かに対する質問ではないことは明らかです。つまり、疑問文の形にはなって
いるものの、疑問に対する答えを要求するものではありません。このように、
疑問文でありながら、実際は相手への質問にはなっていないものを**「修辞疑問
文」**（rhetorical questions）と呼びます。

　つまり、What is the use of a statue if it cannot keep the rain off?は、A
statue is not useful if it cannot keep the rain off.（雨よけにならないなら、こ
の像は役に立たない）という内容を、強調して示していると言えます。ここで
は**「雨よけにならない像なんて、なんの役にも立たない」**というツバメの強い

気持ちが効果的に表現されています。このように、修辞疑問文は、疑問文の形を用いることによって、話し手の強い主張を伝えたり、何かを強く否定したりするために用いられます。

　ちなみに、イングランドのロマン派の詩人、パーシー・ビッシュ・シェリーの『西風の賦』の最後に以下の有名な一節があります。

If winter comes, can Spring be far behind?

　この文は「もし冬がやってきたら、春は遠くにいることがあり得ますか？」という疑問文ではなく、「冬が来たら、春が遠くにいるなんてあり得ない。春は近くに来ているのだ」ということを表しているのです。「冬来たりなば春遠からじ」という訳文もよく知られていますね。

　修辞疑問文は**話し手の感情が高ぶっていること**を示すこともできるので、聞き手の感情に訴えかける役割をもつものとして、スピーチや弁論術などで重用されてきました。また、文学作品の中にも使われ、登場人物の気持ちがダイレクトに伝わる表現になることが多くあります。

　なお、さらに深く考えるなら、物語の冒頭シーンで、ある議員が言った"only not so quite useful"「ただし、風見鶏ほど役には立たないがな」という言葉との関連性にも切り込んでみたいですね。はたして議員の考える"use"と、ツバメにとっての"use"は、同じものなのでしょうか。もし「同じ」だと仮定すると、「世俗的なものの象徴」であるとも言える議員と、あくまでも純粋で穢れとは無縁なツバメが、どちらも「役に立つか、立たないか」という価値基準で物事を考えていることになります。これもワイルド流の皮肉と捉えることができるかもしれません。

ワンポイント文法講義 ②

Mini-lecture

　「言葉を口に出す」、つまり「話す」「言う」という行為は、人間にとって基本的かつ重要な営みです。そのため、英語には日本語の「話す」「言う」に相当する動詞がたくさんあります。ここでは、それぞれの表現の文法的・語法的な違いについて考えてみたいと思います。

▎「話す」「言う」を表す様々な表現 ▎

　登場人物が「話している」ことを表す表現が、Scene 2でもいろいろと用いられていましたね。

　　"Where shall I put up?" he <u>said</u>.

　　"I will put up there," he <u>cried</u>.

　　"Why are you weeping then?" <u>asked</u> the Swallow.

　cryは「大きな声で言う」ことを表し、askは「質問をする」ことを表す動詞です。最も基本的な動詞であるsayを含めると、**say / talk / tell / speak**という4つが、「言う」「話す」という意味で使われる英語の動詞の代表格と言えるでしょう。これらの動詞の表す意味はたしかに似通ってはいるのですが、それぞれのニュアンスは大きく異なっています。例えば、「さよならを言わずに、彼は出て行った」はHe left without saying goodbye.と表現できますが、これをHe left without <u>talking</u> goodbye.やHe left without <u>speaking</u> goodbye.のように言うことはできません。また、「うそを言うな！」を英語にするとDon't <u>tell</u> me lies.となり、tellの代わりにtalk / speak / sayを用いることはできません。それぞれの動詞の違いについて、具体的に見ていきましょう。

┃ talk と speak の違い ┃

　say / talk / tell / speak という4つの動詞のうち、「話す」という訳語があてられることが多いのが talk と speak です。これら2つの動詞が用いられる場合、「話す内容」よりも**「話すという行為」**に焦点が当てられます。それは、「話す内容」を目的語として直接とることができず、talk about ... や speak about ... のように前置詞の助けを必要とすることからもわかります。

　talk と speak には、talk が**「2人以上で言葉を交わす」**状況を描写するのに対し、speak は**「1人が一方的に話をする」**イメージであるという大きな違いがあります。以下の例で考えてみましょう。

　例 Students were <u>talking</u> while the professor was <u>speaking</u>.

　学生たちが授業中におしゃべりしている様子が浮かんできますね。**「先生が話をしている間、学生たちはおしゃべりをしていた」**と訳すことができます。学生たちが互いに言葉を交わしている一方で、先生が集団に向けて一方的に語っているイメージです。

　さらに次の例はどうでしょうか。

　例 A fool may <u>talk</u>, but a wise man <u>speaks</u>.

　これは、17世紀イギリスの劇作家・詩人ベン・ジョンソンの言葉ですが、talk と speak の違いがわかればこの文の意味も理解することができるでしょう。この文が伝えているのは、**「愚者はしゃべり、賢人は話す（語る）」**ということです。「無駄なおしゃべりをするのではなく、しっかり語って聞かせるのが賢い人である」というわけですね。

　もう1つ例を見ておきましょう。

　例 They are <u>talking</u> without <u>speaking</u>.

ある有名な歌に出てくる歌詞を少し変えたものですが、「speak することなしに talk する」とは、どういう意味なのでしょうか。speak を LDOCE で調べると、to say something that expresses your ideas or opinions「自分の考えや意見を表す内容のことを口に出す」という意味が載っています。そのため、この They are talking without speaking. という文は、**「自分の考えや意見を伝え合うのではなく、ただ（意味もなく）会話をしている」**という意味だと解釈できそうです。

　これらの例から明らかなように、speak と対比して用いられる場合、talk は「内容のない無駄話をする」というニュアンスが伴うことがあります。しかし、talk にいつもネガティブなイメージが付きまとうわけではありません。あくまでも talk の基本的な意味は**「2 人以上で言葉を交わす」**です。

┃say と tell の違い┃

　say / talk / tell / speak の中で、say と tell には**「言う」**という訳語がよくあてられます。これら 2 つの動詞は主に**「発言内容」**を示すために用いられますが、**say が「人の発言をそのまま伝える」**ことに焦点が置かれるのに対し、tell を用いる場合は、伝える内容だけではなく、**話し相手も示す**必要があります。そのため、say の直接目的語に「人」をもってくることはできず、通例は言葉や意見などの「内容」が来ます。これに対して、tell は直接目的語に「人」を取ることができます。そして、say と tell のどちらも直接話法と間接話法で用いることができますが、**say は直接話法が好まれ、tell は間接話法が好まれます。**

　例 "Hold up," the man <u>said</u>.
　　（「手を挙げろ」と男が言いました）

　例 "Hold up," the man <u>told</u> me.
　　（男が「手を挙げろ」と私に言いました）

例 He <u>said</u> that he was tired.
（彼は疲れていると言いました）

例 He <u>told</u> me that he was tired.
（彼は私に疲れていると言いました）

　なお、tellには**「指示・告げる」**という意味があるため、挨拶の「彼は、おはようございますと言った」や質問の「どうかしましたかと彼が言った」を直接話法で表現する際にはtellを使うことができません。したがって、前者はHe said, "Good morning."となり、後者はHe said, "What's the matter with you?"（あるいはaskを使って、He asked, "What's the matter with you?"とも言えます）となります。

▌ say / talk / tell / speak の違いのまとめ ▌

　これまでの話をまとめておきましょう。

say → 「人の言ったことをそのまま伝える」
tell → 「話し相手を設定して、情報を伝える」
speak → 「1人が他の人（個人や集団）に向けて話す」
talk → 「2人以上で言葉を交わす」

　tellとtalkの違いについては、以下の例で確認しておきましょう。

例 We <u>talked</u> a lot.
　 He <u>told</u> me a lot about you.
　 ✕ He <u>told</u> me a lot.

We talked a lot.は「私たちはたくさん話をしました」という意味です。「たくさん話をした」、「たくさんおしゃべりをした」ということを伝えているだけであり、その話が何であったのかについては明示しなくてもかまいません。例えば、赤ん坊がしゃべり始めようとしている様子を、My baby is trying to talk.（うちの赤ちゃんがしゃべろうとしています）と言うことができます。しかし、tellを使うと、基本的には「話した内容」に言及しなければならなくなります。そのため、He told me a lot.のように単に「たくさん話した」という文は不十分であり、about ...「…について」などを用いて、He told me a lot about you.（彼が私にあなたのことをたくさん話しました）のような言い方にする必要があります。

┃「ひとりごと」に相当する英語表現 ┃

　「ひとりごとを言う」を英語で表現する場合、よくsay to oneselfという言い方が用いられます。say to oneselfは**「自分に言い聞かせる」「心に思う」「ひとりごとを言う」**という意味が一般的な辞書に挙げられています。「心に思う」と「ひとりごとを言う」では少し意味合いが違ってきます。「心に思う」は声を出していないのに、「ひとりごとを言う」は声に出しているからです。sayは実際に音声で言ったことを伝えるだけでなく、例えばThe paper says ...のように「新聞には…と書いてある」という場合にも用います。

　次の例で考えてみましょう。『不思議の国のアリス』からの引用です。アリスが大きくなってしまい、部屋から出られません。外にウサギがやってきて、その扉を開けようとしましたが、アリスの肘が当たっているので開けることができませんでした。そして、次の文が登場します。

　　例 Alice heard it <u>say to itself</u>, "Then I will go round and get in at the window"

　　　（アリスはそれ（＝ウサギ）が「それなら回り込んで窓から入るとするか」とひ

とりごとを言うのを耳にしました）

　heard「聞いた」という表現があることから明らかなように、**アリスはウサギが声に出した言葉を耳にした**のです。ちなみに、アリスがウサギに興味を持って追いかけることにしたのは、... to hear the Rabbit say to itself, "Oh, dear! Oh, dear! I shall be late!"「ウサギが『大変だ、どうしよう。遅れちゃう』とひとりごとを言うのを耳にした」ことがきっかけでした。

　このように、say to *oneself* の意味を考えるには、文脈から判断することも重要です。ある英語母語話者に確認したところ、say to *oneself* が使われる場合、彼の感覚では「八割方は、実際に口に出していると考えていい」ということでした。やはり、say to *oneself* という形であってもsayのもともとの意味である「口に出して言う」というイメージが保持されているのでしょう。なお、「口に出している」ということを明確に示す、つまり**「言う」という動作に焦点が当てられる**場合は、talk to *oneself* が用いられることもあります。また、mumbleという動詞を使っても、「声に出してひとりごとを言っている」ということを明示できます。

　　例 "It is getting colder," she <u>mumbled</u> to herself.
　　　（だんだん寒くなってきた、彼女はブツブツひとりごとをいった）

　say to *oneself* / talk to *oneself* に似た表現としてthink to *oneself* があります。こちらは、**「頭の中で思う」「胸の内で考える」**という意味であり、通例「声に出してつぶやく」という意味にはなりません。再び『不思議の国のアリス』からですが、川辺でアリスが寝そべっていると、ピンクの目をした白いウサギが目の前を通っていきます。そのウサギを追いかけていくと、アリスは穴に落ちてしまいます。穴に落ちながらいろいろなものを目にします。そして、どんどん下に落ちていくときに次の文が出てきます。

例 "Well!" <u>thought</u> Alice <u>to herself</u>, "After such a fall as this, I shall think nothing of tumbling down stairs! ..."

（「そうね、これだけ落ちてしまった後なら、わたしは階段を転がり落ちることなんてなんとも思わないわ…」とアリスは思いました）。

"Well" および "After such a fall as this, I shall think nothing of tumbling down stairs! ..." は、アリスが「心の中で思ったこと」を具体的に示しているわけですね。

本文では、まず以下の場面で say to oneself が使われていました。

"I have a golden bedroom," he <u>said</u> softly <u>to himself</u> as he looked round, and he prepared to go to sleep.

この say to oneself は「思う」「口に出す」のどちらでしょうか？ わざわざ「言い方」を表す softly「そっと」が使われているので、この場合は**「口に出す」「つぶやく」**という意味で解釈するのが適切です。

もう1箇所、say to oneself が登場するシーンがあります。これはツバメが声に出して言った言葉でしょうか？

"What! is he not solid gold?" <u>said</u> the Swallow <u>to himself</u>.

これだけでは、口に出しているのかどうかは判然としません。しかし、この後に He was too polite to make any personal remarks out loud.（彼はとても礼儀正しかったので、個人的な感想を声に出して言わなかった）とありますので、ツバメは「なんだ中まで金じゃないのか」と**声に出さずに心の中で言った**ということになります。心の中で思っていても、実際には口に出さなかったのは、ツバメが「とても礼儀正しい」からだとは、なんとなく「皮肉」のように

も感じられますね。このような描写が入ることで、この先、丁寧な言葉をツバメが話したとしても、そこには「裏」があると勘ぐりたくもなります。

Scene 2 解説 —— 語りの視点と多様性

　Scene 2では、王子とツバメが出会って互いに言葉を交わし、ツバメが王子を「かわいそう」に思い始めます。Scene 1の解説で、語彙とconnotation「含意」について触れましたが、このScene 2でも、ドキッとするような表現があります。例えば、「実際、幸福だったのです、楽しいということが幸福なのだとすればですがね」(happy indeed I was, if pleasure be happiness) というところ。「歓楽宮」での生活を謳歌していた生前の王子は、まさに「楽しみ」という意味で「幸福な王子」と呼ばれていたわけです。今はどうか。if節の部分を逆に言えば、happinessはpleasure「楽しみ」以外の意味を持ち得る、ということですね。精神的満足を得ることとか、神の意志に従うといったことも、含まれてくるでしょう。作品のタイトルにもなっている「幸福な王子」は、ここに至って、読者に多様な意味を投げ掛けています。

　多様な意味といえば、やはりScene 1の解説で触れた「美しい」(beautiful)も、このScene 2においてさまざまに変奏されます。王子の像の目には「涙がいっぱいたまっていて」、それが「黄金の頬をつたってしたたり落ちている」のですが、それも、「月明かりの中」でたいへん「美しい」と表現されていますし、生前の王子の「周りにある」ものは、やはり「美しいものばかり」。作品中、beautifulは、何度も登場します。世俗的なものもあれば理想郷を表す場合もあるし、ツバメがうっとり見とれるような王子の顔であったりもする。それどころか、アシの姿も、宮中の侍女も、王子の目であったサファイアも、みなbeautifulで、それが、作品の最後に出てくる美術教授の「もはや美しくない」という言葉に至るまで、繰り返し現れます。美しいものに対する作者ワイルドの執着が感じられます。

　ところでこの作品は、最初から最後まで、主に、王子とツバメと、それから、作者と思しき観察者の三者の語りで展開して行きます。Scene 1では、王子の像を見る街の人たちの会話が多くありましたが、Scene 2では、王子とツバメのやり取りに絞られ、そこに観察者の説明が入る、という具合でストーリーが進みます。でも、この王子とツバメの心が通い合う場面をよく読んでみると、登場人物どうしのやり取りと観察者の説明が分かちがたく結びついて混然一体となり、そ

れが、ツバメの感じる pity「哀れみ」を効果的に表現していることに気づきます。「三度目の水滴」が落ちてきて、ツバメが上の方に目をやったとき、観察者はここで、「ああ、彼は何を見たのでしょうか？」と記しています。「ああ」(Ah!)は間投詞ですが、この「ああ」と言ったのは、観察者でしょうか、それともツバメでしょうか。その後、観察者はひきつづき説明を続けますが、そこに出てくるのが、先ほども触れた通り、月明かりに照らされた王子の顔を「美しい」と思い、なんだか「かわいそうになって」しまうツバメの姿です。王子の顔を「美しい」と思ったのは、観察者なのでしょうか、それともツバメでしょうか。いちおう観察者の言葉、いわゆる地の文ではあるにしても、ツバメの心の動きが躍如としています。ですから、その後に来る「小さなツバメはすっかりかわいそうになってしまいました」(the little Swallow was filled with pity) という表現も、観察者がどれだけツバメから離れて、いわば客観的な距離を取って pity と言っているのか、少し微妙なところがありますね。もし、観察者が、状況を客観的に見て pity と言っているのであれば、観察者、もしくは作者の意図が感じられるわけですが、これを、ツバメの語りに近寄ったものであると解釈すれば、その分、ツバメの、王子に対する「かわいそう」という思いが強く表出していると言えるでしょう。

　話者の言葉を直接引用する直接話法と、話者の言葉を語り手である別の人が自分の言葉として言い換える間接話法があることは、みなさんも知っているとおりです。その中間的な話法（自由間接話法）があることをご存知の方も多いでしょう。しかしこの話法の問題を、作品中の言葉を語っているのは誰か、という視点でもう一度考えてみることは、非常に大事な問題を含んでいます。直接話法とは異なり、間接話法は、話者の言葉を別の人が語るわけですから、どうしてもその別の人の視点が入り込むことになる。たとえジャーナリスティックな文章であっても、そこに語り手（記者）の視点があることは否めません。でも、その語り手が介入する程度はさまざまですし、読者自身が、その語り手に感情移入している場合もあるでしょう。

　そう考えてみると気になるのが、Scene 6 の最後の方で登場する、「最近私が彼らの話を耳にしたとき」と言う「私」(I) という語り手です。この「私」は誰なのでしょうか？

オスカー・ワイルドとキリスト教信仰、そして『幸福な王子』

　『幸福な王子』をお読みいただくと、この作品にはキリスト教信仰をあらわす象徴や寓意が数多く描かれていることに気づかれると思います。王子の大事な宝石類を困窮した人々に運んで、いわば王子の手足となるツバメは、アシに恋したり、エジプトの楽園を語ったり、おまけに、何か考えごとをするとすぐに眠くなったりして、何かと世俗的な印象もありますが、実は、受胎告知やキリスト降誕の象徴として、特にルネサンス期のヨーロッパの絵画にはしばしば登場しています（→ p. 110）。一説には、キリストが磔刑に処せられた後、ツバメがいち早く茨の冠を取り除いたとも言われていますから、『幸福な王子』に登場するツバメも、宝石類を運ぶことで、キリストになぞらえられる王子の悲しみを和らげたと言えるのかも知れません。このツバメは、最初、ルビーをお針子さんに届けますが、幼い男の子を脇に寝かせて懸命に彼女が刺繍していたのはトケイソウの花（→ p. 163）でした。トケイソウは、アッシジの聖フランチェスコという、フランシスコ会を創設してイタリアの守護聖人にもなっているカトリックの修道士が夢に見た、十字架上の花とされてきました。花の各部が、十字架や釘、茨、10人の使徒、鞭、槍など、キリストの磔刑を想起するものとされていることについては、Scene 3の場面解説でも触れている通りです。若い劇作家志望の青年の唇の色として言及されるザクロが、再生や不死を象徴するものとされていることについても既に触れました。何より、幸福な王子の像が柱に固定されて動けないのは、磔にされたキリストの姿を思わせますし、さらに作品の最後には、神様と天使が登場し、この天上の楽園で、王子とツバメが、神を讃えて永遠の幸福を享けたことが示唆されています。王子とツバメは、苦しむ人々を救う善行によってたしかに報われた、と私たちはここで心の安らぎを覚えると言ってもよいでしょう。

　『幸福な王子』をはじめ、オスカー・ワイルドは、特にこうした童話集において、キリスト教的象徴や寓意をたびたび描きました。「ザクロの家」という童話集の第1話『若い王』は、森の中に住んでいた16歳の若者が王位に就くというストーリーですが、この作品にも、『幸福な王子』と似た象徴や寓意が登場します。この若い王は、きらびやかに飾られた宮殿でこれから戴冠式をむかえようとしているのですが、その前の晩に、3回夢を見ます。最初の夢は、貧しい機織り

が「自分には自由なんてまったくない」と不平を漏らしながら懸命に織っている豪華な衣装が、実は、明日の戴冠式でこの若い王が身に着けようとしているものであることがわかった、というもの。2つ目の夢は、美しい真珠を海中から持ってきた潜水夫が、疲労困憊のあげく吐血して死んでしまうのですが、聞けばその真珠は、若い王の錫杖につけるものだったというもの。そして3つ目の夢は、王冠にはめるルビーを探して歩く貧しい人々の群れを、「貪欲」と「死」が相争って支配しようとしている醜い状況を、若い王が目撃するというもの。さて、この若い王は、翌日の戴冠式の折、この国の宗教を司る老司教の前で、どのような行動を取ったと思われますか――。キリスト教的な象徴や寓意の中に、彼が込めたメッセージとは何だったのでしょうか。

　ワイルドは、1854年、アイルランドのダブリンに生まれました。裕福な人々の住む街中でしたが、同時に、スラムに住む困窮した人々を目にすることも少なくなかったであろうことは、場面解説で触れた通りです。翌年彼は、アイルランド教会で洗礼を受けます。アイルランドではカトリックの信者が多数を占めていましたが、裕福な支配階層は、イギリス国教会の流れを汲む、このアイルランド教会の信仰を有していました。ワイルドの通ったアイルランドの名門トリニティ・コレッジは、既に1793年、カトリックにも門戸を開きましたが、ワイルドの学生時代にあってもなお、さまざまな差別があったと言われています。そのようなアイルランド社会にあって、ワイルドは、アイルランド教会というプロテスタント系の信仰を忠実に抱き続けたかというと、必ずしもそうではありませんでした。優れた文筆の才を有し、社交界で活躍しつつも愛国的発言をすることが少なくなかった彼の母は、熱心なカトリックの信者で、一説には、ワイルドにカトリックの幼児洗礼を受けさせたとも言われています。長じてからも彼は、生涯、カトリックへの親しみを感じていたようです。オクスフォード大学在学中には、カトリックへの改宗を考えていることを友人宛の書簡で告白していますし、ヨーロッパ大陸への旅行の途中、ヴァチカンへ立ち寄ってローマ法王に拝謁する機会を持ってもいます。結局、彼が正式にカトリックに改宗したのは、文人として一世を風靡しつつも、逮捕・受刑を経たのち、病によってパリの安宿で亡くなる前日のことでしたが、激しい境遇の変化の中にあっても、彼は常に、カトリック信仰への親しみと信頼、あるいは憧憬を抱いていたと言えるでしょう。

プロテスタント系のアイルランド教会ではなく、カトリック信仰の何が、それほどまでにワイルドを惹きつけたのか。さまざまな要素が考えられるので、軽々に判断することはできませんが、次のようなワイルド自身の言葉には、1つの手掛かりがあると思われます。彼は、服役中、『獄中記』(De Profundis、文字通り訳せば「深淵から」）と呼ばれる文章を記していますが、その中でキリストのことを次のように記しているのです。「私は、キリストの真の生涯と芸術家の真の生涯の間に、非常に近くて直接的なつながりを見出す」。この『獄中記』の中で、ワイルドはたびたびキリストに言及していますが、それはいずれも、こうした文脈において、つまり「キリストは芸術家である」という考えに基づくものでした。別の箇所で、彼は次のようにも言っています。「キリストについて私はかつて、詩人と並ぶ存在だと語ったことがある。そう、シェリー（イギリス・ロマン派の詩人）もソポクレース（ギリシャの悲劇詩人）もキリストの仲間だ。だが、キリストの生涯はまた、最も驚嘆すべき詩でもあるのだ」。つまりワイルドは、キリストのことを優れた芸術を生み出す芸術家であると考えるのと同時に、キリスト自身が至高の芸術作品そのものであるという見方をしていたように思われるのです。誤解をおそれずに言えば、ワイルドにとって、キリストは信仰の対象と言うよりも、むしろ、真の芸術家、あるいは理想的な芸術作品そのものなのであって、そういう存在として彼はキリストに崇敬の念を抱いていたと言えるのではないでしょうか。そして彼は、魂と肉体が合一化していること、外側の姿は内面の現れであって、そこに形式（フォルム）がある、ということを繰り返し述べています。これは、場面解説でも触れた『ドリアン・グレイの肖像』の序言にある、「あらゆる芸術は表面的であるのと同時に象徴的である」という言葉にもつながっていますね。外側ではなく内面の信仰が大事である、という考えをワイルドはよしとしませんでした。内側と外側は分かちがたく結びつき、真の芸術であれば、そこに美しいフォルムが生まれる、それが彼の考え方でした。この意味において、様式性を重んじるカトリックの信仰は、彼の芸術観そのものでもあったと言えるでしょう。

　社交界の寵児から、一転して、監獄の独房で暮らす囚人となったワイルドは、やはりこの『獄中記』の中で、自らが犯した唯一の誤りを次のように振り返っています。キリストを芸術家であると考えたことや、キリストの姿に自分自身を重

ね合わせたりしたことなどは、決して誤りであるとは考えていません。そうではなく、「私の唯一の誤りは、庭の木々の陽の当たる側ばかり見ていて、その陰や暗がりを見ようとはしなかったことだ」と言うのです。そういう陽の当たらない「陰や暗がり」には、「悲惨」（misery）や「苦しみ」（suffering）、「苦痛」（pain）があり、それらをまとめて彼は「悲哀」（sorrow）と呼んでいるのですが、そういう「悲哀」こそが、美とともに、「人生と芸術の究極的な形」であるとしています。「悲哀は、あらゆる創造物の中で最も繊細なものだ。悲哀がおそろしく精巧な揺れをもって働きかけない限り、この世の思想を動かすものはない」とか、「今、私が一緒にいたいと思うのは、苦しみを抱いた芸術家であり人間だ。つまり、美を知り悲哀を知る人たちだ」と記しています。どうやら獄中にあって彼は、理想的な芸術のあり方に、つまりそれはワイルドの信仰そのものでもあったわけですが、そこに、美と悲哀を見出していたように思われます。

　ただここで留意しておきたいのは、たしかにワイルドが、「悲哀」を痛切に感じたのは、逮捕・受刑の晩年であったかもしれませんが、それでは、そういう「悲哀」に、それ以前の彼がまったく無頓着であったのかということです。逮捕される直前の時期に大成功を収めていた、『まじめが肝心』といった彼の喜劇作品などには、なるほど、そういう「悲哀」は感じられないかも知れません。しかし、例えば『幸福な王子』にそのような「悲哀」がないかというと、そうではないでしょう。王子もツバメも、命をかけて、困窮している人たちを救おうとします。王子の宝石類や金片を手にすると皆、大喜びするのですが、それが誰の手によるものなのかは誰も知らない。この、いわば無償の愛は、美と悲哀という、ワイルドのたどり着いた芸術観そのものをよく表しているとは言えないでしょうか。童話集の中で『幸福な王子』の次に登場する『ナイチンゲールとバラの花』もまた、この無償の愛の表象にほかなりません。ワイルドは、まさに逮捕される直前に至るまで、社会に蔓延する俗物根性を、自らもそうした俗物と交わりながらこれを笑い飛ばし、評論においても、劇作品においても、徹底的に自己の芸術至上主義を貫きました。それはたしかに、彼が『獄中記』に記しているように、ひょっとすると日なたの行動であったのかも知れません。しかし、そうした、時に過激な行動を取るワイルドの心の奥底に、ひそかに涙するような「陰や暗がり」はなかったのでしょうか。『幸福な王子』をはじめとする童話作品には、芸

術のあり方を追求して世紀末を駆け抜けたワイルドの、まさに日なたの活動を支えた、豊かな「悲哀」がほとばしり出ているように思われるのです。

『ツバメの聖母』（1490 年頃、ロンドン・
ナショナル・ギャラリー所蔵）

聖母マリアの左上に
ツバメが描かれています。

王子からツバメへの頼み事

王子はツバメにある「頼み事」をします。本当はすぐにでもエジプトに向かわなければならないところですが、王子の悲しげな表情に心を打たれたツバメは、王子のお願いを引き受けることにします。王子はツバメにどのようなことを依頼したのでしょうか。

　王子の像は、低く耳に心地よい声でこう続けました。「遠く、遠くの小さ
な通りに、一軒の貧しい家があります。窓のひとつが開いていて、女の人
がひとり、テーブルの前に腰かけているのが見えます。やせて疲れ切った顔
で、手はさがさがで赤く、針の刺し傷があちこちにある。彼女はお針子さん
で、一番美しい女王の侍女が今度の宮中舞踏会で着る繻子のドレスにトケイ
ソウの花を刺繍しているところです。部屋の隅の寝台には、幼い息子が病気
で寝ています。熱があってオレンジが欲しいと言っていますが、母親の方は
川の水以外にあげるものがない。それで子どもは泣いているのです。ツバメ
よ、ツバメよ、小さなツバメさん、私の刀の柄からルビーを取って、彼女の
ところへ持って行ってはくれませんか？　足が台座に据え付けられているの
で、私は動けないのです」

　「ぼくはエジプトで待ってもらっているのです」と、ツバメが言いました。
「仲間たちは、ナイル川を行ったり来たりしては、大きなハスの花に話しか
けています。もうじきみんなは、偉大な王様の墓の中でゆっくり眠ることで
しょう。その王様自身も、色鮮やかな櫃のなかにいます。黄色いリネンに包
まれ、香料で保存されているのです。首の周りには薄緑色の翡翠の鎖があり、
手はしぼんだ葉っぱみたいなんですよ」

　「ツバメよ、ツバメよ、小さなツバメさん」、王子は言いました。「ひと晩
だけ私といっしょにいて、私の使いをしてはもらえないだろうか？　あの男
の子はひどくのどが渇いているし、母親は嘆き悲しんでいるのです」

　「ぼくは男の子が好きではないのです」とツバメは答えました。「この前の
夏、ぼくが川にいたら、粉屋の息子の乱暴な少年が2人いて、ぼくに向かっ
ていつも石を投げつけるんです。もちろんぼくに当たりはしませんよ。ツバ
メっていうのは飛ぶのがうまいから当たるわけありませんし、ましてぼくは、
敏捷さにかけては有名な一族の出なんです。それにしても失礼じゃありませ
んか」

　でも、幸福な王子はとても悲しそうだったので、小さなツバメはかわい
そうに思いました。「ここはとっても寒いのですが、ひと晩あなたといっしょ

にいて、あなたのお使いをしましょう」そう彼は言いました。

「ありがとう、小さなツバメさん」王子は言いました。

そういうわけでツバメは、王子の刀から大きなルビーを抜き取ると、それをくちばしにくわえて町の家々の上を飛んでいきました。

ツバメは、白い大理石の天使が刻まれた大聖堂の塔を通り過ぎました。宮殿を通るときには、ダンスをしている音を耳にしました。

ちょうど美しい女の人が恋人といっしょにバルコニーへ出てきたところでした。「星がとってもすてきだね、そして恋の力もなんてすばらしいのだろう！」と男の人が彼女に話しかけました。彼女の方はそれに答えてこんなことを言いました。「ドレスが舞踏会に間に合うといいのだけれど。トケイソウの花を刺繍してって言ってあるのだけれど、お針子さんってみんな怠け者なのよ」

川を越えるとき、ツバメは、船の帆に角灯がぶら下がっているのを目にしました。貧民窟を通りすぎるときには、年寄りのユダヤ人たちが互いに売り買いをし、銅の秤でお金の重さを量っているのが見えました。ようやく例の貧しい家に着き、ツバメは中の様子をうかがってみました。男の子は熱にうなされ寝台で寝返りをうっており、母親は疲れ切って眠り込んでいました。ツバメはひょいっと飛んで中へ入り、大きなルビーをテーブルの上の母親の指ぬきの脇に置きました。それから寝台の周りをゆっくり飛び、羽で男の子の額を煽いであげました。「ああ、なんて涼しいんだろう！　きっとよくなっているんだ」、男の子はそう言うと心地よい眠りに落ちたのでした。

それからツバメは幸福な王子のもとへ戻り、事の次第を話しました。「なんだか不思議ですが、ひどく寒いのに、ぼくは今すごくあたたかいのです」と彼は言いました。

「それは、あなたがいいことをしたからです」と王子は言いました。そう言われて小さなツバメは考えごとを始めたのですが、そのうち眠り込んでしまいました。考えごとをするとツバメはいつも眠くなってしまうのです。

朝になり、ツバメは川へ行き、水浴びをしました。「なんとも注目すべき

現象ですな」と、橋を渡っていた鳥類学の教授が言いました。「冬にツバメがいるなんて！」教授はさっそくこのことについて長い手紙を地元の新聞に寄せました。人々はこぞって教授の言葉を引用しましたが、理解できない言葉ばかりでした。

　「今夜こそ、ぼくはエジプトへ行くんだ」とツバメは言い、希望に満ちて意気揚々としていました。町の記念物をすべて見て回り、教会の尖塔のてっぺんに長いこと止まっていました。どこへ行ってもスズメたちがチュッチュッとさえずりながら、「とても気品のある旅人だね！」なんて互いに言葉を掛けあっていましたから、ツバメもすっかり悦に入っていたのでした。

"Far away," ①<u>continued</u> the statue in a low musical voice, "far away in a little street there is a poor house. One of the windows is open, and through it I can see a woman seated at a table. Her face is thin and worn, and she has coarse, red hands, ②<u>all pricked by the needle</u>, for she is a seamstress. She is embroidering passion-flowers on a satin gown for the loveliest of the Queen's maids-of-honour to wear at the next Court-ball. In a bed in the corner of the room her little boy is lying ill. He has a fever, and is asking for oranges. His mother has nothing to give him ③<u>but</u> river water, so he is crying. Swallow, Swallow, little Swallow, ④<u>will you not</u> bring her the ruby out of my sword-hilt? My feet are fastened to this pedestal and I ⑤<u>cannot</u> move."

"⑥<u>I am waited for in Egypt</u>," said the Swallow. "My friends are flying ⑦<u>up and down</u> the Nile, and talking to the large lotus-flowers. Soon they will go to sleep in the tomb of the great King. The King is there ⑧<u>himself</u> in his painted coffin. He is wrapped in yellow linen, and embalmed with spices. ⑨<u>Round his neck is a chain of pale green jade</u>, and his hands are like withered leaves."

"Swallow, Swallow, little Swallow," said the Prince, "will you not stay with me for one night, and be my messenger? The boy is so thirsty, and the mother so sad."

"I don't think I like boys," answered the Swallow. "Last summer, when I was staying on the river, ⑩<u>there were two rude boys, the miller's sons, who were always throwing stones at me</u>.

ここ に 気 を つ け て 読 も う

① ここで使われているcontinuedは、どのような意味でしょうか？

② all pricked by the needleの文中での役割はなんでしょうか？

解釈のポイント → p.162

なぜ、ここでpassion-flowers「トケイソウ」が登場するのだと思いますか？

She is embroidering passion-flowers on a satin gown ...

③ このbutの意味はなんでしょうか？

④ このwill you not ... は、won't you ... に置き換えることができますか？

⑤ このcannotは、am not able toに置き換えることができますか？

⑥ この文は受動態ですが、能動態に書き換えてみましょう。

⑦ このup and downはどのような意味でしょうか？

⑧ このhimselfは、どのような文法的役割を果たしていますか？

⑨ この文の主語はどの部分でしょうか？

⑩ この文に登場する「少年」は、何人でしょうか？

....

N O T E S

....

L.004 coarse ▶ 粗い、荒れている　　**L.005** seamstress ▶ お針子

L.006 embroider ▶ …を刺繍でつくる、…に刺繍をする

L.006 passion-flower ▶ トケイソウ

L.007 maid-of-honour ▶ 女官（複数形はmaid-of-honoursではなく、maids-of-honourです）

L.007 Court-ball ▶ 宮中舞踏会　　**L.012** pedestal ▶ 台座

L.014 lotus-flower ▶ ハスの花

L.017 embalm ▶ …に防腐処理をする、…を香気で満たす

L.018 jade ▶ 翡翠（ひすい）

They never hit me, of course; we swallows fly far too well for ⑪that, and besides, I come of a family famous for its agility; but still, it was a mark of disrespect."

But the Happy Prince looked so sad ⑫that the little Swallow was sorry. "It is very cold here," he said; "but I will stay with you for one night, ⑬and be your messenger."

"Thank you, little Swallow," said the Prince.

So the Swallow picked out the great ruby from the Prince's sword, and ⑭flew away with it in his beak over the roofs of the town.

He passed by the cathedral tower, where the white marble angels were sculptured. He passed by the palace and heard the sound of dancing. A beautiful girl came out on the balcony with her lover. "How wonderful the stars are," he said to her, "and ⑮how wonderful is the power of love!"

"I hope my dress will be ready ⑯in time for the State-ball," she answered; "⑰I have ordered passion-flowers to be embroidered on it; but the seamstresses are so lazy."

He passed over the river, and ⑱saw the lanterns hanging to the masts of the ships. He passed over the Ghetto, and saw the old Jews bargaining with each other, and weighing out money in copper scales. At last he came to the poor house and looked in. The boy was tossing feverishly on his bed, and the mother ⑲had fallen asleep, she was so tired. ⑳In he hopped, and laid the great ruby on the table beside the woman's thimble. Then he flew gently round the bed, ㉑fanning the boy's forehead with his

Grammar Points ここ に 気 を つ け て 読 も う

⑪ この that はどのような内容を表していますか？

⑫ この that 節はどのような役割を果たしていますか？

⑬ 省略されている語句を補ってください。

⑭ それぞれの前置詞句（〈前置詞＋名詞〉）の役割を考えてみましょう。

⑮ この文は感嘆文・疑問文のどちらでしょうか？

⑯ この in time for の意味はなんでしょうか？

⑰ 「passion-flowers を embroider する」のは、誰でしょうか？

⑱ hanging の「意味上の主語」は、どの部分でしょうか？

⑲ なぜ過去完了形が使われているのでしょうか？

⑳ 文頭の in の品詞はなんでしょうか？

㉑ この fanning はどのような文法的役割を果たしていますか？

N O T E S

`L.027` agility ▶ 敏捷性、機敏さ

`L.036` cathedral ▶ 大聖堂

`L.037` sculpture ▶ …を彫刻する

`L.045` Ghetto ▶ スラム街、貧民街

`L.046` bargain ▶（値段を）交渉する

`L.050` thimble ▶ 指ぬき

wings. "How cool I feel!" said the boy, " ㉒<u>I must</u> be getting better;" and he sank into a delicious slumber.

Then the Swallow flew back to the Happy Prince, and told him what he had done. "It is curious," he remarked, "but I feel quite warm now, although it is so cold."

"㉓<u>That</u> is because you have done a good action," said the Prince. And the little Swallow began to think, and then ㉔<u>he fell asleep</u>. ㉕<u>Thinking</u> always made him sleepy.

When day broke he flew down to the river and had a bath. "What a remarkable phenomenon," said the Professor of Ornithology as he was passing over the bridge. "A swallow in winter!" And he wrote a long letter about it to the local newspaper. Every one quoted it, it was full of so many words ㉖<u>that</u> they could not understand.

"To-night I go to Egypt," said the Swallow, and he was in high spirits ㉗<u>at</u> the prospect. He visited all the public monuments, and sat a long time on top of the church steeple. Wherever he went the Sparrows chirruped, and said to each other, "What a distinguished stranger!" so he enjoyed himself very much.

Grammar Points   ここ に 気 を つ け て 読 も う

㉒ この must はどのような意味ですか?

㉓ この that は何を指していますか?

㉔ この文の文型はなんでしょうか?

㉕ この thinking は現在分詞ですか、それとも動名詞ですか?

㉖ この that はどのような文法的役割を果たしていますか?

㉗ この at はどのような意味を表していますか?

. . . .
N O T E S
. . . .

`L.053` slumber　▶まどろみ、眠り

`L.061` phenomenon　▶現象

`L.062` Ornithology　▶鳥類学

`L.064` quote　▶…を引用する

`L.067` prospect　▶見込み、先行き、可能性

`L.068` steeple　▶尖塔

`L.069` Sparrow　▶スズメ

`L.069` chirrup　▶チュンチュン鳴く

`L.070` distinguished　▶立派な、気品のある

「ここに気をつけて読もう」の解説

Commentaries on Grammar Points

→ p.117

① ここで使われている continued は、どのような意味でしょうか?

"Far away," <u>continued</u> the statue in a low musical voice, ...

▶ ▶ ▶ 「…と続けて言った」という意味です。

解説 continue は自動詞では「(状態・動作などが) 続く、続いている」、他動詞では「(状態・動作など) を続ける」という意味で用いられます。

LDOCE で continue を調べると、to say more after an interruption (中断の後に、さらに言う) という意味があります。つまり、この例のように直接話法で用いられる場合は「…と続けて言う」という意味になるわけです。なお、ここでは伝達動詞的に continue が使われているため、主語と動詞の倒置 (continued the statue) が生じています。このような伝達節における主語と動詞の倒置は、伝達動詞が文中もしくは文末で使われたときに生じます (<u>He said</u>, "..." のように、文頭に置く場合は倒置できません)。

この発言の直前、Scene 2 の最後の部分で、王子は「醜さやみじめさが見えるようになったこと」や「自分の心臓が鉛であること」について語っていました。また、心臓が鉛でできていることを耳にしたツバメが、What! is he not solid gold? (なんだ、中まで金ではないんだ) と心の中で思う場面も描写されていました。このツバメの気持ちの描写が入ることで、ここで**いったん話の流れが中断したような感じ**になるため、continue を使って「さらに続けて…と言った」と表現しているのです。

直接話法の伝達節には say や ask などの「発話を表す動詞」を用いるのが基本ですが、ここで見たように、continue のように発話動詞ではないものも用いられることがあります。他にも、例えば He was like, "I hate you!" (彼は「お

まえなんて嫌いだ！」という感じで言った）のように、*be* likeが「…という感じで言う」という伝達動詞的に使われることがあります。他には*be* allやgoも発言の引用時に使用されることがあります。

例 He <u>was like</u>, "How was your weekend?" and I said "Nothing much."

（彼が「週末はどうだった？」と言ったので、私は「特に何も」と言いました）

⋯▶ *be* likeはsayよりもカジュアルな表現になります。

例 I bumped into an old friend of mine the other day. I <u>was all</u>, "It's been ages."

（先日、旧友にばったり会いました。私は「久しぶりだね」と言いました）

⋯▶ *be* allを伝達動詞的に使う場合、やや興奮したようなトーンが伴う場合があります。

例 I said, "Clean up your room now!" and my son <u>goes</u>, "I'm busy now," and I <u>go</u>, "Oh, yes. You are busy watching TV."

（「今、部屋を掃除しなさい」と言ったところ、息子が「今忙しい」と言ってきたので、「そうね、あなたはテレビを見ていて忙しいのね」と言ってやったの）

⋯▶ goを伝達動詞として使う場合、常に現在形になることに注意しましょう。この例のように、会話のやりとりを1人ですべて再現する場合にgoがよく使われます。

→ p.117

② all pricked by the needle の文中での役割はなんでしょうか？

... she has coarse, red hands, <u>all pricked by the needle</u>, ...

▶ ▶ ▶「(懸垂) 分詞構文」になっています。

解説 coarseは「ざらざらした、荒れた」という意味を表す**形容詞**ですので、hasの目的語にはならず、後に来ている名詞のhandsを修飾します。コンマがありますのでcoarse and red handsと読み替えて、「荒れた赤い手」となります。

　その次のall pricked by the needleの部分の役割を考えてみましょう。prickedは過去分詞ですから、「素直」に読むと、all pricked by the needleは直前のred handsを後置修飾していると考えることができます。つまり、この部分はwhich are all pricked by the needleと置き換えることができ、全体としては「彼女は荒れて赤く、針の刺し傷だらけの手をしていた」という意味になります。この解釈ですと、女性の**「手」がフォーカスされている**ような感じになります。

　この読みでも問題ないのですが、all pricked by the needleが**「なぜ、荒れた赤い手をしていたのか」の説明**になっていると考えると、この部分は**「分詞構文」**と考えたほうがより自然です。

　分詞構文の場合、主節の主語と意味上の主語が異なる場合は、意味上の主語を「残して」置く必要があります。all pricked by the needleはThe hands are all pricked by the needle.あるいはThey are all pricked by the needle.という「文」が基になっていますので、本来であれば、the hands being all pricked by the needleあるいはthey being all pricked by the needleという形になるべきところですが、ここでは〈意味上の主語＋being〉が省略されています。このように、本来は入っているべき分詞構文の意味上の主語が省略されているパターンを、**「懸垂分詞構文」**と呼びます。

　分詞構文を「元の形」に戻すと、以下のようになります。

　... she has coarse, red hands, and they are all pricked by the needle, ...

　過去分詞で解釈した場合、「女性は手が刺し傷でがさがさになっていた」とい

う描写になるのに対し、分詞構文で解釈すると、「**彼女の手は荒れて赤くなっている。それは、針の刺し傷のせいなのだ**」のような読みになるため、さらにその後に続く ..., for she is a seamstress.（というのも、彼女はお針子なのです）にも自然に繋がります。

→ p.117

③ この but の意味はなんでしょうか?

His mother has nothing to give him <u>but</u> river water, so he is crying.

▶ ▶ ▶ 「…以外に」という意味です。

解説 この but は「**…以外に**」という意味の**前置詞**で、except とほぼ同じ意味になります。nothing との相関表現によって、「川の水<u>以外に</u>あげられるものが<u>ない</u>」「川の水<u>しか</u>あげるものが<u>ない</u>」という意味を表しています。

but の最もよく知られている用法は、「しかし」という意味の接続詞用法だと思います。しかし、その他の用法も押さえておく必要がありますので、例を見ながらここで確認しておきましょう。まず、本文でも使われていたように、前置詞の but から見ていきます。この場合の but は「**…を除いては**」「**…以外は**」「**…のほかに**」という意味で、except や save と同じ意味を持ちます。

例 Everyone <u>but</u> Ken has already arrived.
（ケンを除いてみんなやってきたところです）

例 I have nothing to declare <u>but</u> my genius.
（自分の天賦の才以外には、何も申告すべきものはありません）

⋯▶ オスカー・ワイルドが1882年にアメリカを訪れた際に、税関で言った言葉だとされています（真偽のほどは定かではありません）。確かに「いかにもワイルドらしい」発言ですね。

副詞の but の例を見てみましょう。この場合は、「**ほんの**」「**たった**」という意味で用います。

例 He is <u>but</u> a child.
（彼はまだほんの子供です）

⋯▶ He is only a child. や He is a mere child. と同じような意味になります。ちなみに、mere は副詞ではなく形容詞であるため、〈冠詞＋形容詞＋名詞〉という語順になります。副詞の merely を使うなら、He is merely a child. となります。

例 Life is <u>but</u> a dream.
（人生とは単なる夢に過ぎません）

⋯▶ 一般に副詞は動詞・形容詞・副詞・文全体を修飾するとされますが、このように only や but は名詞を修飾することもあります。

but には**関係代名詞**の用法もあります。先行詞に否定を表す語が含まれているときに、「…でない（ところの）」という意味で用います。

例 There is no rule <u>but</u> has exceptions.
（例外のない規則はありません）

⋯▶ There is no rule <u>that</u> does<u>n't</u> have exceptions. と書き換えることができます。

→ p.117

④ この will you not ... は、won't you ... に置き換えることができますか？

..., <u>will you not</u> bring her the ruby ...

▶ ▶ ▶ **この場合は置き換えられます。**

解説 Will you not ...?はやや古い言い方ですが、Won't you ...?と同じ
く、「**…してくれませんか？**」という**依頼**の表現として使われます。
「この場合は」という「ただし書き」をつけたのには理由がちゃんとあります。
Will you not ...?には、Won't you ...?にはない用法があるからです。

　以下の会話例を見てください。

例 A: This sure is a nice work of art.
　　B : <u>Will you not</u> touch that painting<u>?</u>

　BのWill you not touch that painting?をWon't you touch that painting?に
変えることはできるでしょうか。答えはノーです。実は、このWill you not ...?
は「…してくれませんか？」ではなく、「**…しないでもらえますか？**」という意
味なのです。つまり、この会話は「これは素晴らしい芸術作品ですね」「その絵
に触らないでいただけますか？」という内容になっています。

　このように、Will you not ...?は、文脈によってほぼ正反対の意味になってし
まうことがありますので十分注意してください。Won't you ...?は、「…しない
でもらえますか？」という意味で使われることはありません。

→ p.117

⑤ このcannotは、am not able toに置き換えることができますか？
My feet are fastened to this pedestal and I <u>cannot</u> move.
▶ ▶ ▶ **置き換えることはできません。**

解説 canと *be* able to *do* は、ほぼ同じ意味で用いられることもありますが、
この場合は... and I <u>am</u> not <u>able to</u> move.にしてしまうと不自然です。
　「**…できる**」という意味のcanには、主に以下に示すように3つの用法があり
ます。

❶ 能力

「…する能力がある」というときの「…できる」です。この用法のcanは、*be able to do*と基本的には置き換えが可能です（ableはability「能力」の形容詞形です）。

例 A: <u>Can</u> you skate?
　　B: Of course, I <u>can</u>. I'll teach you.
　　　　（「スケートできますか？」「もちろん、できますよ。教えてあげます」）

❷ 許可

「…することが許される」という意味の「…できる」です。

例 You <u>can</u> stay here as long as you want.
　　（好きなだけ、ここにいていいですよ）

❸ 可能

能力の有無に関係なく、「状況として可能である」という場合の「…できる」です。

例 I <u>can't</u> wait any longer.
　　（これ以上待つことができません）

　　…▶ It is impossible for me to wait any longer. と書き換えることもできます。

　王子は「柱の上に置かれた像である」という**「状況」**のために「動けない」と言っているのであり、「能力」の有無とは関係ありません。そのため、ここでは*be able to do*ではなく、canを使う必要があるのです。

→ p.117

⑥ この文は受動態ですが、能動態に書き換えてみましょう。

I am waited for in Egypt,

▶ ▶ ▶ 能動態は **They wait for me in Egypt.** です。

解説 I am waited <u>for in</u> Egypt, ... と前置詞が**連続している**ため、少しやや こしい感じがするかもしれません。句動詞（〈動詞＋前置詞あるいは 副詞〉の形で、1つの動詞として使われるもの）が主動詞になっている文の受 動態の場合、このような「前置詞の連続」が見られます。

wait forがひと固まりの「他動詞」として扱われていますので、能動態にす ると、... wait for me in Egypt.となります。「待っている」のは「他のツバメた ち」なので、主語はtheyを用いると、**They wait for me in Egypt.** という形が できあがります。

wait for以外の句動詞の受動態も合わせて確認しておきましょう。

例 It gets tiresome <u>being spoken to</u> as if you are a child, even if you happen to be one.
（こちらが子供であるかのような口調で話しかけられるのにはうんざりだ。たと え、実際に子供だったとしてもね）

⋯▶ パトリック・ロスファスのファンタジー小説、『キングキラー・クロ ニクル』に登場するセリフ。*be* spoken toは、speak toを受動態にし た形です。

例 Keep this in mind, O Lord, that your haters have said cruel things, and that your name has <u>been looked down on</u> by a people of evil behaviour.
（主よ、御心に留めてください、敵が嘲るのを。神を知らぬ民があなたの御名を 侮るのを）

…▶ 旧約聖書（The Bible in Basic English 版）『詩篇』74:18（訳は新共同訳聖書より抜粋）。他のバージョンの聖書では、abuse や blaspheme などの難しい訳語が使われていますが、このベーシック・イングリッシュ版では句動詞の look down が使われていました。look down on を受け身にすると、このように be looked down on by ... という語順になります。

例 It's <u>been taken care of</u>.
（もう手配しておきました）

…▶ take care of ...「…の世話をする」を受動態にすると be taken care of ... となります。この It's been taken care of. は、I have taken care of it.（それは私が手配しておきました）を受け身にしたものです。

→ p.117

⑦ この up and down はどのような意味でしょうか？

My friends are flying <u>up and down</u> the Nile ...

▶ ▶ ▶ 「あちこちに」「行ったり来たりして」という意味です。

解説　up and down the Nile は「ナイル川の上流に行ったり、下流に行ったり」という意味に取れないこともないのですが、**そこまで明確に「上・下」をイメージはしていない**と思われます。もっとシンプルな「あちこちに」や「行ったり来たりして」という意味で捉えるのが適切でしょう。

ちなみに、I was walking <u>down</u> the street. と I was walking <u>up</u> the street. はどちらも単に「私は通りを歩いていました」という意味であり、それほど明確な区別がないようです。登っているから up だとか、下っているから down といった区別をするときもありますが、多くの場合はどちらも I was walking along the street. とほぼ同じ意味で使われています。

以下のように up and down が明らかに「上下」を意味する場合もあります。

例 The police officer looked the man <u>up and down</u>.
（警官はその男を上下に見渡しました）

　…▶ look ... up and down は「…のことを上から下までじろじろ見る」と
　　いう意味で、「上下」を意識した表現になっています。

例 The horse shook his head <u>up and down</u>.
（その馬は頭を上下に振りました）

→ p.117

⑧ この himself は、どのような文法的役割を果たしていますか？

The King is there <u>himself</u> in his painted coffin.

▶ ▶ ▶ the King を強調する「再帰代名詞の強意用法」です。

解説　再帰代名詞について簡単に確認しておきましょう。人称代名詞の所有格または目的格に -self（-selves）が付いたものを再帰代名詞と呼びます。この再帰代名詞には大きく分けて「再帰用法」と「強意用法」の2つの用法があります。

◼ 再帰用法

　主語の行為が他人ではなく主語自身に及ぶとき、つまり「主語と目的語が同一の人・もの」である場合の用法です。

例 You don't have to blame <u>yourself</u> so much.
（あなたはそんなに自分を責めなくてもよいですよ）

例 She stood in front of a wonderful mirror and looked at <u>herself</u> in it.
（彼女は素晴らしい鏡の前に立ち、そこに映る自分の姿を見ました）

…▶ She looked at her in the mirror. の場合は「彼女は、鏡に写ったその女性の姿を見ました」という意味になり、〈she ≠ her〉ということになります。

2 強意用法

再帰代名詞を名詞や代名詞の後に置くことで、意味を強めることができます。名詞・代名詞の直後ではなく、文末などに置かれることもあります。

例 The prime minister <u>himself</u> has been in self-imposed quarantine.
（首相自身も、自主的に隔離状態を保っています）
…▶ 主語の The prime minister を強調するために、再帰代名詞が名詞の直後に置かれています。

例 Kana made it <u>herself</u>.
（カナは自分でそれを作りました）

強意用法の再帰代名詞は、前にある名詞と同格になり、強く発音されます。また、例えば He has been to Australia. I've been there <u>myself</u>. の myself も強意用法で、この場合は「私もそこに行ったことがあります」のように too とほぼ同じ意味を表します（I've been there, too.）。ここで取り上げた The King is there himself in his painted coffin. も強意用法で、**「王様自身もまた彩られた櫃の中にいらっしゃる」**という意味になっていることがわかります。

再帰代名詞について、もう少しだけ掘り下げてみましょう。以下の2つの文の意味の違いはわかりますか？

A Peter <u>himself</u> made a cup of tea.
B Peter made <u>himself</u> a cup of tea.

Aの文は再帰代名詞が名詞の後に置かれていますので、強意用法として解釈します。つまり、「**ピーター自身が紅茶をいれた**」となります。これに対して**B**の文は動詞の目的語の位置に置かれていることから、再帰用法として解釈して「**ピーターは自分のために紅茶をいれた**」となります。この例のように、再帰代名詞の位置によって意味が大きく変わることがあります（Peter himself made a cup of tea. の文型はSVO、Peter made himself a cup of tea. の文型はSVOOです）。

ちなみに、adjust *oneself* to ...「…に順応する」、behave *oneself*「行儀よくする」、dress *oneself*「身支度をする」、oversleep *oneself*「寝過ごす」、worry *oneself*「心配する」などのような〈他動詞＋再帰代名詞〉の表現は、今日では再帰代名詞が省略されることもあります。

ところで、あるタバコのCMのキャッチコピーで**Be you.** という表現が使われていました。これはおそらく「自分らしくありなさい」という意味だと思われますが、「文法的」には**Be yourself.** が正しいはずです（命令文の主語はyouなので）。最近は、このような言い方も増えているようで、以下の表現も「普通」に使われています。

Do you, boo!

このbooとは本来は「恋人」という意味ですが、単なる呼びかけ表現です。do youとは、「あなたらしく振る舞う」「自分のすべきことをする」という意味であり、これもやはり「文法的」にはyourselfが正しいように思われます。なお、実際の会話では、このDo you, boo!（あるいはYou do you, boo!）は**「好きにすれば？」「あ、そう」**のような冷たい感じのリアクションとして使われることがよくあります。

⑨ この文の主語はどの部分でしょうか?

Round his neck is a chain of pale green jade, ...

▶ ▶ ▶ **a chain of pale green jade が主語**です。

解説 Round his neck という「場所」を表す前置詞句が文頭にありますので、「**場所句の前置**」として考えます。実際の主語は、is の直後にある a chain of pale green jade ですね。

なぜこのような語順になっているのかは、もう少し先を見るとわかります。

Round his neck is a chain of pale green jade, and his hands are like withered leaves.
（首の周りには薄緑色の翡翠の鎖、手はしぼんだ葉っぱみたいなんですよ）

Round his neck is ... では「首」についての描写をし、his hands are ... は「手」についての描写をしています。こうすることで、体の各部の説明をうまく並列させ、リズムの取れた英文になっているわけですね。この文を、以下のようにすると、リズムが崩れてしまいます。

A chain of pale green jade is round his neck, and his hands are like withered leaves.

A chain of pale green jade is ... を読むと、次の文も「装飾品」についての描写になっていると自然に予想できるため、and his hands are ... のところで少し**違和感**を覚えてしまうからです。

→ p.117

⑩ この文に登場する「少年」は、何人でしょうか？

... there were two rude boys, the miller's sons, who were always throwing stones at me.

▶ ▶ ▶「2人」です。

解説 two rude boys, the miller's sons, ... という部分を「**2人の乱暴な少年と、粉屋の息子たち**」と読んでしまわないようにしましょう。two rude boys <u>and</u> the miller's sons となっていれば、そのような読みで間違いありません。しかし、ここではandではなくコンマが置かれており、"A, B, and C" という構造にもなっていません。そのため、two rude boys, the miller's sons は、**名詞句が並列された「同格」**と考えます。すなわち「2人の乱暴な男の子たち、その男の子たちは粉屋の息子たちでしたが…」あるいは「粉屋の息子である、2人の乱暴な男の子たち」となります。そのため、この文には「**2人の少年**」しか登場していないのです。

なお、名詞（句）の並列による同格はコンマやダッシュで区切られることが多いですが、それがない場合もあります。もう少し先に、次のような表現が出てきます。

... <u>we swallows</u> fly far too well for that, ...

このwe swallowsは「私たちツバメは」という意味で、2つの名詞の間には同格の関係が成り立っています。

→ p.119

⑪ この that はどのような内容を表していますか？

... we swallows fly far too well for <u>that</u>, ...

▶▶▶「石を当てられること」を指しています。

解説 この that は「石を当てられること」を指しています。ですので、この文は「私たちツバメはとてもうまく飛ぶので、石なんか当たりっこない」という意味になります。too ... to 〜「とても…なので〜ない」「〜するにはあまりにも…」というパターンを使って書き換えるなら、We swallows fly far <u>too</u> well <u>to</u> be hit by the stones. となります。

なお、この fly far は「遠くに飛ぶ」という意味ではなく、**far は後の too well を修飾している**ということに注意しましょう。さらに、**現在形の fly が使われている**ことにも気がついて欲しいところです。過去の出来事として、「そのときはうまく飛べたので石が当たらなかった」としてしまうと、今現在はうまく飛べない可能性も含みます。ですので、現在形にすることで、うまく飛ぶことができるのは「今でも変わらない」ということを表しているのです。この文に後続する、I come of a family famous for its agility（ぼくは、敏捷さにかけては有名な一族の出なんです）も、「現在の状況」を語っています。

→ p.119

⑫ この that 節はどのような役割を果たしていますか？

But the Happy Prince looked so sad <u>that the little Swallow was sorry</u>.

▶▶▶「程度」あるいは「結果」を表す副詞節です。

解説 いわゆる〈so ... that S V〉の構文になっています。この that 節は、so を受けて「**程度・結果**」を表す副詞節です。「名詞節」ではないことに注意してください。名詞（節）は原則として文中で主語・補語・目的語

136

になりますが、the Happy Prince looked so sad that the little Swallow was sorryはSVCの文型であり、that節は主語・補語・目的語のいずれでもありません。

soには**「その程度」**という意味があります。そして、それが「どの程度なのか」あるいは「その結果、どうなるのか」をthat節以下で述べているのです。つまり、soは**情報予告の副詞**であり、that以下がそれに呼応し、**情報を展開させる副詞節**の役割を果たしていると考えるといいでしょう。

〈so ... that S V〉について、具体的な例を見ながら少し考察してみましょう。Tom was so angry that he could not speak any single word. という文の場合、「トムは、それほど怒っていた。どれほどなのかと言うと、that以下にあるように、一言も言葉を発しないほどだった」→「トムはすごく怒っていたので、一言も言葉を発しませんでした」となります。このsoが示している「それほど…」というのが「情報予告」というわけです。もちろん、「トムはとても頭にきていたので、一言も発することができませんでした」、あるいは「トムは、一言も言葉を発せないほど怒っていました」のように「後ろから」訳しても問題はありません。

「情報予告」という考え方が有効なのは、次のような例の場合です。

例 The bridge is so constructed that it may open in the middle.

この文を、〈so ... that S V〉の定訳である「とても…なので〜」で理解しようとすると、「その橋はとても作られていたので、真ん中が開くようになっています」という奇妙なことになってしまいます。ここではsoの後に形容詞や副詞ではなく、過去分詞が来ています。そうなると、so以下は程度や結果ではなく、「どのように」という**「様態」**を表すことになります。

The bridge is so constructed ... まで読んだところで、soが「そのように」という**「情報予告」のマーカー**であることを見抜きます。そして、that節で、「どのように」なのかという情報が展開されることを予想するのです。つまり、「そ

の橋は、そのように作られている。どのように作られているかと言うと、that 以下に示すように、真ん中のところで開くようにである」のように「**左から右に**」読んでいくことができるわけです。日本語に訳す場合は「その橋は真ん中のところが開くように作られています」のようになりますが、読んでいく際には、情報予告のマーカーを発見したら、that節が来ることを予想しながら、「返り読み」をせずにそのまま左から右に読むようにしましょう。

→ p.119

⑬ 省略されている語句を補ってください。

..., and be your messenger.

▶ ▶ ▶ ..., and **I will** be your messenger. です。

解説 be your messenger という部分だけを見ると、「あなたの使いになりなさい」という命令文だと一瞬勘違いしてしまうかもしれません。全体を見て、正しく文構造を見極めてみましょう。

... I will stay with you for one night, and be your messenger.

I will stay with you ... という言い方があるので、後半部分では反復を避けるために I will が省略されています。つまり、元々の形は、... I will stay with you for one night, and I will be your messenger. だったのです。このように、共通の〈主語＋（助）動詞〉を含む文が並列されている場合、後の文の〈主語＋（助）動詞〉は省略されることがあります。

→ p.119

⑭ それぞれの前置詞句（〈前置詞＋名詞〉）の役割を考えてみましょう。

... flew away with it in his beak over the roofs of the town.

▶ ▶ ▶ **with it** は「どのような状態で飛んだのか」を示す「付帯状況」、**in his beak** は **with it** の **it** を修飾する「場所を表す副詞句」、**over the roofs** は「様態を表す副詞句」、そして **of the town** は **the roofs** を後置修飾する「形容詞句」です。

解 説 この文には、with it / in his beak / over the roofs / of the town という4つの前置詞句が含まれています。それぞれの役割をきちんと把握しておきましょう。

まずは flew away with it in his beak という部分を見てみます。ここは、with it in his beak で、「それ（＝大きなルビー）をくちばしにくわえた状態で」という**付帯状況的**な意味を表しています。in his beak は「どこにくわえていたのか」という**「場所」を表す副詞句**です。

over the roofs は「屋根の上を」という意味で、flew away「飛んでいった」を説明しています。すなわち、「どのように」という**「様態」を表す副詞句**です。of the town は、直前にある the roofs を**後置修飾する形容詞句**です。

前置詞句は副詞句にも形容詞句にもなりますので、**文中での役割と修飾関係**をきちんと見極めないと、英文を正しく理解できなくなってしまいます。

修飾関係を見極めることの大切さと奥深さを私たちに教えてくれる1つの興味深い例として、「**頭が赤い魚を食べる猫**」という表現の解釈が Twitter 上で話題になったことがあります。それぞれの文節の修飾関係を考えると、この表現は「5通り」（6通りという説もあります）に解釈できるのですが、みなさんもそれらすべての解釈を解き明かしてみてください（「何の頭なのか」「何が赤いのか」などについて考えてみるといいでしょう）。

→ p.119

⑮ この文は感嘆文・疑問文のどちらでしょうか？

... how wonderful is the power of love!

▶ ▶ ▶ **感嘆文です。**

解説 若い女性とその恋人がバルコニーに現れて、恋人が女性に以下のように愛の言葉を投げかけていました。

"How wonderful the stars are," he said to her, "and how wonderful is the power of love!"

How wonderful the stars are! のほうは〈**how＋形容詞＋S＋V**〉という語順になっているので、「なんて星はすてきなんだ！」という感嘆文であることがわかります。これに対して、How wonderful is the power of love! は感嘆文の語順ではなく、疑問文の語順になっています。ということは、こちらの文は疑問文なのでしょうか？

いえ、そんなことはありません。やはり、この文も感嘆文です。本来の語順はHow wonderful the power of love is! なのですが、**the power of love という主語が長いため、文末に回されている**のです。この「長いので文末に置かれる」という現象を、**文末重心**（end-weight）の原理といいます。「長い場合は必ず後に置く」という規則ではなく、あくまでも文体上のリズムやバランスを整えるための「任意の移動」になります。

この文末重心の原理が働いていることを見抜けないと、文の意味を正しく捉えられなくなってしまうことがあります。いくつか例を見ながら確認していきましょう。

例 It makes him shy to be looked at.
（人から見られると、彼は恥ずかしくなってしまいます）

…▶ この文は To be looked at makes him shy. という文の to be looked at が長いので文末に移動し、空いてしまった主語の位置に形式主語の it を置いたものです。To be looked at のように長い主語は top-heavy 「頭でっかち」であるとして避けられる傾向があるため、形式主語 it を用いた文にするのが一般的です。

　上の例は to 不定詞でしたが、動名詞も形式主語に置き換えて文末に移動される場合があります。ただし、動名詞の場合は、It is no use crying over spilt milk. （こぼれたミルクのことを嘆いても意味がない → 〈ことわざ〉覆水盆に返らず）や It was nice talking to you. （あなたと話せて楽しかったです）などを除き、使用される頻度はそれほど高くありません。

例 **The day will come when you will understand it.**
（あなたがそのことをいつか理解できる日が来るでしょう）

…▶ この文を「その日はやって来ます。あなたがそれを理解したときに」のように when を独立した副詞節として考えることはできません。when 節内に will があることからも、「副詞節なのだろうか？」と疑問を持つことが大切です（いわゆる「未来を表す副詞節」では、単純現在形が用いられるため）。この文の本来の形は The day <u>when you will understand it</u> will come. であり、The day <u>when you will understand it</u> という主語が長いので、関係副詞節（下線部）が文末に移動されています。

　上の例では、「関係詞節のみ」を後置することによって、「主語の重さ」を回避していました。以下の例はどうでしょうか？

例 **A rumor was circulating that the raw materials used to make toilet paper couldn't be imported due to coronavirus.**

（コロナウィルスの影響でトイレットペーパーの原料が輸入されなくなるのでは、という噂が広まっていました）

…▶ 本来の形はA rumor <u>that the raw materials used to make toilet paper cannot be imported due to coronavirus</u> is circulating. であり、同格のthat節を後置することによって主語を短くしています。

このようなパターンは頻繁に用いられています。大切なのは、「普段の語順ではないな」と思った瞬間に、倒置や文末への移動などの可能性を考えて文の構造を柔軟に捉え直す習慣を身につけることだと思います。

→ p.119

⑯ この in time for の意味はなんでしょうか？

I hope my dress will be ready <u>in time for</u> the State-ball,

▶ ▶ ▶ 「…に間に合って」という意味です。

解説 in time for ... は「…に間に合って」という意味です。in time は on time との区別が大変重要ですので、両者の文法的・語法的な違いをここで整理しておきましょう。

in time の意味としては、以下の2つを覚えておく必要があります。

■「やがて」

LDOCE には after a certain period of time という定義が載っています。「そのうち」「やがて」と訳すことができます。類義表現に、in course of time や in due course などがあります。

例 <u>In time</u>, we learned to control our emotions.
（そのうちに、私たちは自らの感情をコントロールできるようになりました）

2「間に合って」

「…に間に合って」は in time for ... となります。

例 I'm glad that we got here <u>in time</u>.
（間に合ってよかったです）

例 Be sure to be back <u>in time for</u> dinner.
（夕飯に間に合うように戻ってきなさいね）

　…▶ in time for ... は、in time for school「授業に間に合って」、in time for the Christmas shopping season「クリスマスの商戦期に間に合うように」、in time for the last train「終電に間に合って」など、さまざまな表現に応用が利きます。

in time の類形表現として、以下の表現も押さえておきたいですね。

例 I arrived at the station <u>in the nick of time</u>.
（駅にぎりぎりの時間に到着しました）

　…▶ in the nick of time は「間一髪で」「ぎりぎり間に合って」という意味の慣用表現です。この表現の語源には諸説ありますが、nick-stick という用具に由来しているという説が有力です。nick-stick は、「傷」（nick）をつけることによって回数や時間などを記録するために使われていた「棒」（stick）。終了間際に得点が入り、なんとか「nick-stick に傷をつけて記録するのに間に合った」ということから、in the nick of time が「ぎりぎり間に合って」という意味になったと言われています。

例 He finished eating dinner <u>in no time</u>.
（彼は夕食をあっという間に食べ終えました）

…▶ in no timeは「一瞬のうちに」「たちまち」「見る見るうちに」などの意味を表します。

例 We arrived at the airport in good time.
（私たちは早めに飛行場に着きました）

…▶ in good timeは「予定より早く」「余裕を持って」というニュアンスです。These seeds will germinate if they are sown in good time.（適切な時期に蒔けば、これらの種子は発芽するでしょう）のように、「ちょうどいいときに」という意味にもなります。

on timeのほうは「時間通りに」「予定通りに」という意味を表します。以下の例文で確認しておきましょう。

例 She is always on time and will never be late.
（彼女はいつも時間通りにやってきて、決して遅刻はしません）

…▶ be on timeで「時間通りにやってくる」「約束の時間を守る」という意味になります。

例 In Japan, trains come almost always on time.
（日本では、列車はほぼ常に時間通りに到着します）

…▶ 交通機関に対して用いる場合、on timeは「スケジュール通りに」「定刻に」という意味を表します。

例 I made it dead on time.
（ぴったり時間通りにつきました）

…▶ このdeadはon timeを強調する副詞で、dead on timeで「まさに時間通りに」という意味の慣用表現になります。on time to the minuteも「ぴったり時間通りに」という意味の類似表現です。

→ p.119

⑰「passion-flowers を embroider する」のは、誰でしょうか？

I have ordered passion-flowers to be embroidered on it ...

▶ ▶ ▶ seamstress「お針子」です。

解説 〈order＋名詞＋to *do*〉で「…に〜するように命じる」という「使役」の意味を表すことができます。

例 The doctor <u>ordered</u> the editor to take a week off from work.
（医師はその編集者に仕事を1週間休むように命じました）

例 I was <u>ordered to</u> present my passport at the entrance.
（入り口のところで、パスポートの提示を命じられました）

…▶ これは受動態で、「誰が命じたのか」は明示されていない文です。

本文に登場する I have ordered passion-flowers to be embroidered on it. という文は、to 以下が受動態になっています。そのため、以下のような文を想定する必要があります。

I have ordered passion-flowers to be embroidered on it <u>by X</u>.
（<u>Xという人によって</u>、トケイソウが刺繍されるように命じてあります）

... but the seamstresses are so lazy. という文が後に続いているので、この「X」が seamstress「お針子」であることがわかります。なお、The seamstresses are so lazy. という「複数形」が用いられていますが、これは「宮廷から仕事を出してあげているお針子たちは、みんな怠け者だ」という一般的なコメントです。本文中でトケイソウの刺繍をしている様子が描かれているお針子は1人しかいませんが、もしかしたら「複数のお針子」に仕事をさせてい

るのかもしれません。

　なお、このI have ordered passion-flowers to be embroidered on it.のように、order ... to be *done* というパターンの場合、to be を省略することが可能です（この場合、やや「高圧的」な感じになることに注意しておきましょう）。

　　例 He ordered the letter <u>sent</u>.
　　　（彼はその手紙を送るように命じました）

　　例 I want your homework <u>done</u> at once.
　　　（今すぐ宿題を終わらせてもらいたいのですが）
　　　　⋯▶ このように、want も〈SVOC〉のCに過去分詞を用いて、使役の意味を表すことができます。

　orderは使役動詞の一種と考えることができますが、目的格補語（〈SVOC〉のC）の部分に原形不定詞をとって「…させる」という意味を表すmakeやhaveも、過去分詞を目的格補語にとることがあります。

　　例 Can you make yourself <u>understood</u> in Chinese?
　　　（あなたは中国語で言いたいことを伝えられますか？）
　　　　⋯▶ 「…語で、自分自身を理解してもらっている（understood）状態にする」ということから、make *oneself* understood in ...で「…語で用が足せる」という意味になります。

　　例 He had to shout to make himself <u>heard</u> above the noise.
　　　（彼は自分の声が騒音にかき消されないように、大声を出さなければなりませんでした）

　　例 I had my wallet <u>stolen</u>.

（財布を盗まれました）

…▶ これは「被害」を表す受け身になっています。なお、使役として使われるhaveには基本的に強勢が置かれますが、「被害」の場合は強勢が置かれません。そのため、例えばI had my hair cut.のhadに強勢が置かれなければ、何らかの事情で「髪の毛を<u>切られてしまった</u>」という被害を表すことも可能です。

例 Tom had us <u>laughing</u>.
（トムは私たちを笑わせました）

…▶ このように、haveは「現在分詞」を目的格補語にとることもできます。この文はTom had us laugh.とほとんど同じ意味であると考えられますが、現在分詞のほうは、進行の意味を背後に読みとれる場合もあります。

例 We had water <u>dripping</u> through the ceiling.
（天井から滴が垂れてきました）

…▶ この例でも現在分詞が目的格補語になっています。これは「滴が垂れている状態にする」という「使役」ではありません。「Oが…するのを主語が経験する」という意味で、「経験」を表しています。

例 I won't have you <u>saying</u> such things about my boyfriend.
（あなたに私の彼氏のことをそんなように言わせておくわけにはいきません）

…▶ can'tやwon'tが伴った場合、〈have＋目的語＋...ing〉は、「Oに…させているわけにはいかない」という**「容認」**の意味を表すことがあります。

→ p.119

⑱ hangingの「意味上の主語」は、どの部分でしょうか？

... saw the lanterns <u>hanging</u> to the masts of the ships.

▶ ▶ ▶ **直前の the lanterns です。**

解説 hangingは現在分詞で、その**意味上の主語は直前にある the lanterns** です。seeは知覚動詞であり、〈see ＋ O ＋ C〉のC（目的格補語）の部分に現在分詞が使われているパターンです。この場合は、hangingの代わりに原形のhangを用いていてもほとんど意味は変わりませんが、原形と現在分詞で意味が変わるものもありますので、以下で確認しておきましょう。

例 I saw Professor Brown <u>get</u> into his car and drive away.
（ブラウン教授が車に乗って走り去っていくのを見ました）

⋯▶ 原形（get）を使うことで、「行動・動作の一部始終を見た」ことを表しています。

例 I saw Professor Brown <u>waiting</u> for a bus.
（ブラウン教授がバスを待っているのを見ました）

⋯▶ こちらは、例えば「バス停に通りかかったところ、ブラウン教授がバスを待っている様子を見かけたが、自分はその場を離れてしまった（あるいは視線をそこから反らした）ので、<u>その後どうなったかはわからない</u>」というニュアンスです。つまり、「行動・動作の一部しか見ていない」ことを示しています。

ここで、saw the lanterns <u>hanging</u> to the masts of the ships となっているのは、ツバメが目的地である、お針子の女性が住む家に向かって飛んでいる際に、**目に入ってくる風景を臨場感あふれる形で描写している**からです。ここ以外にも、saw the old Jews bargaining with each other や weighing out money in copper scalesという箇所で、町の様子を生き生きと描写する技法が用いられています。いわば、**ツバメが滑空しながら見ている町の景色を読者も追体験できる**、流れるような文章になっています。

→ p.119

⑲ なぜ過去完了形が使われているのでしょうか？

The boy was tossing feverishly on his bed, and the mother <u>had fallen</u> asleep, she was so tired.

▶ ▶ ▶ 「すでに眠っている」ということを表すためです。

解説 ... the mother had fallen asleep, she was so tired.は「母親はすでに眠ってしまっていました。彼女は<u>それほどまでに</u>疲れていたのです」という意味であり、she was so tired that the mother had fallen asleepのthat節以下を文頭に出した形になっています。

この文は、過去進行形（was tossing）、過去完了形（had fallen asleep）、単純過去形（was so tired）という3つが共存しています。「少年が苦しんで寝返りをうちながらごろごろしていました（過去進行形）。母親は疲れてしまって（過去形）、すでに眠っていました（過去完了形）」という流れになっています。少年は熱にうなされ寝つけない状態が続いています。**そして母親がそれよりも前に眠っていたということが「過去完了形」で明確に対比されています。**「息子が今もなお苦しんでいるのに、体力の限界を超えてしまった母親は、看病できずにすでに眠ってしまっていた」という状況が描かれています。言い換えれば、「息子の看病をしたいのに、どうしても舞踏会用の縫い物を優先しなければならず、それに疲れ果ててしまって、気がつかないうちに眠ってしまっていた」わけです。

→ p.119

⑳ 文頭のinの品詞はなんでしょうか？

<u>In</u> he hopped, ...

▶ ▶ ▶ 副詞です。

解説　He hopped in. が元の形で、副詞のinが文頭に出ています。**副詞部分を強調したいために、副詞を文頭に置くという、通常とは異なった語**順になっているのです。

　このように、場所や方向などを示す副詞（句・節）が文頭に置かれると、意図的な「視点の誘動」が発生します。この部分の少し前に、... he came to the poor house and looked in.（貧しい家に着き、ツバメは中の様子をうかがってみました）という文がありました。そして、それに続く文では、家の中にいる少年と母親の様子が描写されます。これは「**ツバメの視点から、家の中をのぞき込んでいる状態**」です。そこで、このIn he hopped.という文を用いることによって、「<u>そういった状況の中に、ツバメが入っていきました</u>」という意味になり、**ツバメの視点から語り手の視点に戻している**のです。そのような「視点の誘動」のおかげで、読者は「ツバメがルビーを置き、少年の額をあおいであげる場面」を俯瞰的に読むことができるのです。

→ p.119

㉑ このfanningはどのような文法的役割を果たしていますか？

Then he flew gently round the bed, <u>fanning</u> the boy's forehead with his wings.

▶ ▶ ▶「…しながら」という付帯状況を表す分詞構文になっています。

解説　ツバメは少年のベットの周りをやさしく飛びます。その際に「<u>少年の額を煽いであげながら</u>飛んだ」ということが、**付帯状況を表す分詞構文**によって描かれています。

分詞構文とは、**分詞が文中で副詞的に働き、主節の内容に対して情報を付け加える表現**のことです。ここでは現在分詞を例にとって、分詞構文が持つ基本的な5つの意味を確認しておきましょう。

◼ 付帯状況

「…しながら」「…して〜している」という意味を表します。付帯状況を表す分詞構文は、基本的には文末に置かれます。

例 He is doing his homework, <u>listening to the radio</u>.
（彼はラジオを聞きながら宿題をしています）

例 A man ran out of the house <u>shouting something</u>.
（男が何か叫びながら、家から飛び出して来ました）

例 John is in the kitchen <u>making coffee</u>.
（ジョンは台所にいて、コーヒーをいれています）

例 He sent me an email, <u>saying that he would arrive at 7 p.m</u>.
（彼はメールを私に送ってきて、午後7時に着くと言っていました）

◼ 時

「…しているときに（最中に）」「…すると」という意味を表します。when節やwhile節に書き換えることが可能です。

例 <u>Eating dinner</u>, I heard the doorbell ring.
（夕食を食べている最中に、呼び鈴が鳴るのが聞こえました）

⋯▶ While (I was) eating dinner, ... と書き換えることができます。

例 Ken broke his arm <u>playing baseball.</u>
（ケンは野球をしている最中に、腕を骨折しました）

   …▶ この文では「野球をする」「骨折する」という2つの異なる動作が示されていますが、この場合は「時間的により長くやっている方」を分詞構文で表します。

3 原因・理由

「…から」「…ので」を表します。as節やbecause節と同じ役割を果たします。原因・理由を表す分詞構文は、通常文頭に置かれます。

例 <u>Being unemployed</u>, he doesn't receive a subsidy payment.
（失業中なので、彼は補助金をもらえません）

   …▶ As he is unemployed, ... と書き換えることが可能です。

例 <u>Feeling tired</u>, I went to bed early last night.
（疲れていたので、昨晩は早く寝ました）

   …▶ As I was feeling tired, ... と書き換えてもほぼ同じ意味になります。

4 条件

条件節（if ...）とほぼ同じ役割を果たし、「…すると」「…すれば」という意味になります。

例 <u>Turning to the right</u>, you will see my house.
（右に曲がれば、私の家が見えますよ）

   …▶ if節を使って表すと、If you turn to the right, ... となります。

5 譲歩

「…しても」「…だけれども」という意味になり、though ... とほぼ同じニュア

ンスを表します。Admitting ... / Granting ... 「…は認めるが〜」「たしかに…だが〜」という定形パターンがよく用いられます。

例 <u>Admitting what you say</u>, I will not follow your advice.
（君の言うことは認めるけれど、私は君の忠告に従うつもりはありません）

⋯▸ Though I admit what you say, ... と言い換えることもできます。「あなたの言うことには一理ありますが…」のようなニュアンスです。

→ p.121

㉒ この must はどのような意味ですか？

I <u>must</u> be getting better ...

▶ ▶ ▶ 「…に違いない」という意味です。

解説 助動詞の must には、大きく分けて「…しなければならない」（強制）と「…に違いない」（論理的必然性）の2つの意味があります。例えば We must be careful. は「私たちは注意深いに違いない」という「論理的必然性（強い推量）」ではなく、「私たちは注意深くしなければならない」という「強制」の意味で理解するのが自然です。一方、That news must be true. という文は「あのニュースは真実に違いない」という「論理的必然性（強い推量）」の意味になります。

しかし、以下の2つのダイアログに示したように、must を含んだまったく同一の文が、文脈によって意味が異なってしまうこともあります。

例 A : Ken wants to get a job as a fitness instructor.
B : <u>He must be in good shape.</u>
（「ケンはフィットネスのインストラクターの仕事をしたいんだよ」「じゃあ、彼は体調管理をしっかりしないといけないね」）

⋯▸ この must は「…しなければならない」という意味で捉えるのが

自然です。

例 A : Ken likes to ride his bike to and from work.

　B : <u>He must be in good shape.</u>

（「ケンは自転車で通勤するのが好きなんだ」「じゃあ、彼はきっととても健康的なんだろうね」）

⋯▶ こちらは「強い推量」のmustです。

　論理的必然性（強い推量）のmustは、「**なんらかの根拠があって、そうであるに違いない**」と話し手が確信していることを表します。mustは「話し手の直接的な経験」に基づく推量ではありませんので、「確固たる証拠」がある必要はありませんし、場合によっては「主観的で、強い思い込み」のようなニュアンスになることもあります。例えば、ある男性の話し方や好きな音楽の趣味などから「彼は30歳を越えているに違いない」と思った場合、He must be over thirty. という表現が使えます。

　さて、この場面では、ツバメが羽で煽いだことにより、少年が涼しさを感じています。しかしながら、少年はツバメの姿を見ていませんので、「ツバメさん、あおいでくれてありがとう」とはならず、「自らの体温が（自然に）下がっている」と認識しています。これが**推論の根拠**となり、I must be getting better.（体調が回復してきているに違いない）と結論づけているわけです。このように、「なぜ話し手がmustを使ったのか」そして「その推論の根拠はどこにあるのか」ということを常に意識して読むと内容の理解が深まります。

　少年がツバメの努力に気がついていないということが、ここでの1つのポイントになります。この先も読み進めていけばわかると思いますが、このツバメの「善行」は、結局誰からも見てもらえることはありません。そして、そのまま人知れず「最後の場面」へと繋がっていくのです。

→ p.12 1

㉓ この that は何を指していますか?

<u>That</u> is because you have done a good action.

▶ ▶ ▶「寒いのにツバメの体が温かくなっていること」を指しています。

解説 that が何を指しているかを検討するために、前の段落を振り返ってみましょう。

Then the Swallow flew back to the Happy Prince, and told him what he had done. "It is curious," he remarked, "but I feel quite warm now, although it is so cold."

（それからツバメは幸福な王子のもとへ戻り、事の次第を話しました。「なんだか不思議ですが、ひどく寒いのに、ぼくは今すごくあたたかいのです」と彼は言いました）

　ツバメは王子のところへ戻って、「不思議なことに、すごく寒いのに、すごく体が温かくなっています」と述べているわけです。それを受けて、王子が That is because ... と応じているのですから、that は「**寒いのにツバメの体が温かくなっていること**」を指していると考えられますね。

　この That's because ... は「**原因・理由**」を述べる際によく使われる表現です。王子の That is because you have done a good action. という発言は、「本当はすごく寒いのに、体がぽかぽかしているのは、あなたがよい行いをしたからです」という意味ですね。つまり、that が受けているのは**既出の「結果・帰結」**であり、because 以下で示されるものが「**原因・理由**」となります。

　That's because ... に似た表現に That's why ... がありますが、こちらは「**結果・帰結**」を示す表現になります。That's why ... は、**既出の「原因・理由」**を that で受け、「**結果・帰結**」が why 以下で示されます。

　「今朝も中央線が遅れて、彼は遅刻した」という内容を話す場合を例に、両者

の使い分けを確認しておきましょう。

A The Chuo Line was delayed again this morning. <u>That's why</u> he's late.

B He's late. <u>That's because</u> the Chuo Line was delayed again this morning.

A は「中央線が遅れたことが原因で、彼は遅刻した」という話の流れになっています。そのため、That's why ... は「そういうわけで…」と訳すとうまく感じがつかめるはずです（「中央線が遅れました。そういうわけで、彼は遅刻です」）。

これに対し、**B** は「彼が遅刻したのは、中央線が遅れたからだ」ということが示されています。That is because ... は「というのは…」「なぜかというと…」のように訳すのが自然です（「彼は遅刻です。というのは、中央線が遅れたからです」）。

→ p.121

㉔ この文の文型はなんでしょうか？

... he fell asleep.

▶ ▶ ▶ **第2文型（SVC）** です。

解説 fallは自動詞で、以下のように「**落ちる**」「**転ぶ**」「**減る**」などの意味を表します。

例 A book <u>fell</u> down from the bookshelf.
（本棚から本が1冊落ちました）

例 She <u>fell</u> and hit her head hard on the ground.

（彼女は転んで、地面に強く頭を打ち付けました）

例 In this country, temperatures hardly ever <u>fall</u> below 15℃ even in winter.
（この国では、冬でも気温が15度を下回ることはめったにありません）

また、fallには補語をとる用法、つまり**第2文型（SVC）の用法**があります。He fell asleep.のasleepも補語で、このfallは「**…になる**」という意味の自動詞です。したがって、この文は「彼は眠りについた」「彼は眠りに落ちた」という意味になります。なお、このように第2文型をつくる動詞を「**不完全自動詞**」と呼びます（補語がないと文が成り立たないので「不完全」ということです）。補語がなくても文が成立する自動詞、つまり第1文型（SV）で使われる動詞は「**完全自動詞**」と呼ばれています。

以下の例で、fallの不完全自動詞用法をチェックしておきましょう。

例 While I was visiting her, she suddenly <u>fell</u> critically ill.
（私がお見舞いに来ていたときに、彼女は突然危篤状態になりました）

例 I <u>fell</u> in love with the girl at first sight.
（その女の子に一目ぼれをしました）

…▶ fall in loveは、in love「恋をして」という状態に「なる」という意味です。

→ p.121

㉕ このthinkingは現在分詞ですか、それとも動名詞ですか？

<u>Thinking</u> always made him sleepy.

▶▶▶ **動名詞です。**

157

解説 文頭に「...ing形」が来た場合は、それが「現在分詞」なのか、それとも「動名詞」なのかを判断できるようにしておきましょう。

この Thinking always made him sleepy. は、thinking が主語になっています。**主語になれる「...ing形」は動名詞のみ**なので、これは動名詞ということになります。また、「無生物主語」になっていることにも注目すべきですが、くわしい解説はこの後の「ワンポイント文法講義」をご覧ください。

文頭に現在分詞が来ている場合、1つの可能性は、それが**現在分詞の形容詞的用法**で、直後の名詞を修飾しているというパターンです。

例 Rolling stones gather no moss.
（転がっている石には苔は生えません）
…▶「転がる石に苔むさず」ということわざで、rolling は直後の名詞 stones を修飾する形容詞の働きをしています。

もう1つの可能性は、**分詞構文**になっているパターンです。

例 Walking down the street, I saw a convertible collide with a garbage truck.
（通りを歩いていたら、オープンカーがゴミ収集車に激突するのを目撃しました）
…▶ While I was walking down the street, ... を分詞構文にした結果、walking が文頭に置かれています。

以下は、言語学の分野では大変有名な例文ですが、文頭の flying は「動名詞」「現在分詞」のどちらでしょうか？

例 Flying planes can be dangerous.

答えは**「どちらの場合もある」**です。fly を「（飛行機）を飛ばす、操縦する」

という他動詞だと解釈すると、flying planesは「飛行機を飛ばすこと」という**動名詞**になります。つまり「飛行機を飛ばすという行為は、危険なことがあります」という意味に解釈できます。また、このflyが「飛ぶ」という自動詞だとすると、「飛んでいる飛行機は、時として危険です」という意味になり、flyingは**現在分詞**ということになります。

これは文のあいまい性・多義性を論じる際によく用いられる例文ですが、助動詞のcanが使われていることが実はポイントです。canを使わずに表現すると、それぞれ【動名詞】Flying planes is dangerous. ／【現在分詞】Flying planes are dangerous. となるため、主語が単数なのか複数なのかによって区別が可能になります。

→ p.121

㉖ このthatはどのような文法的役割を果たしていますか？

…, it was full of so many words <u>that</u> they could not understand.

▶▶▶ that は目的格の関係代名詞で、**so many words that they could not understand** は「人々が理解できないとてもたくさんの単語」という意味になります。

解説 soとthatが使われているため、これを⑫で説明した〈so … that S V〉だと思ってしまった人も多いと思いますが、その解釈には少し無理があります。「あまりにも…なので〜」「〜ほど…」というパターンの場合、thatの後には「完全な文」が来なければなりません。ですので、以下のような形であれば〈so … that 〜〉のパターンが成立します。

It was full of so many words that they could not understand <u>them</u>.

この場合は、「それ（＝教授の書いた新聞記事）にはあまりにもたくさんの言葉が使われていたので、彼らにはそれら（言葉）を理解できませんでした」あるいは「彼らには理解できないほど、たくさんの言葉が使われていました」という意味になります。

　しかし、実際に本文に出てくる文にはthemがありません。つまり、that以下の文は、**目的語の欠けた不完全な文**になっています。そのため、このthatは関係代名詞であり、It was full of so many words. と They could not understand the words. という2つの文を合体させているということがわかります。全体としては、「**それ（＝教授の書いた新聞記事）は、彼らが理解できないたくさんの言葉だらけでした**」「**それには彼らが理解できないたくさんの言葉が使われていました**」という意味になります。

　なお、この部分を全文引用すると以下のようになります。

Every one quoted it, it was full of so many words that they could not understand.

　前半の文（Every one quoted it.）と後半の文（it was full of ...）の間にはコンマが1つあるだけで、「何かが足りない」感じが否めませんね。これは、Scene 1の「ここに気をつけて読もう⑪」で解説したcomma spliceになっていると考えましょう。このコンマはセミコロンに置き換えて読んでみてください。そうすると、「**人々はこぞって教授の言葉を引用しましたが、理解できない言葉ばかりでした**」という逆接の関係で捉えるのが自然だとわかります。

㉗ このatはどのような意味を表していますか？

... he was in high spirits <u>at</u> the prospect.

▶ ▶ ▶ 感情の「原因」を表すatです。

解説　atの前にあるin high spiritsは「意気揚々として」「心が踊っている」という意味で、**「happyとexcitedが混ざったような状態」**を表します。王子の願い事をかなえたツバメには、一仕事終えた安堵感がありました。そして、今晩エジプトに向けて飛び立てると思うと、心が躍ります。このような状態を、in high spiritsによって表現しているわけです。

ここで使われているatは**「感情の原因」**を表しています。感情を表す表現に共に用いられて、「…を見て」「…を聞いて」「…を考えて」「…を思って」などの意味を表します。prospectは「見通し、将来のビジョン」という意味ですから、in high spirits at the prospectは**「これから先のことを考えて、気分が高まっている」**といった意味になります。

「感情の原因」を表すatの例をいくつか挙げておきましょう。

🔲 I was really surprised <u>at</u> the news.
（その知らせを聞いてすごく驚きました）

🔲 She was disappointed <u>at</u> not having been invited to the party.
（彼女はパーティに招かれなかったのでがっかりしました）

🔲 Many people, myself among them, feel better <u>at</u> the mere sight of a book.
（私自身を含む多くの人たちは、単に本が目に入っただけで気分がよくなります）
　…▶ 1992年に『大農場』でピューリッツァー賞を受賞した、アメリカの作家ジェーン・スマイリーの言葉です。

なぜ、ここでpassion-flowers「トケイソウ」が登場するのだと思いますか？

She is embroidering <u>passion-flowers</u> on a satin gown ...

→ やや唐突な感じで「トケイソウ（passion-flowers）の刺繍」が登場していますが、その意味について考えておいたほうがいいでしょう。

> She is embroidering passion-flowers on a satin gown for the loveliest of the Queen's maids-of-honour to wear at the next Court-ball.
>
> （彼女はお針子さんで、一番美しい女王の侍女が今度の宮中舞踏会で着る繻子のドレスにトケイソウの花を刺繍しているところです）

　poor house「貧しい家」に暮らすseamstress「お針子」が、侍女のきらびやかなドレスに刺繍をしている場面ですので、**「光と影」「富めるものと貧しいもの」**を対象的に描き出していると言えます。舞踏会で着飾った衣装を楽しむ贅沢な暮らしをしている一握りの富裕層がいる中で、大勢の人たちが貧困にあえいでいる様子を、「きらびやかなドレスの仕立てをする貧しいお針子」によって描いているわけです。そうすると、passion-flowersは「美しいもの」「贅沢なもの」の象徴であると考えることもできます。

　しかし、そこにはもう少し深い意味が込められているように思われます。passion-flowersは、実は**「キリストの磔刑」**を象徴する花だとされています。passionには「情熱」以外に、**「受難」**という意味があります。受難とは「苦しみやわざわいを受けること」ですが、この物語において「誰が、なんのために、どのような苦しみを受けている」様子が描かれているのかを考えてみるといいでしょう。くわしくは「場面解説」をお読みください。

　なお、ヘミングウェイの『老人と海』には、老人がマストを背負って丘を

登っていくシーンがあります。この姿を「十字架を背負ってゴルゴダの丘を登っていくイエス・キリスト」と重ねることができるという説があります（その解釈については、ぜひ拙著『ヘミングウェイで学ぶ英文法2』をお読みください）。このように、キリストの受難が、物語の中で重要なモチーフになっている文学作品は多数あります。

トケイソウの花

ワンポイント文法講義 ③

Mini-lecture

無生物主語構文と
名詞構文

　日本語では「人間」や「生物」が主語になる内容を、英語では「もの」や「こと」を主語にして表すことがよくあります。このような構文を「無生物主語構文」と言います。また、名詞構文とは、「動詞や形容詞が名詞化されて、文に組み込まれている構文」のことです。

▌無生物主語構文の解釈 ▌

　刀の柄からルビーを取り出して、貧しいお針子の家に届けたツバメは、王子に I feel quite warm now.（とてもあたたかい気持ちになりました）と言います。王子は That is because you have done a good action.（それは、お前がよいことをしたからですよ）と説明をしますが、それについて考えようとしたツバメは眠りに落ちてしまいました。そのことについて説明しているのが次の文です。

> Thinking always made him sleepy.

　この文の主語は**動名詞**の thinking「考えること」で、made が動詞、him が目的語、そして形容詞の sleepy が目的格補語という SVOC の文型になっています。この make は「…に〜させる」という意味を表しますので、この文は**「考えることは、いつも彼を眠たくさせた」**と直訳することができます。しかし、これでは自然な訳文とは言えませんね。

　無生物主語構文では、主語を「副詞節」または「副詞句」的に解釈すると、その意味を捉えやすくなります。つまり、この場合は、「考えることが…」ではなく**「考えると…」**のように解釈し、以下のような文を考えてみるといいでしょう。

<u>When he thought</u>, he always felt sleepy.

このように言い換えることによって、「**考えごとをすると、彼はいつも眠たくなってしまうのでした**」という適切な訳を施すことが可能になります。

▎無生物主語構文で使われる動詞 ▎

どのような動詞でも、無生物主語構文をとれるわけではありません。ノーム・チョムスキーという大変有名な言語学者は、『統辞構造論』(*Syntactic Structures*) という本の中で以下のような奇妙な文を紹介しています。

例 Colorless green ideas sleep furiously.

無理に訳せば「色のない、緑色の考えが猛烈に眠る」となりますが、「文法的には正しいが、意味をなさない」文の代表例として有名です。「colorless なのに green」なのがおかしいですし、色には関係ないはずの ideas の色の話をしているのもナンセンス。また、「眠り方」の形容として furiously「猛烈に」を使うのも普通ではありません。そして、何よりおかしいのが、「ideas」が「眠る」という組み合わせです。一般に、sleep は「人や動物」を動作主として用いる動詞であって、無生物を主語には取れないとされています。

しかし、次の例はどうでしょう。

例 Time flies like an arrow.

一般に「光陰矢の如し」と訳される慣用句ですが、idea と同様に抽象的な「無生物」である time という名詞が、通常「生物」に対して用いる fly の動作主として使われています（ただし、「無生物」である「飛行機」や「ボール」などに対して fly を用いることは可能です）。このように、**創造性を発揮させたメタ**

ファーとして、無生物主語構文が用いられることもあります。

よく目にする無生物主語構文の例を、いくつか紹介しておきましょう。

例 <u>This picture book</u> reminds me of my grandfather.
（この絵本を読むと祖父のことを思い出します）

例 <u>Smoking</u> can increase the risk of lung cancer.
（喫煙は肺ガンのリスクを高める可能性があります）

例 <u>The heavy rain</u> prevented us from departing.
（豪雨のため、出発することができませんでした）

これらの文は、それぞれ以下のように副詞節・副詞句を用いて言い換えることができます。

例 <u>When I read this picture book</u>, I am reminded of my grandfather.

例 <u>If you smoke</u>, the risk of lung cancer can be increased.

例 We couldn't depart <u>because of the heavy rain</u>.

また、無生物主語構文では、makeやforceなどの「…させる」という意味を含む動詞がよく使われることも特徴です。

例 Her loving smile <u>made</u> everyone happy.
（彼女の愛らしい微笑みは、みんなを幸せな気分にしました）

⋯▶ When she smiled, everyone became happy. と言い換えられます。

例 Business class tickets will <u>allow</u> you to access this lounge.
（ビジネスクラスのチケットがあれば、このラウンジを利用できます）

⋯▶ 直訳は「ビジネスクラスのチケットは、あなたをこのラウンジに入らせるでしょう」ですが、If you have business class tickets, you can access this lounge. と言い換えられます。

例 Poverty <u>forced</u> him to leave school at the age of twelve and work in a factory.
（貧困のため、彼は 12 歳のときに学校をやめ、工場で働くこととなった）

⋯▶ Because he was poor, he was forced to leave school ... と言い換えると、わかりやすくなりますね。

　通例「人」が主語になる take「連れて行く」や give「与える」、show「示す」といった動詞も、無生物主語構文で用いられることがあります。

例 This bus will <u>take</u> you to City Hall.
（このバスに乗れば、市役所に行けますよ）

⋯▶ If you take this bus, ...（このバスに乗れば…）という意味が内包されていることに注意しましょう。

例 This report will <u>take</u> five hours.
（このレポートを仕上げるには 5 時間かかるでしょう）

⋯▶ この take は「連れて行く」ではなく、「時間がかかる」という意味ですね。It will take five hours to finish this report. と言い換えることができます。

例 Too much thought will <u>give</u> you doubt.
（考えすぎると、疑念が生じてしまうものです）

⋯▶ If you think too much, ... のような内容を表していると理解できます。

例 This analysis <u>shows</u> that our new method will significantly improve business efficiency.
（この分析によって、新方式を導入すれば経営効果が大幅に改善することがわかります）

⋯▶「示す」は、日本語でも無生物主語構文を取れる動詞ですので、「この分析は…ことを示しています」と訳しても問題ありません。

この他にも、save「省く」、help「助ける、役に立つ」、surprise「驚かせる」など、数多くの動詞が無生物主語を使った構文で使われています。安易に直訳してしまわずに、どのような内容を表しているのか想像し、**適切な解釈を柔軟に導き出す**ことが大切です。

例 This new product will <u>save</u> you a lot of time.
（この新製品を使えばかなりの時間を節約できます）

例 Focusing on positive thoughts can <u>help</u> you sleep better at night.
（プラス思考を持つことが快眠の秘訣です）

例 The accident <u>surprised</u> us all.
（その事故は、私たち全員を驚かせました）

⋯▶ shock「…にショックを与える」やplease「…を喜ばせる」など、その他の「感情を表す他動詞」も同様の使い方が可能です。

▌名詞構文とは▐

Thinking always made him sleepy. が When he thought, he always felt sleepy. という意味に解釈できるということは、he thought という「文」が thinking という**名詞（動名詞）**として取り込まれているとも言えます。**「文を名詞に変換している」**と言ってもいいかもしれません。

「動詞や形容詞を中心とした表現（≒文）」を名詞として文に組み込んだもののことを、**「名詞構文」**と呼びます。動名詞も名詞の一種ではありますが、動名詞を用いたものを「名詞構文」と呼ぶことはあまりないようです。一般に、名詞句相当の「準動詞」（動名詞および to 不定詞の名詞的用法）ではなく、**抽象名詞**を用いたものが名詞構文と呼ばれます。まずは、次の例を見てみましょう。

> 例 <u>Her late arrival</u> made her mother worried.

「彼女の遅い到着が、彼女の母親を心配させた」という意味ですが、主語の her late arrival という「名詞句」は、「彼女が遅く到着した」という「文」が基になっていることがわかると思います。英語で言うならば、She arrived late. という文ですね。こちらの文では、her という所有格が主格（she）、形容詞の late が副詞に変化していることにも注目しましょう。文の形に直すと、（やや不自然ですが）こんなふうに言うことができます。

> 例 <u>That she arrived late</u> made her mother worried.

元の文は arrival という「無生物」が主語になっているので、もう少しわかりやすく言い換えると、以下のようになります。

> 例 <u>Because</u> she arrived late, her mother was worried.

この arrive は自動詞ですが、他動詞が基になっている名詞構文についても確

認しておきましょう。

例 The poet was known for <u>his deep love of nature</u>.

　下線を引いた his deep love of nature が「文を名詞化したもの」ですね。元の形は、He loved nature deeply. であり、文全体としては「その詩人は、自然を深く愛したことで知られています」という意味になります。

　love の**目的語**の nature が**名詞構文では of の後に置かれている**ことに注目してください。以下の動名詞を使った文と比較してみましょう。

例 The poet was known for <u>loving nature deeply</u>.

　このように、動名詞の場合は目的語（nature）を「そのまま」後ろに置くことができます。副詞（deeply）も同様に「そのまま」置きます。

　次の名詞構文の文でも of ... が使われていますが、こちらはどのような機能を果たしているでしょうか。

例 The festival is held every year to celebrate <u>the arrival of spring</u>.

　「そのお祭りは、春の訪れを祝うために毎年開催されています」と訳すことができますが、the arrival of spring の「元の形」を考えてみましょう。「春の訪れ」とは「春が訪れること」ですから、Spring arrives. という文から生まれた名詞句ということになりますね。つまり、この of ... は**「主語」を表している**わけです。〈名詞 of 名詞〉という形の名詞構文では、後ろの名詞が「（意味上の）主語」になることも「（意味上の）目的語」になることもあるので、気をつけて読まないと危険です！

　この〈名詞 of 名詞〉という構造は時として**「あいまい性」**を伴います。先

ほども触れたチョムスキーの『統辞構造論』では、

　例 the shooting of the hunters

という名詞句の「あいまい性」が論じられています。この名詞句は、文脈によって2通りに解釈ができます。

　例 I was shocked to see <u>the shooting of the hunters</u> by the sniper.

上の文は、「その狙撃手によってハンターたちが撃たれたのを見て、私はショックを受けました」という意味になります。つまり、この場合はthe huntersは「shootの目的語」ということになります。下の場合はどうでしょうか？

　例 <u>The shooting of the hunters</u> was inaccurate. They failed to kill the grizzly bear.

こちらは「ハンターたちの射撃は不正確でした。彼らは、そのハイイログマを仕留めそこねました」という意味を表しています。こちらでは、the huntersが「shootの主語」になっていますね。

　このチョムスキーの例からもわかるように、名詞構文を考える際には**「誰が誰に何をしたのか」**という、元の「文の形」を正しく捉えることが何よりも重要です。

▏形容詞から作られる名詞構文▕

　名詞構文は、**形容詞**から作られる場合もあります。さっそく例を見てみま

しょう。

例 If you have <u>the ability to love</u>, love yourself first.

　アメリカの詩人・作家、チャールズ・ブコウスキー（Charles Bukowski）の言葉です。「あなたに愛する能力があるなら、まず自分自身を愛しなさい」と訳すことができますが、the ability to love は形容詞が基になっている名詞句です。ability は able「…できる」という形容詞から派生していますので、*be* able to *do*「…することができる」を用いて、この文を If you <u>are able to love</u>, ... と言い換えることができますね。

例 He was promoted to sales manager because of <u>his familiarity with the domestic market</u>.

　この文は「国内市場を熟知しているため、彼は営業部長に昇進しました」という 意味 です。his familiarity with the domestic market という 部分 は、familiar「よく知っている」という形容詞から生まれた名詞句です。そのため、because 以下を ... because he was familiar with the domestic market. と書き換えることができます。

　ability to love は *be* able to love、familiarity with the domestic market は *be* familiar with the domestic market という形が基になっているということからわかるように、形容詞から作られる名詞構文では、**〈形容詞＋to 不定詞〉**や**〈形容詞＋前置詞句〉という元々の構造がそのまま反映されている**ことが 1 つの特徴です。

　例えば、curiosity <u>about</u> other people と curiosity <u>of</u> other people という、一見似通っている 2 つの名詞句を考えてみましょう。

(1) He tried to stay calm so as not to arouse the <u>curiosity of</u>

other people.

(2) Showing too much <u>curiosity about other people</u> is sometimes seen as rude.

　(1) は「他人の好奇心を掻き立ててしまわないように、平静を保とうとしました」、**(2)** は「他人への好奇心をあまりにも示しすぎると、無礼だと思われてしまうことがあります」という意味です。curiosity of other people は Other people are curious.（他の人たちが興味を持っている）、そして curiosity about other people は curious about other people「他の人たちに興味を持っている」という形がそれぞれ元になっています。*be* curious about ...「…に興味を持っている」という表現の知識がカギになりますね。

　このように、**前置詞が変わるだけで意味が大きく変わってしまうこともあり**ますので、正しく意味を捉えるように心がけてください。

Scene 3 解説 —— 作品に頻出する具体的なモノ

　ワイルドの文章の特徴の1つには、具体的なモノへの言及が多いということが挙げられます。『幸福な王子』と同じ作品集に収められた『ナイチンゲールとバラの花』は、いきなり、「ぼくの庭には赤いバラが1輪もない」と嘆く若い学生の言葉で始まりますし、ワイルドの別の童話的作品集には、直接的な説明が何もないのに、なぜか「ザクロの家」というタイトルが付されています。小説『ドリアン・グレイの肖像』の主人公ドリアンは、ある時、宝石や刺繍、タペストリーに熱中してしまいますが、そこでは、古今東西の美しい品々についての描写が何ページにもわたって続き、今、幸福な王子の像が身につけている「ルビー」や「サファイア」も出てきます。王子が生前を楽しく過ごした場所としてScene 2に出てきた「歓楽宮」(Sans-Souci) も、実は、18世紀半ばにプロイセンのフリードリッヒ大王がポツダムに建設した同名の宮殿にヒントを得たものとされています。これらはいずれも、何か美しいもの、あるいは作者の伝えたいメッセージを示しているようなのですが、それをワイルドは、くどくどと説明せず、具体的なモノで表しているのです。まさに彼の文章は、『ドリアン・グレイの肖像』の序言にあるように、「表層」(surface) であって「象徴」(symbol) でもある、という特徴を有していると言えましょう。

　Scene 3でもいろいろなモノへの言及があります。ツバメの仲間たちが暮らすエジプトには、「偉大な王様の墓」があって、その王様は、「黄色のリネン」に包まれ、首の周りには「薄緑色の翡翠の鎖」が置かれているとあります。ワイルドは、美しいものを描く際、古代エジプトを想起することがよくありました。『スフィンクス』という詩集も出版しています。『ボヴァリー夫人』の作者として知られるフランスのギュスターヴ・フローベールの『聖アントワーヌの誘惑』や『サランボー』など、エジプトを舞台とする、幻想的にして写実的な作品から強い影響を受けたとも指摘されています。ツバメがせっかくエジプトの墓に眠る「偉大な王様」の姿を説明しているのに、王子の方は、「嘆き悲しんでいる」母親と「ひどくのどが渇いている」男の子のことばかり考えているようで、まったく関心を示しませんが、それにもかかわらず、作者は、なぜ墓に眠るエジプトの王様の描写を詳しく綴っているのでしょうか。

　なかでも、この Scene 3 で最も気になるのは、母親が刺繍している「トケイソ
ウの花」（→ p. 163）ではないでしょうか。宮殿のバルコニーで優雅に恋人と語
らう「一番美しい女王の侍女」の指示があって、この母親は、一生懸命、「トケイ
ソウの花」を繻子のドレスに刺繍しています。トケイソウは、5枚の花弁とその
外側に5枚の萼のある繊細な風合いを持つ花ですから、刺繍するのも容易でない
ことは明らかですが、それにしても、なぜ、わざわざ「トケイソウ」なのでしょ
うか。当然のことながらワイルドは、その理由を詳しく解説するというようなこ
とはしません。ただ私たちは、この花がキリストの磔刑（crucifixion）を象徴し
ているとされていることには留意しておくべきでしょう。子房柱と呼ばれる花の
中心部が十字架、3つに分かれた雌しべは磔の際に打たれた釘、花びらの内側に
ある管のような副花冠はキリストの頭に置かれた茨の冠、そして、5枚ずつある
花弁と萼は合せて10人の使徒をそれぞれ表すとされてきました。トケイソウは
英語ではpassion-flowersと言いますが、このpassionは、よく知られているよう
に、「情熱」と「受難」という、一見すると正反対の意味を持つ単語です。です
が、もちろんここでは、キリストの受難を体現した花と考えるのが適切でしょ
う。そのような花の絵柄を、母親は懸命に刺繍しているのですが、ついに疲れ
切って眠り込んでしまうのです。

　美しい侍女が、貧しいお針子であるこの母親にトケイソウの花の刺繍を命じた
ことには、多くの含意を読み取ることができるでしょう。何の罪もない母親と男
の子の置かれた困窮そのものが受難であるとも言えますし、そういうキリストの
受難を飾りにしようという、侍女の浅薄な信仰への皮肉が込められているのかも
しれません。あるいは、このような母子を救おうと、刀の柄から「ルビー」を抜
き取って届けてもらいたいという王子の願いに、キリストの姿を重ねてみること
もできるでしょう。ワイルドの真意は、おそらく、そのいずれでもあって、それ
ゆえに、そのいずれか1つを取り出して説明することはしなかった。彼の作品に
頻出する具体的なモノへの言及は、まさに表層であり、しかし同時に、象徴でも
あって、そこに、彼の文章が表現する意味世界の多様な広がりと深さが感じられ
るのです。

1913年刊行版の表紙。イラストはチャールズ・ロビンソンによるもの。

Scene

エジプトへの出発を
延ばすツバメ

仲間たちは既にエジプトに向
かって飛び立ってしまったた
め、本当は、このツバメは今す
ぐにでも旅立たなければなりま
せん。しかし、王子からのさら
なる「頼み事」に応じるため
に、ツバメはエジプトへの出発
を、さらに先延ばしにしてしま
います。

月が出るころ、ツバメは幸福な王子のところへ戻ってきました。「何かエジプトでしてほしいことがありますか?」そして彼は、声を張り上げて言いました。「いよいよ出発です」

「ツバメよ、ツバメよ、小さなツバメさん」、王子は言いました。「もうひと晩だけ長く、私といっしょにいてはもらえないだろうか?」

「ぼくはエジプトで待ってもらっているのです」とツバメは答えました。「明日、私の仲間たちが、『二番滝』まで飛んでいくことになっているのです。ガマの草むらにはカバが寝転んでいて、大きな御影石の玉座には、メムノン神が座っていらっしゃいます。メムノン神はひと晩じゅう、星を見ていて、明けの明星が輝き始めると、歓喜の叫びをひと声上げ、その後は沈黙します。お昼になると、黄色の獅子が水を飲みに水辺にやって来ます。獅子の目は緑のエメラルドのようで、その唸り声といったら、瀑布の轟音よりも大きいのです」

「ツバメよ、ツバメよ、小さなツバメさん」と王子は言いました。「遠く、街の外れに、青年が屋根裏部屋にいるのが見えます。彼は紙の散らかった机に突っ伏していて、脇にあるコップにはひと掴みのしぼんだスミレが入っている。髪は褐色で縮れていて、唇はザクロのように赤い。何かを夢見るような大きい目をしている。この青年は今、劇場支配人のために、ある芝居を仕上げようとしているのですが、寒すぎてもうこれ以上書けないのです。暖炉に火はなく、空腹のあまり気を失っているのです」

「もうひと晩だけ、あなたとごいっしょしましょう」、そうツバメは言いました。彼は本当によい心の持ち主だったのです。「もうひとつルビーを持って行きましょうか?」

「ああ! もう私にはルビーがないのです」と王子は言いました。「残っているのは私の両目だけです。これは貴重なサファイアでできていて、千年前にインドから持ち込まれたものなのです。そのひとつを私の目からくり抜いて、彼のところへ持って行ってください。それを宝石商に売れば、あの若者は食べ物と薪を買うことができ、芝居を仕上げられるでしょう」

「王子様、そんなことはできません」とツバメは言い、泣きだしてしまいました。

「ツバメよ、ツバメよ、小さなツバメさん、私の言うとおりにするのです」、そう王子は言いました。

それでツバメは王子の目をつついて出すと、若者のいる屋根裏部屋まで飛んでいきました。屋根に穴があいていたので、中へ入るのは簡単でした。ツバメは穴をすばやく通り抜け、部屋に入りました。若者は両手で頭を抱え込んでいましたから、ツバメが羽をパタパタする音には気づきませんでした。ふと目を上げてみると、美しいサファイアがしおれたスミレの上に置いてありました。

「ぼくも評価され始めたんだな」と彼は声を上げました。「これは、ぼくの芝居を評価している偉い人からのものなんだ。これで書きあげられるぞ」と、若者は実に幸せそうでした。

その翌日、ツバメは港の方へ飛んで行きました。大きな船の帆にとまり、船乗りたちがロープを使って大きな箱を船倉から引っ張り上げている様子を見ていました。「よいしょ！」と、船乗りたちは、大箱をひとつ運び出すたびに大声を上げていました。

「ぼくはエジプトへ行くんだ！」とツバメは叫びましたが、誰もそれに気づきません。月が上ると、ツバメは幸福な王子のところへ戻りました。

「お別れを言いにきました」、そうツバメは声を上げました。

すると王子は言いました。「ツバメよ、ツバメよ、小さなツバメさん、もうひと晩だけ長く、私といっしょにいてはもらえませんか？」

「もう冬です」とツバメは答えました。「ここでも、じきに冷たい雪になるでしょう。エジプトでは太陽の光があたたかく棕櫚の木々に降り注ぎ、ワニたちは泥の中に身を横たえ、木々の周りでのらりくらりとしています。ぼくの仲間は今、バールベク神殿の中に巣を作っているのですが、その様子をピンクと白のまだら模様の鳩たちが見ては、お互いにくーくーと鳴き交わしています。王子様、ぼくは旅立たなければなりませんが、あなたのことは決し

て忘れません。来年の春には、あなたが人にあげてなくなってしまったルビー
とサファイアの代わりに、美しい宝石を2つ持ってきます。赤いバラよりも
もっと赤いルビーと大海原にも匹敵するくらい青いサファイアを」

When the moon rose he flew back to the Happy Prince. "Have you any commissions for Egypt?" he cried; "I am just starting."

"Swallow, Swallow, little Swallow," said the Prince, "will you not stay with me one night longer?"

"I am waited for in Egypt," answered the Swallow. "To-morrow my friends ①will fly up to the Second Cataract. ②The river-horse couches there among the bulrushes, and on a great granite throne sits the God Memnon. All night long he watches the stars, and when the morning star shines he utters one cry of joy, and then he is silent. At noon the yellow lions come down to the water's edge to drink. They have eyes like green beryls, and their roar is louder than the roar of the cataract."

"Swallow, Swallow, little Swallow," said the Prince, "far away across the city ③I see a young man in a garret. He is leaning over a desk covered with papers, and ④in a tumbler by his side there is a bunch of withered violets. His hair is brown and crisp, and ⑤his lips are red as a pomegranate, and he has large and dreamy eyes. He is trying to finish a play for the Director of the Theatre, but ⑥he is too cold to write any more. There is no fire in the grate, and ⑦hunger has made him faint."

"I ⑧will wait with you one night longer," said ⑨the Swallow, who really had a good heart. "Shall I take him another ruby?"

"Alas! I have no ruby now," said the Prince; "my eyes are all ⑩that I have left. They are made of ⑪rare sapphires, which were

ここに気をつけて読もう

解釈のポイント → p.216

ツバメのこの発言から、どのようなことが読み取れますか？

Have you any commissions for Egypt?

① なぜ、ここでwillが使われているでしょうか？

② この文の動詞はどれでしょうか？

③ このI seeをI can seeに置き換えることはできますか？

④ なぜ、このような語順になっているのでしょうか？

⑤ 省略されている語を補ってください。

⑥ この文を〈so ... that 〜〉を用いて書き換えてみましょう。

⑦ なぜ、ここで現在完了が使われているのでしょうか？

⑧ なぜ、ここでwillが使われているのでしょうか？

⑨ なぜ、whoの前にコンマが入っているのでしょうか？

⑩ このthat節は、どのような文法的役割を果たしていますか？

⑪ なぜ、whichの前にコンマが入っているのでしょうか？

NOTES

L.002 commission ▶ 委託、委任、任務　　**L.007** cataract ▶ 大滝、瀑布

L.008 river-horse ▶ カバ

L.008 bulrush ▶ 湿地に生える多年草または一年草の総称、ガマ

L.009 granite ▶ 花こう岩の　　**L.012** beryl ▶ 緑柱石

L.015 garret ▶（傾斜屋根の下の）屋根裏部屋

L.017 withered ▶ しおれた、ひからびた

L.018 pomegranate ▶ ザクロ

brought out of India a thousand years ago. Pluck out one of them and take it to him. He ⑫<u>will</u> sell it to the jeweller, and buy food and firewood, and finish his play."

"Dear Prince," said the Swallow, "I cannot ⑬<u>do that</u>"; and he began to weep.

"Swallow, Swallow, little Swallow," said the Prince, "⑭<u>do</u> as I command you."

So the Swallow plucked out the Prince's eye, and flew away to the student's garret. ⑮<u>It</u> was easy enough to get in, as there was a hole in the roof. Through this he darted, and came into the room. The young man had his head ⑯<u>buried</u> in his hands, so he did not hear the flutter of the bird's wings, and when he looked up he found the beautiful sapphire ⑰<u>lying</u> on the withered violets.

"I am beginning to be appreciated," he cried; "this is from ⑱<u>some</u> great admirer. Now I can finish my play," and he looked quite happy.

The next day the Swallow flew down to the harbour. He sat on the mast of a large vessel and watched the sailors hauling big chests out of the hold with ropes. "Heave a-hoy!" they shouted ⑲<u>as</u> each chest came up. "I am going to Egypt!" cried the Swallow, but nobody minded, and when the moon rose he flew back to the Happy Prince.

"⑳<u>I am come to bid you good-bye</u>," he cried.

"Swallow, Swallow, little Swallow," said the Prince, "will you not stay with me one night longer?"

Grammar Points

⑫ なぜ、ここで will が使われているのでしょうか？

⑬ この do that で言及されているのは、どのような内容でしょうか？

⑭ この do は、どのような文法的役割を果たしていますか？

⑮ この it の役割はなんでしょうか？

⑯ この buried は過去形でしょうか、それとも過去分詞でしょうか？

⑰ この lying は現在分詞の形容詞的用法でしょうか、それとも目的格補語の現在分詞でしょうか？

⑱ この some は、どのような意味でしょうか？

⑲ この as は、どのような意味でしょうか？

⑳ この文は受動態になっていますか？

NOTES

L.027	jeweller	▶宝石商
L.035	dart	▶さっと動く、飛ぶ、飛び込む
L.044	haul	▶…を引っ張る
L.045	hold	▶船倉、貨物室

"It is winter," answered the Swallow, "and the chill snow will soon be here. In Egypt the sun is warm on the green palm-trees, and the crocodiles lie in the mud and look lazily about them. My companions are building a nest in the Temple of Baalbec, and ㉑<u>the pink and white doves</u> are watching them, and cooing to each other. Dear Prince, ㉒<u>I must leave you, but I will never forget you</u>, and next spring I will bring you back two beautiful jewels in place of ㉓<u>those</u> you have given away. The ruby ㉔<u>shall</u> be redder than a red rose, and the sapphire shall be as blue as the great sea."

G r a m m a r   P o i n t s

㉑ この the pink and white doves とは、どのような鳩なのでしょうか？

㉒ ここで must と will が使われているのはどうしてでしょうか？

㉓ この those は何を指していますか？

㉔ なぜ、ここで shall が使われているのでしょうか。

N O T E S

L.055 the Temple of Baalbec ▶バールベック寺院

L.056 coo ▶クークーと鳴く

「ここに気をつけて読もう」の解説

Commentaries on Grammar Points

→ p.183

① なぜ、ここでwillが使われているでしょうか?

To-morrow my friends <u>will</u> fly up to the Second Cataract.

▶ ▶ ▶ 仲間たちが二番滝まで行くだろうという「予測」をしているからです。

解説 未来を表す表現については「ワンポイント文法講義④」でくわしく扱いますが、助動詞のwillには、**「あらかじめ決めてあったこと」**や**「既に決意していたこと」**などについて**表現することはできない**という特徴があります。willは、「ある出来事や状況が未来に生じるだろう」という**「予測」**を表す場合に用いられます。主語がIの場合は、「私は…しよう」という**発話時点での決心**を表します。

willの用法について、以下の例文で簡単に確認しておきましょう。

例 I think Miyuki <u>will</u> get good grades. She always studies hard.
（ミユキはよい成績を取れると思います。彼女は、いつも一生懸命勉強していますから）

…▶ ミユキの成績に関する「予測」をしていますから、willを使うのが適切です。

例 I hope this book <u>will</u> help you to improve your English.
（この本がみなさんの英語力を上達させることを願っています）

…▶ will helpの主語はthis bookですので、this book will help you to improve your Englishは「この本がもたらす出来事ついての予測」ということになります。

例 We're going to have a party tomorrow night. Would you like to come with me?

（明日の夜にパーティーをやります。あなたも一緒にどうですか？）

…▶ このように、「前もって決めていた予定」について話す場合は *be* going to *do* を使う必要があります。

この場面では、ツバメが仲間たちの様子を想像して、「今頃どこにいるのかな？ 明日ぐらいには二番滝に着いているんだろうなあ」と**予想**をしています。そのため、will が使われているわけです。遠く離れたエジプトと、そこにいるであろう仲間たちに対して、ツバメが強く思いを寄せている様子がうかがえる場面です。

→ p.183

② この文の動詞はどれでしょうか？

The river-horse couches there among the bulrushes, ...

▶ ▶ ▶ **couches** です。

解説 couch は「長いす」のことで、今や死語になりつつある「カウチポテト族」（転がっているジャガイモのように、ソファーに座ってだらだらテレビを見たりして過ごす人々）という表現でもおなじみです。そのため、The river-horse couches を「長いすの一種」だと解釈してしまい、there among the bulrushes という「場所」を表す表現が続いているため、「あれ？ 動詞がないぞ？」と思ってしまった人もいるかもしれません。

実は couch には動詞で**「横たわる」**という意味があり、この文は、The river-horse「カバ」が主語、there among the bulrushes は「場所」を表し、**「ガマの草むらにカバが寝転んでいます」**という意味になっています（couches は couch の複数形ではなく、いわゆる「3単現」の -es が伴った自動詞）。どこかで見覚えがある単語であっても、異なる品詞の用法があったり、場合によって

189

は「同綴異義語」（綴りが同じというだけで、まったく別の単語）である可能性もあったりしますので、**「迷ったらすぐに辞書で調べる」**習慣をつけることをお勧めします。なお、there among the bulrushes という表現は、here in Japan が「here ＝ in Japan」であるのと同様に、「there ＝ among the bulrushes」という同格関係になっています。

ところで、なぜこの文では動詞が**単純現在形**になっているのでしょうか。単純現在形は**「不変の真理」「習慣（習性）」「繰り返して起こること」「一般論」**などを表します。もちろん、カバは年中、朝から晩までうずくまっているわけではありませんが、この文は、カバは「その<u>習性</u>として、草むらで寝そべっていることが多い」といったニュアンスが込められています。

単純現在形の様々な用法を、以下の例文を通じて確認しておきましょう。

〈 不変の真理 〉

ずっと変わらない「真理」を表す用法です。

例 The earth <u>goes</u> around the sun.
（地球は太陽の周りを回ります）

〈 繰り返し起こること 〉

「毎日決まった時間に」「毎週決まった曜日に」など、繰り返し起こることを表します。多くの場合、頻度を表す副詞が伴います。

例 This supermarket <u>opens</u> at 8:30 in the morning.
（このスーパーマーケットは朝8時30分に開店します）

例 I <u>play</u> tennis three times a week.
（私は週に3回テニスをします）

〈 一般論 〉

generally speaking「一般的に言って」やusually「しばしば」などの表現と共に用いられることもよくあります。

例 Successful people usually <u>don't work</u> long hours.
（成功をつかんでいる人々は、たいてい長時間労働はしていません）

例 Many parents <u>want</u> their children to study hard after school.
（多くの親は、自分の子どもに、放課後一生懸命勉強してほしいと思っています）

〈 性格や性質・習性 〉

ある程度「恒常的な」性質を表します。

例 Takeshi <u>works</u> really hard.
（タケシは一生懸命に働きます）

⋯▶「タケシは勤勉な人です」のように「（変わらない）性格」を表しています。これに対して、一時性を表す現在進行形を使ってTakeshi is working really hard today.と言うと、「今は一生懸命働いている（が、普段はそうでもない）」というニュアンスになります。

例 She <u>writes</u> books.
（彼女は作家です）

⋯▶単純現在形を使って「職業」を表すことができます。

ツバメの頭の中にはエジプトに行くことしかありません。メムノン神の巨像や、黄色の獅子の様子などといった、ツバメの脳裏に浮かぶ**「自分がよく知っている、いつもと変わらないエジプトの姿」**が単純現在形によって描写されています。「これでエジプトに行けるんだ！」という心の高ぶりが、ツバメ自身の

言葉で語られているのです。しかし、このようなツバメの気持ちをまったく斟酌することなく、王子は再び「ツバメよツバメ」と頼みごとをするのです。

→ p.183

③ この I see を I can see に置き換えることはできますか？

... far away across the city I see a young man in a garret.

▶ ▶ ▶ できます。

解説 多くの場合、I can see ... と I see ... には、ほとんど意味の違いがないと言っていいでしょう。can を伴う場合、進行形の代用として「今、見えている」や「見ようとする」ということを表しますが、can がなくてもほとんど意味は変わりません。知覚動詞（see / hear / feel / smell）は原則として進行形にすることができません。そのため、「一時的な状態」であることを明示する場合は、can を用います。

知覚動詞には「可能」の意味が内包されているということが1つのポイントです。例えば、I heard someone screaming. という文は「誰かが叫んでいるのが聞こえた」と訳せます。また、Can you hear me all right? は「私の声、ちゃんと聞こえますか？」という意味です。このように、hear / can hear は、どちらも「聞こえる」という「可能」の意味が含まれた訳語が適用されます。他にも、例えば「何が見えますか？」と聞きたい場合、What can you see? / What do you see? の両方を使うことができます。

しかし、〈can ＋知覚動詞〉が優先して用いられる場合もあります。

A I see flowers.

B I can see flowers from here.

A は「目の前に花がある」という状況で、単に「花が見えます」と述べています（I can see flowers. でも OK）。これに対して、B の場合は「ここから花が

見えます」という意味であり、「ここからでなければ見えないかもしれない」ということが暗に示されているわけです。このように、「**この場合は可能だ**」ということをはっきり**示したり**、「**可能ではない場合**」**と対比したり**する必要があるときには、〈can＋知覚動詞〉を用いる必要があります。

→ p.183

④ なぜ、このような語順になっているのでしょうか？

... in a tumbler by his side there is a bunch of withered violets.

▶ ▶ ▶ **読み手の「視点」を移動させるためです。**

解説 存在文（There is [are] ...）を用いる場合、場所を表す副詞要素はたいてい文末に置かれます。しかし、この文ではThere is a bunch of withered violets in a tumbler by his side. ではなく、in a tumbler by his side が前に出されることで、a bunch of withered violets が新情報として提示されています。

この部分の話の流れを確認してみましょう。

He is leaning over a desk covered with papers, and in a tumbler by his side there is a bunch of withered violets.

He is leaning over a desk「彼は机に突っ伏している」→ covered with papers「机の上には紙が散乱していて」→ and in a tumbler by his side「脇にはコップがある」→ there is a bunch of withered violets.「コップの中にはしぼんたスミレの束が入っている」という流れになっています。最初に「机に突っ伏している男性」という「引いた画像」が提示され、だんだん「**しぼんだスミレ**」**に視点がフォーカスされていく**様子がわかると思います。このような描写をすることで、「しぼんだスミレ」が強く読者の印象に残ります。おそらく、このスミレは、売れない劇作家の落胆や絶望を表しているのではないで

しょうか。

→ p.183

⑤ 省略されている語を補ってください。

... his lips are red as a pomegranate, ...

▶ ▶ ▶ ... his lips are [as] red as a pomegranate, ... となります。

解説 「ワンポイント文法講義①」では「原級比較」を扱いましたが、この his lips are red as a pomegranate という表現も原級比較のパターンです。ただし、**最初の as が省略されている**ことに注意してください。

以下で、〈as ... as 〜〉の1つ目の as が省略されている例を確認しておきましょう。

例 His skin was <u>white as the driven snow</u> and his hair <u>black as coal</u>.

（彼の肌は雪のように白く、髪は石炭のように真っ黒でした）

⋯▶ それぞれ、as white as the driven snow / as black as coal とすることもできます。なお、His skin <u>was</u> white as the driven snow. という文と His hair <u>was</u> black as coal. という2つの文が並列されているので、共通要素の was が後の文では省略されています。

例 I bought this secondhand laptop for $200. It was <u>cheap as dirt</u>.

（この中古のノートパソコンは200ドルで買いました。すごく安かったです）

⋯▶ (as) cheap as dirt は「土と同じぐらい安い」→「すごく安い」「二束三文の」という意味です。dirt-cheap「すごく安い」「ただ同然の」という形容詞もあります。

→ p.183

⑥ この文を〈so ... that ～〉を用いて書き換えてみましょう。

... he is too cold to write any more.

▶ ▶ ▶ **... he is <u>so</u> cold <u>that</u> he cannot write any more.** に書き換えることができます。

解説 coldという形容詞は、「**人**」を主語にしてI'm cold.（私は寒いです）のようにも言うことができますし、「**天候のit**」を主語にしてIt's cold today.（今日は寒いです）のように表現することもできます。It's cold today. は「外気温が低い」という意味ですが、I'm cold.は気温には関係なく、**自分がどう感じているか**ということを表します。そのため、たとえ暖かい日であっても、自分が寒いと感じていたらI'm cold.（寒気がします）と言うことが可能です（≒ I feel cold）。

本文で登場したhe is too cold to write any moreのhe is too coldは、「彼はあまりにも寒さを感じている」という意味ですね。tooは「ある基準を超えている」というニュアンスの副詞で、後にto不定詞が置かれた場合、〈too ... to ～〉で「～するには基準を超えてしまっている」→「**とても…なので～できない**」「**～できないほど…**」という意味になります。

「とても…なので～できない」は〈so ... that S cannot ～〉というパターンでも表現できます。よって、... he is so cold that he cannot write any more. と書き換えることが可能です。

I'm cold.の話に戻りますが、hotも同様に「人」「天候のit」の両方を主語にとることができます。そのため、「（外気温に関係なく）なんだか暑いです」という意味でI'm hot.を使うことができます。文脈次第ではありますが、hotには「セクシーな」という意味もあるため、I'm hot.は「私ってセクシー」という意味だと捉えられてしまう恐れがあります。「暑い」と伝えたいときはI feel hot.やI'm feeling hot.を使ったほうがいいかもしれません。「汗をかくぐらい暑い」のであれば、I'm sweaty. と言ってもいいでしょう。

→ p.183

⑦ なぜ、ここで現在完了が使われているのでしょうか？

There is no fire in the grate, and hunger <u>has made</u> him faint.

▶ ▶ ▶「空腹で気を失っている状態が今も続いている」ことを示しています。

解説 現在完了の継続用法は、**状態や動作が「現時点までずっと続いている」**ことを示します。この部分がhunger made him faintであれば、今の時点では回復している可能性がでてきますが、has madeになっているため、**「空腹で気を失っている状態が今も続いている」**ということが示されています。このように、現在完了は「現在と過去との関係がある」場合に使うのに対し、単純過去で表されることがらは「現在と関連しない過去の出来事」を表します。

　ワイルドは時制や相（「完了」や「進行」の表現のこと）を巧みに使い分けて、large and dreamy eyes「何かを夢見るような大きい目」を持った青年の描写を見事に行っています。まずは、現在進行形のHe is <u>leaning</u> over a desk covered with papers, ...で「今、この瞬間」を切り取り、青年が机に突っ伏している様子を表します。その後、青年の外見の描写をしますが、これは「性質」を表しますので、his hair is brown ...のように現在形で描写されます。続けて、「彼が今何をしようとしているのか」がHe is trying to finish a play for the Director of the Theatre, ...という現在進行形の文によって明らかになります。try to doを現在進行形で用いた場合、「何かを試みている途中であり、まだ終わっていない」ことを表します。青年が「なんとか終わらせようと頑張っている姿」が描き出されたところで、この... hunger has made him faint.という文が提示されます。この文によって、**「なぜ彼が机に突っ伏していて、終わらせようとしている脚本も終わらない状態であるか」**が明かされます。ワイルドは時制や相をうまく利用することで、「彼は貧しかった」「彼は悲惨でした」のような直接的な描写がなくとも、彼が暖炉にくべる薪や食べ物に困っていることが自然に読み取れるように描写しているのです。

なお、この ... hunger has made him faint. は「無生物主語構文」になっていることにも注意しておきましょう（無生物主語構文については、「ワンポイント文法講義③」でくわしく説明しています）。

→ p.183

⑧ なぜ、ここでwill が使われているのでしょうか？

I <u>will</u> wait with you one night longer

▶ ▶ ▶ 「今、この場で」もう一晩滞在することを決めたからです。

①に引き続き、再びwillについての質問になりましたが、このwillは「その場で意志決定する」というニュアンスを表しています。

ツバメはエジプトに出発することを決意していたのですが、**この瞬間に、その気持ちに変化が生じた**のです。このwillは、話している最中に、「そうしよう！」と決めた時に使われます。ツバメは王子の話を聞いているうちに、心が動かされてしまいました。そして、出発を1日延期することを「その場で」決めたのです。

またこの後、「エジプトへ行きたい」と思っているツバメが、現在進行形を使ってI am going to Egypt! と叫んでいる様子が描かれています。これは「今、エジプト行きを決めた」のではなく、「行くことが既に決まっている」というニュアンスになります。このように、現在進行形とwillとでは、伝達される意味が大きく異なることがわかったと思います。

なお、ここで用いられているwait with ... という表現は「…と一緒に待つ」という意味ではありません。wait on ... / wait upon ... と同義で、「**…に給仕する**」「**…に仕える**」という意味になります。

→ p.183

⑨ なぜ、**who** の前にコンマが入っているのでしょうか？

"I will wait with you one night longer," said the Swallow, who really had a good heart.

▶ ▶ ▶ 話題となっているツバメについて、さらに情報を付加するためです。

解説 関係詞の前にコンマを置く用法は「継続用法」(非制限用法)、コンマを置かない用法は「限定用法」(制限用法) と呼ばれます。コンマのない「限定用法」の関係詞節は一般に、先行詞の人や物について性質や種類を示したり、どのような人や物を話題にしているのかを示す役割があります。一方、「継続用法」の**先行詞については話し手も聞き手も了解済み**であり、既に話題に上っているものです。そして、その先行詞である人や物について、さらに情報を付け加えます。

つまり、ツバメについては既に私たちは了解済みですが、そのツバメについて語り手が補足的に情報を付け加えているのがこの場面です。なんとなく、語り手の声が聞こえてきますよね。「ツバメは本当に温かい心を持っていますね」と。さらに、「それに引き換え…」などという声も聞こえてきたりすると、この作品に込められている**皮肉**が読み解けるのではないでしょうか。

→ p.183

⑩ この **that** 節は、どのような文法的役割を果たしていますか？

... my eyes are all <u>that I have left</u>.

▶ ▶ ▶ **all** を先行詞とした関係代名詞節になっています。

解説 that I have left は**関係代名詞節**で、先行詞は直前にある all です。all (that) ... は「…なすべて」という意味で、以下の例文のように「…だけ」(only) というニュアンスで使われます。

▣ That's <u>all</u> I wanted to say.
（私が言いたかったことはそれだけです）

…▶「それが私の言いたかったすべてです」→「私が言いたかったのは、それだけです」という意味になります。That's all (that) I wanted to say.のように、allとIの間にはthatが省略されています。言いたいことを述べた後に、「締めのひとこと」として使えます。

▣ <u>All</u> he wants is fame.
（彼が欲しいのは名声だけです）

…▶ All (that) he wants ...が主語になっています。

▣ <u>All</u> that Boris said was not true.
（ボリスが言ったことは、すべてが本当ではありませんでした）

…▶ これはonlyの意味が入らないパターンです。「allではなかった」ということなので、「すべてが…というわけではない」という「部分否定」になります。

なお、... my eyes are all that I have left.のI have leftという部分は**「現在完了」ではない**ことに注意しましょう。現在完了であれば、元の文はI have left X.（私はXを残した）ということになりますが、少し意味的に無理があります。やはり、ここは「私に残されたものは、あとは目だけです」という意味に解釈したいところです。つまり、**元の文はI have X left.（私にはXが残されています）**という形であり、このXが先行詞として取り出された結果、have leftになったのです。

この「haveとleftの間に目的語が挟まっている」というパターンを、以下の例で確認しておいてください。

例 He that keeps another man's dog shall <u>have nothing left him</u> but the line.

（他人の犬の世話をしたところで、その人に残るものは「ひも」だけである）

⋯▶「他人の世話をしても損するだけだ」という意味のことわざ。left him を「彼に残されて」という意味の補語と考えて、have nothing left him は「彼には何も残されない」といった意味に解釈できます。

例 How long does she <u>have left</u>?

（彼女に残された時間はどのぐらいですか？）

⋯▶医者に「余命」を聞くときや、「申し込みの期限」などを聞く場合に使われる表現です。

→ p.183

Ⅱ なぜ、whichの前にコンマが入っているのでしょうか？

They are made of <u>rare sapphires, which</u> were brought out of India a thousand years ago.

▶ ▶ ▶「サファイア」について、さらに情報を付加するためです。

解説 ここも先ほどの質問が理解できていれば、**情報を付加するための関係代名詞の継続用法**だとわかります。王子の目については既に1つ前の文で示されており、それが「サファイアでできている」というのが、この文の **「メインの情報」** です。それに対して、「そのサファイアは1000年前にインドから持ってこられたものである」という**情報がさらに付け加えられています**。関係代名詞節によって補足されている内容は、いわば「あってもなくてもいい蛇足的情報」なのですが、あえて、王子はそのサファイアの価値をつけ足して説明しています。

なお、ここで使われているout of ...は、1語で書き換えるとしたらfrom ...「…から」になります。out of ...には他にもいくつかの意味がありますの

で、以下で確認しておきましょう。

🔲 We're <u>out of</u> beer.
（ビール<u>を切らして</u>います）

🔲 Ken was chosen as chairman <u>out of</u> a thousand.
（ケンは1000人<u>のうちから</u>議長に選ばれました）

🔲 This chair is made <u>out of</u> fine quality pinewood.
（このいすは良質な松材<u>で</u>できています）

⋯▶ 「材料」を示すこともできます。「…という材質で」「…から」のように
訳出できます。

➡ p.185

⑫ なぜ、ここでwillが使われているのでしょうか？

He <u>will</u> sell it to the jeweller, and buy food and firewood, ...

▶ ▶ ▶ 行動の「予測」をしているからです。

解説 繰り返しwillについての質問を出題していますので、もうだいぶ慣れ
たのではありませんか？ この文のように、3人称を主語にした文で
willが用いられると、**話し手が主語の行動や状況を「予測」して述べる**ことに
なるのです。

willの用法については、Scene 2の「ここに気をつけて読もう②」をもう一度
確認しておいてください。

→ p.185

⑬ このdo thatで言及されているのは、どのような内容でしょうか？

I cannot <u>do that</u>.

▶▶▶「王子の目をつつき出す (pluck out one of them)」ことを指しています。

解説 do thatは、前に出てきた動詞句を前方照応（前に出てきたものを受ける）する表現です。ここでは、すぐ前にある、「**王子の目をつつき出す (pluck out one of them)**」ことを指しています。

なお、do thatと似たような表現に、do soやdo itがあります。基本的には交換可能な場合が多いのですが、これらの表現は微妙に異っています。以下の例文で確認していきましょう。

A My father is going to book a hotel to celebrate my birthday. He <u>does it</u> every year.

（私の父は私の誕生日を祝うためにホテルを予約するの。毎年そうしてくれるんです）

B My father is going to book a hotel to celebrate my 21st birthday. This is because my uncle <u>did so</u> last year.

（私の父は私の21歳の誕生日を祝うためにホテルを予約するの。おじさんのところが去年そうしたからなの）

人によっては、「どちらの文でもit / soの両方が使える」と言うかもしれません。しかし、**A**ではitが、そして**B**ではsoが好まれる傾向があります。itは「**前に出てきた同じ行為**」を、そしてsoは前にできたことと「**同じ種類の行為**」を指し示します。特に**B**のほうは、itで受けるのはちょっと厳しいように感じられます。おじさんがやったパーティは、「話し手の誕生日パーティ」ではありません。soを用いて、もっと漠然と「ホテルで誕生日パーティをする」という

行為を指しているイメージです。

　一方、do it と do that の線引きは非常に難しく、研究者の間でも統一した見解が出ているわけではありません。ですので、ここではランドルフ・クワークらが編纂した文法書である *A Comprehensive Grammar of the English Language* の記述を参考にしてみましょう。

　クワークらは do it と do that は、どちらも「先行する行為を指し示す」ことは同じであるが、**that はその行為を「驚きの対象」として捉えている**と主張しています。それを説明する例文として以下が挙げられています。

Are you trying to light the stove with a match? I wouldn't do THAT.

　この that が大文字なのは、強勢が置かれることを示すためです。この文では、「え、マッチで点火するの？ 自分だったらマッチでストーブになんて火をつけないよ」という内容です。話者が「マッチでストーブに点火する」ことに驚いているため、この場合は that が使われており、it ではこうした驚きを表すことができないというのがクワークらの主張です。

　しかし、このクワークらの説に対して安藤貞雄は『現代英文法講義』で異論を唱え、「that がすべて驚きを表しているとは言えない」としながらも、that には it にない**「情緒性」「思い入れ」**が含まれているのではないか、と主張しています。

　こうした考えを総合的に捉え直してみると、that を用いる場合、話し手が前言に対して何らかの**「感情的な反応」**を示していると言えると思います。ここでの I cannot do that. を考えてみると、ツバメはおそらく**「いやいや、そんなかわいそうなことをするなんて、とても私にはできません」**という気持ちで do that と言ったのでしょう。そう考えると、すぐ後に ... and he began to weep.（彼は泣き出しました）と続くのも納得できますね。

→ p.185

⑭ この do は、どのような文法的役割を果たしていますか？

... <u>do</u> as I command you.

▶ ▶ ▶ **本動詞の do の原形として命令文を作っています。**

解説 do には <u>Do</u> you have a minute? や I <u>don't</u> feel great today. などのように、一般動詞の疑問文や否定文を作る際に使われる「**助動詞**」の用法と、「する」という意味の「**本動詞**」の用法があります。ここでは「私の命じるとおりに<u>しなさい</u>」のように「する」という意味を表していますので、「**本動詞の do の原形として命令文を作っている**」ということになります。

なお、ここで使われている as は「**様態**」を表す接続詞で、as I command you は「私があなたに命じるように」という意味です。他にも、例えば Do <u>as</u> I say! は「私の言うとおりにやりなさい」、Just do <u>as</u> you like. は「好きなようにしなさい」のように用います。

→ p.185

⑮ この it の役割はなんでしょうか？

It was easy enough to get in, as there was a hole in the roof.

▶ ▶ ▶ **to get in を示す仮主語（形式主語）の it です。**

解説 文頭に it が置かれた場合、たいてい、次に示す 3 つの用法のどれかになります。

1 本文中に既に出てきたものを受ける it

2 本文中にこれから出てくるものを予告するための it

3 非人称の用法として、天候・時間・距離・明暗などを表す文の主語としての it

It was easy enough to get in, ... のitは、**2**の「本文中にこれから出てくるものを予告するためのit」です。いわゆる**「仮主語」（形式主語）**として、あとの**to get in**を指しているのです。この用法は「後方照応（cataphoric）のit」と呼ぶこともできます。後方照応のitは、形式主語として後のto不定詞、that節、動名詞節、wh節などを指します。以下の例文で確認してみましょう。

〈 to不定詞を指す 〉

後にくるto不定詞を指すパターンです。代名詞itの指す内容なので、このto不定詞は「名詞的用法」ということになります。

例 It's nice to hear from you.
（あなたから連絡があってうれしいです）

例 It is great to be back home.
（家に帰って来られてうれしいです）

〈 that節を指す 〉

後にくるthat節を指すパターンです。

例 It is true that he did his best.
（彼が全力をつくしたのは本当です）

例 It is impossible that we will persuade him.
（彼を説得するのは不可能です）

〈 動名詞節を指す 〉

itは文末に置かれた動名詞を指しています。

例 It was nice meeting you.
（お会いできて光栄です）

　…▶ It's nice to meet you. / Nice to meet you.は「初対面でのあいさつ」
　　ですが、このIt was nice meeting you.は「お知り合いになれてうれ
　　しかったです」のような意味で使われることが多い表現です。

例 It's no use talking to him.
（彼に相談をしても無駄ですよ）

〈 wh節を指す 〉

　後方のwh節を指すパターンです。

例 It is strange why you got good grades last semester.
（あなたがどうして前の学期の成績がよかったのか不思議です）

例 It is uncertain whether I have locked the door.
（ちゃんとドアに鍵をかけたかどうか、はっきりわかりません）

　なお、形式主語のitでない場合は、分裂文の主語のitであることも考えられ
ます。分裂文とは、it is X that ...の構造でXの位置に主語、目的語、前置詞句、
副詞句といった要素を入れてそれらを強調する文のことです。一般的には強調
構文と呼ばれるものです。くわしくは、「ワンポイント文法講義⑥」をご覧く
ださい。
　また、ここで用いられているeasy enoughという表現にも注意しておきま
しょう。〈enough＋名詞〉は「十分な…（名詞)」という意味ですが、ここで
は〈形容詞＋enough〉となっています。〈形容詞（もしくは副詞）＋enough〉
は「**十分…（形容詞・副詞）**」という意味になります。enoughは「必要な量、
程度を満たしている」ということですので、easy enoughだと、「**簡単と言って**

もさしつかえない」「すごく簡単というほどではないが、**簡単ではある**」という
ニュアンスになります。

→ *p.185*

⑯ この buried は過去形でしょうか、それとも過去分詞でしょうか？

The young man had his head <u>buried</u> in his hands, ...

▶ ▶ ▶ **過去分詞**です。

解説 ここは、〈**have ＋目的語＋過去分詞**〉というパターンになっていると
考えるのが自然です。

〈**have ＋ 目的語 ＋ 過去分詞**〉という表現は「**…を～という状態にする**」とい
うことであり、そこに「どのような気持ち」がこもっているかによって、主に
以下の3つの意味があります。

■ 使役

「**…に～させる**」という意味を表します。force などのように「無理やりさせ
る」という意味は全くなく、「…してもらう」というニュアンスになります。

例 I <u>had these documents delivered</u> to the hotel where Mr.
Smith was staying.
(私はそれらの書類をスミス氏が滞在していたホテルに届けさせました)

例 It is okay if I don't <u>have my room cleaned</u>.
(私の部屋を掃除していただかなくても大丈夫です)

② 被害

主語がなんらかの「被害」を受けたという場合も、この〈**have ＋ 目的語 ＋
過去分詞**〉というパターンを活用できます。

例 I had my smartphone stolen.
（スマホを盗まれてしまいました）

例 Kenta had his arm broken in the car accident.
（ケンタは自動車事故で腕を骨折してしまいました）

3 結果

「…を〜してしまっている」「…を〜し終えている」といった意味を表します。

例 He had his homework done.
（彼は宿題を終えてしまっています）

例 We need to have our plan made.
（私たちは計画を立てておく必要があります）

本文に登場する The young man had his head buried in his hands, ... は「両手で頭を抱え込んでいた」という**「結果」**を表しているといえるでしょう。

→ p.185

⑰ この lying は現在分詞の形容詞的用法でしょうか、それとも目的格補語の現在分詞でしょうか？

... he found the beautiful sapphire lying on the withered violets.

▶▶▶ **目的格補語の現在分詞です。**

解説　ややこしい聞き方をしてしまいましたが、「現在分詞の形容詞的用法」であると考えるなら、lying on the withered violets という部分が、the beautiful sapphire を形容詞として後置修飾しているという理解になりま

す。つまり、**... he found the beautiful sapphire which was lying on the withered violets.** と考えるということです。

「目的格補語の現在分詞」という解釈では、lying on the withered violetsが、he found O Cの目的格補語になります。

findは知覚動詞であるため、ここは〈find＋目的語＋目的格補語〉で「…が〜しているのを見つける」という形になっていると考えるのが自然でしょう。つまり、このlyingは「**目的格補語の現在分詞**」です。ここでは「**美しいサファイアが、しおれたスミレの上に置かれているのに気付いた**」という意味を表しています。

→ p.185

⑱ このsomeは、どのような意味でしょうか？

... this is from some great admirer.

▶▶▶「どこかの」「ある」という意味です。

解説 〈some＋可算名詞の単数形〉は、**話し手にとって知らない人や物について言及する際に用いられる**形です。例えばsome dayは「未来のある日」「いつか」という意味ですね。

このsome great admirerのsomeについて考えてみましょう。青年は、「サファイアをくれた人」を見ることはできませんでした。そのため、結論として、「**どこかの誰か**がくれたんだろう」と思っているわけです。

なお、〈some＋可算名詞の単数形〉のパターンは、以下のように「なかなかの」「大した」という意味で使われることもあります。

例 He is some singer!

（彼はなかなかの歌手です！）

…▶「彼はどこかの歌手だ」ではなく、「なかなか素晴らしい歌手だ」という「ほめ言葉」になっています。

例 Everyone wants to be someone.

（誰だって、ひとかどの人物になりたいと望むものです）

…▶ この someone に含まれている some も「なかなかの」「大した」という意味であり、someone は「立派な人物」という意味になることがあります。

例 You are some early riser. It's already half past ten.

（君は大した早起き者だ。既に10時30分を回っているじゃないか）

…▶ もちろん、これは「皮肉」です。こんな使い方もできる表現です。

→ p.185

⑲ この as は、どのような意味でしょうか？

… they shouted as each chest came up.

▶ ▶ ▶「…すると同時に」という意味になります。

解説 接続詞の as については Scene 2 の「ここに気をつけて読もう③」で確認しましたので、くわしい説明は割愛しますが、ここでは**「同時性」**を表す as が使われています。同様に同時性を表す while との違いを確認してきましょう。

while は**「…の間」「…している間に」**という**「期間」**を表します。そして、while 節内の動作動詞は進行形になることもあります。

例 I had to stay at home while it was snowing.

（雪が降っている間、私は家の中にいなければなりませんでした）

上の例文では、主節（I had to stay at home）のほうが「主に伝えたいこと」であり、while 節は付加的な情報になります。これに対して、They shouted as each chest came up. のような文では、「主節のほうが重要な情報」ということ

はなく、「…すると同時に〜」という意味を表しています（主節と従属節の「重要度」は変わりません）。

なお、I had to stay at home while it was snowing. のwhileをasに変えると、「雪が降っていたので、家にいなければなりませんでした」という意味になり、as節は「理由」を表すことになります。

→ p.185

⑳ この文は受動態になっていますか？

I am come to bid you good-by.

▶ ▶ ▶ なっていません。

解説 〈be動詞 (am) ＋過去分詞 (come)〉という「受け身文」の形になっていますが、この文は**受動態ではありません**。am come は、**現在完了のhave come と同じ意味**を表しています。

古英語の時代、他動詞の完了形は現代英語での〈have＋目的語＋過去分詞〉という形で表されていました。そして、過去分詞は「既にし終えた」という意味を持っていました。例えば、I have the letter sent. は「手紙が出された状態がある」ということから、「手紙が既に投函されていて自分の手元にはない」という状態を表します。こうした古英語の表現は、「過去の行為が現在に影響している」点で、現代英語の「現在完了」に近いということがわかりますね。やがて時代の経過と共にSVOの語順が確立し、過去分詞もVとして見なされ、I have sent the letter. という現在完了形が出てきたのです。

一方、自動詞を用いた完了形は、かつては〈**be動詞＋自動詞の過去分詞**〉の形で表されていました。先ほど述べたように、過去分詞は本来「既にし終えた」という意味でした。さらにbe動詞は「…という状態である」という意味を持っていますので、〈be動詞＋自動詞の過去分詞〉で表される内容は「既に…し終えた状態である」という**「現在完了」の「完了」**の意味として考えることができます。現代英語でも、例えばHe is gone. はHe has gone. と同じ意味で使わ

れたりします。今日の英語では、ほとんどの現在完了は〈have + 動詞の過去分詞〉になりましたが、化石的に〈be動詞 + 過去分詞〉が残っています。それが、ここで取り上げているI am come ...という形です。この「be動詞を使った現在完了」は、arrive / come / die / fall / go / melt など、ごく限られた動詞でしか使われません。

→ p.187

㉑ この the pink and white doves とは、どのような鳩なのでしょうか?

... the pink and white doves are watching them, ...

▶ ▶ ▶「ピンクと白のまだら模様の鳩」です。

解説　「ピンク色の鳩と白い鳩の2種類がいる」と読めないこともないのですが、the pink and white doves は「ピンクと白のまだら模様の鳩」（あるいは体の一部分がピンク色になった白い鳩）と考えるのが自然です。あくまでも推測ですが、この鳩は、ヨーロッパに比較的多く見られる「モリバト（common wood pigeon）」のことではないでしょうか。胸のあたりがピンク色になっており、全体的には薄灰色をしています。これをツバメは「ピンクと白の鳩」と呼んだのでしょう。

ちなみに、"black and white dogs" をGoogleで画像検索してみると、「顔の一部や足の先だけが白い、黒い犬」や「黒ぶち模様のダルメシアン」の画像が出てきます（ただし、「真っ黒な犬と真っ白な犬が並んでいる写真」も少数出てきます）。

このような構造的なあいまい性が生じているのは、the pink and white doves が「ピンクと白のまだら模様の鳩」であっても、「ピンクの鳩と白い鳩」であっても、**複数形の**doves であることに変わりはないからです。

以下の2つを比較してみてください。

A a black and white dog

B a black and a white dog

A は『101匹わんちゃん』に出てくるような「白黒まだら模様の1匹の犬」を指します。B は a black dog and a white dog をまとめて表記したものなので、「1匹の黒い犬と、1匹の白い犬」という意味になるのです。このように、対象が「単数形」であれば、冠詞が大きなヒントになってくれます。

→ p.187

㉒ ここで must と will が使われているのはどうしてでしょうか?

I <u>must</u> leave you, but I <u>will</u> never forget you, ...

▶▶▶ 「強い義務や必要性」を表すために must が、そして「主語の強い意志」を示すために will が使われています。

解説 must は「…しなければならない」という訳語があてられることが多いですが、これまでも何度か確認したように、must には「**強い義務・必要性**」と「**論理的必然性**」の2つの意味があります。「強い義務・必要性」を表す場合、主語の人称によって意味が少し変わってきます。1人称主語では「話し手=主語」となり、その話し手が「**自分自身の行動**」について、「**絶対にやらなければならないと思っている**」という意味になります。そのため、I <u>must</u> stop drinking every night.（毎晩飲むのを止めなければ）のように、自分の行動を律する言い方もできます。should や ought to は must よりも「弱い義務」であるため、「できないかもしれないけれど…」のようなニュアンスが入りますが、must は「絶対やらなきゃだめだ!」と厳しく自分を律する感じになります。

2人称主語の場合は「聞き手=主語」であり、**話し手が聞き手に対して義務を強制する**言い方になります。You <u>must</u> study harder.（もっと勉強しなければだめですよ）のように、「命令」や「勧告・忠告」の意味をもちます。さらに、You <u>must</u> join us.（ぜひ、私たちに加わってください）のように「強い勧

誘」も表せます。3人称の主語の場合は、**話し手の価値観に基づいて、義務や必要性を押しつける**響きがあります。例えば、He <u>must</u> get married soon.（すぐにでも彼は結婚しなければならない）という文は、「彼」の意志とは関係なく、自分の都合や価値観を勝手に押しつけているイメージになります。

　また、既に説明したとおり、I will ...は「今、この場でやろうと決めたこと」を表明する表現です。しかし、neverという「強い言葉」が使われていることから、このwillは「強い意志」を表していると考えます。I will never forget you.という文は、willに強勢が置かれ、「あなたのことは決して忘れません」という意味を表しています。

　以上をまとめると、ツバメの「絶対にエジプトに行かねばならない」「どうしてもエジプトに行きたい」という強い思いがmustによって表されています。そして、「この場を去ることにはなるけれど、王子のことは決して忘れない」という強い意志をwillによって表現しているわけです。このように、ツバメはこれまでとは異なる「強い表現」を用いて、エジプトに行くことを王子に伝えているのです。王子のことが大好きになってしまったツバメが、後ろ髪を引かれる思いを断ち切るために、I must ...やI will never ...という表現を使っているようにも読めますね。

→ p.187

㉓ この those は何を指していますか？

... I will bring you back two beautiful jewels in place of <u>those</u> you have given away.

▶ ▶ ▶ **(the) jewels**を指しています。

解説

　このthoseは、jewelsという名詞の反復を避けるために使われたもので、thoseを使わない場合は、以下のように言い表すことができます。

　... I will bring you back two beautiful jewels in place of <u>the</u>

jewels you have given away.

　英語では、意図的な場合を除き、**同じ表現をすぐに繰り返し使うことを避ける**傾向があります。そのために、ここではthoseを使ってjewelsの反復を避けているわけです。なお、ここでは複数名詞だったためにthoseが使われていますが、**単数名詞の場合はthat**が用いられます。

例 Her hair is longer than <u>that</u> of her mother's.
（彼女の髪は、彼女の母親の髪より長いです）

…▶ このthatはthe hairを指しています。

例 The purpose of agriculture is quite different from <u>that</u> of a factory. It has to provide food in order that the race may flourish and persist.
（農業の目的は、工業のそれとはまったく異なります。農業の役割は、人類の持続的な繁栄を可能にするために食糧を提供することです）

…▶ このthatはthe purposeを指していますね。これは、有機農業を初めて提唱した植物学者、アルバート・ハワードの言葉です。

→ *p.187*

㉔ なぜ、ここでshallが使われているのでしょうか。

The ruby <u>shall</u> be redder than a red rose, …

▶ ▶ ▶ **「話し手の意志」を表すためです。**

解説　これまで何度か登場していましたが、助動詞のshallには**「話し手の意志」**を表す用法があります。ここは、心優しいツバメが「王子は目の宝石を貧しい人々に分け与えてしまったので、その代わりとなる宝石をエジプトから持ち帰ってきます」と申し出ている場面です。そして、このThe ruby

215

shall be redder than a red rose, ...はツバメの発言ですから、このshallは「ツバメの意志」を表しています。

　つまり、The ruby shall be redder than a red rose, ...は「(エジプトから持ち帰る) そのルビーは、<u>話者の意志</u>によって、赤いバラよりももっと赤いものになるだろう」、つまり、**「赤いバラよりもさらに赤い、立派なルビーを持って帰ってきますよ」**という意味なのです。

解 釈 の ポ イ ン ト ·························· **Beneath the surface**

ツバメのこの発言から、どのようなことが読み取れますか？

Have you any commissions for Egypt?

→ commissionとは「託された任務」のことですから、このHave you any commissions for Egypt?は「エジプトで私が果たすべき任務を何か託しますか？」、つまり「私に何か、エジプトでしてほしいことはありますか？」という意味になります。

　今夜エジプトに発つことを決めているツバメの心は、彼の地で待ってくれているはずの仲間たちのことで満たされています。この街から去るつもりでいるのに、やっぱり王子のことが大好きなツバメは「エジプトでしてほしいことはありますか？」と聞くのです。このお人好しのツバメは、really had a good heart **「本当によい心を持っていた」**と言えるでしょう。

　このことは、同じページの22行目に書かれています。

　　"I will wait with you one night longer," said the Swallow, who <u>really had a good heart</u>.

　　(「もうひと晩だけ、あなたとごいっしょしましょう」、そうツバメは言いました。彼は<u>本当によい心の持ち主だった</u>のです)

　作者は、なぜここまで徹底して、ツバメを「善人」として描いたのでしょうか。この「人のよさ」によって、ツバメは最後にはどうなってしまうのでしょうか。このことを考えながら、ぜひ最後まで読み進めてください。

　解釈とは話がずれてしまいますが、この Have you any commissions for Egypt? という疑問文に違和感を持った方もいらっしゃると思います。アメリカ英語では Do you have any commissions for Egypt? という形になりますが、**イギリス英語の疑問文は have を文頭に出して作ることがある**のです（have を助動詞的に扱っています）。

ワンポイント文法講義 ④

現在進行形について
考える

　現在進行形は「現在時制」と「進行相」が組み合わさったもので、「…している」と訳すのが基本ですが、シンプルなのに意外と「奥が深い」文法項目の1つです。

▌近接未来を表す現在進行形 ▌

　「お使い」を終えて王子の元に戻ってきたツバメが、こんなことを言う場面がありました。

> When the moon rose he flew back to the Happy Prince.
> "Have you any commissions for Egypt?" he cried; "I am just
> starting."

　ここで、I am just starting. という現在進行形が使われています。一般に現在進行形は、現在の時点で進行中の行為や出来事を表しますが、この文はどうでしょうか。「私はちょうど出発しています」ではおかしいので、**「私はちょうど出発しようとしています」** という意味ですね。つまり、未来のことを表しています。ジェフリー・リーチという言語学者が『意味と英語動詞』(*Meaning and the English Verb*) という本の中でThe bus is stopping. という例文を示していますが、この文は「バスは停車しています」という意味ではなく、「バスが停止に向けて速度を落としています」、つまり**「バスは停車しようとしています」**という意味を表しています。動詞の持っている性質次第で、このような意味になることもあるのです。

┃「未来」を表す表現の英語史的考察 ┃

　動詞の活用によって未来を表す、すなわち「未来時制」を持つ言語もありますが、英語には**現在時制と過去時制という2つの時制**しかありません。英語で「未来」のことを言い表す場合は、動詞の活用によってではなく、主に助動詞や進行形などの助けを借りる必要があります。西暦499〜1100年ごろにブリテン島で使われていた「古英語」(Old English) の時代から、そのことは変わっていません。古英語の時代、「現在時制」は現在のほかに、未来のことがらについても言及することができました。現在時制の形が未来を表しているのかどうかは、未来の時間を表す副詞が用いられているか、または文脈から判断していました。そして、ノルマン人の征服の影響を強く受けた「中英語」(Middle English、1100〜1500年ごろ) の時代、その後期にはwillやshallといった助動詞の使用が増えてきました。また、「初期近代英語」(Early Modern English, 1500〜1700年ごろ) には、現在時制で往来発着を表す動詞（goやcomeなど）が未来のことがらを表したり、現在進行中の動作を表したりするようになりました。

　この講義の冒頭で確認したように、現在進行形には**「近接未来」**の用法がありますが、英語には他にも未来を表す表現形式が複数存在します。

(1) I start tomorrow. ［現在形］

(2) I will[shall] start tomorrow. ［助動詞］

(3) I am starting tomorrow. ［現在進行形］

(4) I am going to start tomorrow. [*be* going to *do*]

　(1)のI start tomorrow. という文が未来を表すことができるのは、もちろんtomorrowという副詞が使われているためでもありますが、古英語の時代から現在形が未来のことがらを表し、さらに、初期近代英語の時期の往来発着の動詞の場合に未来のことを表していたことの名残だと考えられます。しかし、同時にwillやshallという助動詞による未来を表す用法（p. 87で紹介した「迂言

219

的用法」の一種）がありますので、**(1)** と **(2)** には意味の使い分けが生じてきます。**(2)** が未来を表す一般的な形式であり、**(1)** のほうは、**既に予定として決められていることに言及する際に使われる**と考えておきます。

　次に、**(3)** と **(4)** について考えてみましょう。現在進行形と *be* going to *do* の形は17世紀以降になってから明確に使われるようになってきました。それまでは、どちらの形式も、現在形によって表されていました。シェイクスピアから2つの引用をします。

When are you married, madam? （『から騒ぎ』3.1.100）
（いつ結婚なさるのですか？）

　…▶現代英語では When are you going to be married, madam? と表現するのが一般的です。

What do you read my Lord? （『ハムレット』2.2.194）
（何をお読みですか、殿下？）

　…▶現代英語では What are you reading, your highness? となります。

　どちらも現在形になっていますが、1つは未来を表し、もう1つは現在進行中の動作を表しています。ここで、現在進行形の歴史について簡単に説明しておきます。古英語の時代から〈*be* ＋現在分詞 (-ende)〉という形で進行形や、近接未来も表す例も見られましたが、ほとんどがラテン語の分詞の翻訳や形容詞として扱われていました。それよりも、「継続」を表す表現として用いられていたのは、〈*be* ＋ on ＋動名詞〉というパターンです。こちらの形式から on の部分が a と弱化し、最終的には消失していく中で、古英語からあった〈*be* ＋現在分詞 (-ende)〉と合流し、最終的に〈*be* ＋ ...ing〉という形に統一されました。古英語〈*be* ＋ on ＋現在分詞 (-ende)〉から中英語〈*be* ＋ ...ing〉の時代には、いわゆる「往来発着」を表す動詞が来たときに近接未来を表す例があります。したがって、〈*be* ＋ ...ing〉の形には、**近接未来を表すものと、継続（進行中）**

を表すものが共存していると考えられます。なお、19世紀の前半になると、He is being naughty.のように形容詞が補語に来る文の進行形が見られるようになりました。これは、主語の様子の「**一時性**」を表します。この変化については朝尾幸次郎『英語の歴史から考える 英文法の「なぜ」』（大修館書店）にわかりやすくまとめられていますので、興味を持たれた方はぜひそちらをご覧ください。このように考えてくると、(3)のI am starting tomorrow.に使われているstartが「出発する」という意味を持ち、これが往来発着を表す動詞であることから、進行形で近接未来を表していると言うことができます。

　次に(4)のI am going to start tomorrow.ですが、*be* going to *do*は17世紀頃に使われるようになった表現です。文字通り「…しに行こうとしている」という意味で、そこから移動を意味する「行く」の意味が弱まっていき、今日のような使われ方をするようになりました。内容語であるgoが、その意味を失い、機能語としての役割を担うようになったのです。このような変化をして新たな役割を獲得する現象を専門的には「**文法化**」（grammaticalization）と呼びます。なお、今日の英語では*be* ...ingと*be* going to *do*は、ほぼ同じような意味を表しますが、*be* going to *do*のほうが**意図性がより明確**になっていると考えることもできます。

　このようにして、それぞれの意味の違いはありますが、単純現在形でも、助動詞を用いても、現在進行形や*be* going to *do*という形を使っても未来のことがらを示すことができるようになったのです。

▎現在進行形は「未完了」や「一時性」を示す ▎

　現在進行形には「現在進行中の動作」以外にも、「**未完了（動作の途中であること）**」や「**一時性**」を示す用法があります。例えば、宿題をしている最中に友達から電話がかかってきたとします。What are you doing?（何してるの？）と聞かれたあなたは、I'm talking with you.ではなく、I'm doing my homework.と答えるでしょう。この場合は、「**宿題をやり始めたが、まだ終**

わっていない（宿題をやっている途中である）」ということが現在進行形で表されています。

　また、「今…している」という基本的な意味から拡張して、**「今だけたまたま…している」**という**「一時性」**を表す用法もあります。live「住んでいる」やhear「聞こえる」などの「状態動詞」は、**それ自体に「…している」という意味を含んでいる**ため、通常は進行形にはなりません。状態動詞を「あえて」進行形で用いた場合、そこには少し変わったニュアンスが込められます。

　例 I'm living with my friends until I find my new flat.
　　（新しいアパートが見つかるまでは、友達のところに住んでいます）
　　　…▶ 例えばI live in Tokyo.（私は東京に住んでいます）は「ほぼ恒久的に住んでいる」、つまり「定住している」というニュアンスになるのに対し、I'm living ...の場合は「仮に」「とりあえず」「一時的に」といったニュアンスになります。

　例 Tom is working hard today.
　　（トムは、今日はいつになく一生懸命仕事をしています）
　　　…▶ Tom works hard.の場合はトムの「性格」を表す表現になりますが、Tom is working hard today.は、「普段はさぼっているのに、今日はめずらしく真面目にやっているなあ」のような話者の気持ちが込められています。

再び、先ほどのツバメのセリフを検討してみましょう。

　　When the moon rose he flew back to the Happy Prince. "Have you any commissions for Egypt?" he cried; "I am just starting."

　先ほど説明したように、「既にやることを決めて、準備をし終えた未来の活動」について現在進行形で表すことができるのですが、**「出発するという行為が終わっていない（行為を行っている最中である）」**と考えれば、ここにも**「一時性」**を見出すことができますね。なお、*be* going to *do*は「既に予定として決めているが、<u>まだ準備をしていない</u>」と解されることもあります。I am just starting.は**「既に気持ちの上ではエジプトに向かって出発している」**、そして「今すぐにでもエジプトに行きたい」と願うツバメの気持ちが表れていると言うこともできるでしょう。

　なお、このシーンでは他にも現在進行形が出てきますので、あわせて確認をしておきましょう。王子は、貧しい青年を見て次のように言います。

He <u>is leaning</u> over a desk covered with papers ...
（彼は紙が散らばった机に突っ伏しています）

　この文は、**「現在、観察することのできる継続した動作」**を表しています。一方、ツバメは船のマストに止まり、船員たちが作業をしている様子を見ながら、大声でこう叫びます。

"I <u>am going</u> to Egypt!" cried the Swallow, but nobody minded, and when the moon rose he flew back to the Happy Prince.

　このI am going to Egypt!は「これからエジプトに行くんだよ！」という意味で、**近接未来を表す現在進行形**です。王子のお使いを無事に終えたツバメは、すぐにでもエジプトに発つことを考えています。ツバメのエジプト行きの想いは、作中何度も繰り返されますが、そのことが物語の最後と呼応し、読者に悲しさを誘発させるのです。

▎現在進行形の用法のまとめ ▎

さて、現在進行形には大きく分けると以下の6つの用法があります。ここで、まとめて整理しておきましょう。

❶ 現在進行中の動作を表す

「…している」と訳されますが、「**出来事や行為が進行中であり、完了していない**」ことを表す用法です。

例 What <u>are</u> you <u>doing</u>?
（何をしているんですか？）

例 Tom <u>is singing</u>.
（トムが歌っています）

例 I <u>am writing</u> a new book.
（今、新しい本を執筆中です）
…▶ 今書いているところであり、「まだ書き終わっていない」という意味を表しています。

❷ 動作の繰り返しを表す

こちらも同じく「…している」と訳されますが、「**短い動作を繰り返し行う**」ことを表す用法です。

例 Someone <u>is knocking</u> on the door.
（誰かがドアをノックしています）
…▶ 「ノックする」という短い動作を反復して行っています。ちなみに、knock「ノックする」という動詞は「1回ノックする」という意味にも「トントンと、何回かノックする」という意味にもなります。例え

ば、Knock three times.は「3回ノックしてね」ということですから、このknockは「1回ノックする」という意味だと理解できます。He knocked on the door before opening it.（彼はノックしてからドアを開けました）の場合は、「入室の許可を求めて、トントントンとノックする」という意味を表しています。

例 He is sneezing.
（彼は何度もくしゃみをしています）
…▶「くしゃみ」という瞬間的な動作を、何回か繰り返している様子が描かれています。

3 間近に迫っていることを表す（近接未来）
「もう少しで…しそうだ」という意味を表します。「ほぼ確実に起こること」に対して用いる表現です。

例 The battery is dying.
（充電が切れかかっています）
…▶「充電が切れている」ではなく、「もう少しで切れそうだ」（≒ The battery is going to die soon.）という意味である点に注意しましょう。

例 The train is arriving now.
（電車がまもなく到着します）

4 非難を表す
現在進行形をalwaysやall the timeなどの副詞（句）と組み合わせることで、「いつも…してばかりいる」という「非難」の気持ちを表せます。

例 He is always complaining.
（彼はいつも文句ばかり言っています）

例 He is buying expensive things all the time.
（彼はいつも高いものばかり買っています）

例 You are always thinking.
（さすがですね）

⋯▶ これは「あなたはいつも考え事ばかりしていますが、それじゃあだめ
ですよ」という「非難」ではありません。「いつもいろんなことを考
えてくれていますね」「さすがですね」という**「ほめ言葉」**になりま
す。このように、**非難以外の意味**で使われる場合もあります。

5 「今現在、動作をしていること」や「これからすること」を強調する

「こうであってしかるべきだ」という内容を現在進行形の文で描写すること
で、強い決意を示したり、発言内容を強調したりすることができます。

例 I'm telling the truth!
（僕は本当のことを言っているんだからね！）

例 You're not going!
（あなたは行かないの！）

⋯▶ 「あなたは行きません」ではなく、「行ってはだめです」という命令・
指示です。これも「こうであってしかるべきだ」という内容を提示し
て、それを相手に強要するイメージです。このようなタイプの命令・
指示は、親が子供に言い聞かせる場合などによく使われます。

6 一時的であることを示す

先ほど説明したように、状態動詞を進行形にすることで「一時性」を表せます。

例 He <u>is living</u> in London now.

（彼は今のところロンドンに住んでいます）

⋯▶ He lives in London.（彼はロンドン在住です）とは異なり、「いずれ引っ越す可能性がある」という含みがあります。

例 He <u>is wearing</u> an expensive watch today.

（彼は、今日はめずらしく高級な腕時計を身につけています）

⋯▶「いつもは安い時計をしている」という「裏の意味」があります。

例 He <u>is</u> just <u>being</u> kind.

（彼は、今はたまたま親切にしてくれているだけです）

⋯▶ このように、「be動詞の現在進行形」も「一時性」を表します。He is kind.は「彼は親切な人です」という意味になりますが、このHe is just being kind.は、「普段は親切にしてはくれないのに、今は猫をかぶっている」といった意味を表しています。

┃ 現在進行形の様々な使われ方 ┃

現在進行形をうまく活用すると、コミュニケーションの際に、様々なニュアンスを効果的に伝えることが可能になります。いくつか具体例を見ておきましょう。

例 <u>Be eating</u> dinner when I get home.

（私が帰宅したときには、夕飯を食べていなさい）

このように、現在進行形は**命令文**の形で使われることもあります。be ...ing の部分は、「今現在のこと」ではなく、未来について言及しています。when I get homeという未来のことを表す副詞節によって、進行形の部分は未来のことがらとして解釈されます。

この「命令文の現在進行形」の例として、A Comprehensive Grammar of the English Language は、Be listening to this station the same time tomorrow night. という例を載せています。これは「明日の夜も、同じ時間にこの放送局の番組を聞いていてくださいね」という意味の一種の決まり文句的な表現です。Listen to ... にすると「その時間にラジオをつけなさい」という意味にもとれてしまいますが、Be listening to ... という形にすることで、「番組の放送中、ずっと聞いていてくださいね」のようなニュアンスを含めることができます。

現在進行形は、when I get homeやthe same time tomorrow nightのように、時を表す副詞表現と一緒に用いられることが多いですが、そのような表現を併用しないこともあります。

例 Don't <u>be laughing</u> at me.
（私のことを笑わないでください）

このように、「今目の前で相手が行っていること」について要求する場合にも、進行形の命令文を用いることができます。なお、進行形の命令文には「**少し丁寧なニュアンスを出す**」という用法もあります。Please think of me. よりも、Please be thinking of me.（どうか私のことを思っていてください）のほうが丁寧な感じの依頼になります。これは、言語学（語用論）で言うところの「**丁寧さの原理**」が働いていると考えることもできます。

そして、最後に会話でよく使われる現在進行形の文を見ておきましょう。

(1) I'm <u>listening</u>.

「私は聞いています」だと、今ひとつピンとこないと思います。実は、これは**「私はちゃんと話を聞いていますから、そのまま話を続けてください」**という ニュアンスで、「相づち」的に使われる表現なのです。

　こんなふうに、「そのまま直訳」で考えてもわかりにくい現在進行形の表現には注意が必要です。次の文はいかがでしょうか。

(2) Now you <u>are talking</u>.

　もちろん、「今、あなたは話しています」という単なる状況説明ではありません。「あなたは今話をしている」→「ようやくそういう話をしてくれるようになった」ということで、**「そのとおりだね」**や**「そうこなくっちゃ！」**のようなニュアンスで使われる表現です。

(3) I'm <u>losing</u> you.

　「私はあなたを失っています」ではありません。この表現は、例えば、携帯電話で話しているときに、電波の状態が悪くなって**「電波が切れてしまいそうです」**と伝えるときに使います。なお、ある医療ドラマを見ていたところ、手術中に執刀医がWe are losing him!と叫んでいるシーンがありました。loseには「…を死んで失う」、つまり「…を死なせる」という意味もあります。ですから、このWe are losing him!は**「このままでは患者が死んでしまう！」**という意味なのです。

　このように、現在進行形は意外と奥が深く、様々な場面で用いられますので、実際に進行形の文に出会ったときに、「これはどんな意味で使われているのかな」と考えてみるとさらに理解が深まるはずです。

Scene 4 解説 ——『幸福な王子』の視覚性

『幸福な王子』を読み進めていくと、この作品の特徴の1つとして、視覚的な描写が多いということがわかります。Scene 1の冒頭からそうで、「街の上にそびえるように、高い円柱の上に幸福な王子の像が立っていました。純金の薄片に全身を覆われ、目には2つの明るいサファイア、刀の柄には大きな赤いルビーがきらめいていました」とあります。Scene 3の場面解説で、具体的なモノの描写が多いことに触れましたが、そういういろいろなモノも含め、この作品は視覚性が強いと言ってよいでしょう。文学作品の中には、登場人物が縷々、その心情を語るようなものも少なくありませんが、『幸福な王子』はそういう作品ではありません。王子もツバメも、自ら語る内容は単純明快なことのみであり、ツバメが恋したアシに至っては、お辞儀をしたり首を振ったりするだけでした。その分、視覚的描写が豊かで、むしろそこにいろいろな含意があるとみてよいでしょう。

視覚的な描写は、読者のさまざまな想像力をかき立てます。高い円柱の上に立っている王子の像の描写を読んで、円柱よりも王子の像に注目する人もいれば、むしろ王子の像が立っている円柱の高さに注目する人もいるでしょう。この作品の初版には、19世紀後半に活躍した画家ウォルター・クレインによる挿絵（→ p. 60）が付されていますが、彼の描く王子の像は前者の方です。他方、20世紀初頭にこの作品の有名な挿絵を描いたチャールズ・ロビンソンは後者の方と言えるでしょう（→ p. 176）。王子のもとからお針子や若い劇作家のところへ飛んでいき、そうかと思えば川辺にたたずんだり、エジプトに想いをはせてはその幻想的な風景を王子に語って聞かせたりと、なにかと忙しいツバメに対して、王子は一歩も動けませんから、両者の視覚世界はきわめて対照的ですね。王子は結局、目に入っていたサファイアまでも差し出してしまうわけですから、そういう豊かな視覚世界が閉ざされてしまうことになります。

この作品のこうした視覚的な描写の中で特に際立っているのが、色彩や明るさの表現でしょう。オスカー・ワイルドの作品にはしばしば月が出てきますが、このScene 4でも月が2回登場します。当然のことながら、時刻は夜、場所は王子の像のある街です。他方、ツバメが語るエジプトでは、太陽が明るく周囲を照らしている。緑のエメラルドのような目を持つ獅子も、ピンクと白のまだら模様の

鳩も、そういうあたたかい世界で暮らしていますし、「赤いバラよりももっと赤いルビー」や「大海原に匹敵するくらい青いサファイア」もあるようです。ツバメが語るエジプトは、王子が生前、何不自由なく暮らしていた歓楽宮での生活を彷彿とさせますね。このように、色や明るさに関する表現の多いScene 4ですが、おそらく最も印象的なのは、劇作家の青年の唇が「ザクロのように赤い（red as a pomegranate）」という描写ではないでしょうか。彼の髪が褐色であったり、ひと掴みのスミレがしぼんでいたり、というのはわかりやすい。けれども、彼の唇が「ザクロのように赤い」とは、どういうことなのでしょうか。

　ワイルドの童話的作品集に『ザクロの家』と題されたものがあることは、Scene 3の解説で触れました。ラファエル前派の著名な画家であるダンテ・ゲイブリエル・ロセッティの代表作に＜プロセルピナ＞という作品がありますが、美しいこのローマの女神が手にしているのがザクロです（→p. 232）。プロセルピナは、多産や豊饒を象徴するギリシャ神話の女神ペルセポネーに由来し、彼女が手にしているザクロにもそのような含意があり、さらには、キリスト教的な復活の象徴ともされます。しかし他方で、ザクロは禁断の果実であり、神の世界と人間界を分かつ分水嶺でもありました。ロセッティは1874年にいったんこの＜プロセルピナ＞を仕上げた後、8年かけて修正を加え、最終的に1882年に完成させました。『幸福な王子』が出版される6年前のことです。このロセッティの推薦で、ロンドンにあるグローヴナー・ギャラリーでの美術展に作品を出展したのが、やはりラファエル前派の代表的な画家となるエドワード・コウリ・バーン＝ジョーンズで、このバーン＝ジョーンズ作品をいち早く激賞したのが、若きワイルドでした。色彩とは、たんに自然界の事物に備わる好ましい属性であるばかりなく、自然界の事物がその精神を人間の心に示す表情にほかならないということを、ワイルドは、バーン＝ジョーンズ作品への評価の中で記しています。

　王子の目から取り出されたサファイアによって作品を仕上げることのできた劇作家に、豊饒や復活の意味を込めたのか、それとも、本当のことを知らず、自分の作品が評価されるようになったと喜ぶ劇作家の危うさを示したのか。青年の唇のザクロのような赤みを、みなさんは、どんな表情だとお考えになりますか。

ロセッティの『プロセルピナ』の第8・最終版（1882 年、バーミンガ
ム美術館所蔵）

視 力 さ え 失 っ た 王 子

　剣の柄のルビーと両目に収
められていたサファイアの1
つを貧しい人たちに届けても
らった王子は、もう1つの目
のサファイアさえ差し出すこ
とを望みます。それによって
完全に視力を失った王子のこ
とを気遣うツバメは、ずっと
王子のもとで過ごすことを決
意します。

「下の広場に」と幸福な王子は言いました。「マッチ売りの少女が立っています。彼女はマッチを溝に落としてしまい、みんな濡れてだめになってしまいました。お金を持って帰らなければ、父親が彼女を叩くでしょう。それで彼女は今泣いているのです。靴も履いていなければ靴下もない、小さな彼女の頭にかぶるものもない。もうひとつの私の目をつついて出し、彼女にあげてください。そうすれば父親が彼女を叩くことはないでしょう」

「もうひと晩だけ、あなたとごいっしょしましょう」とツバメは言いました。「でも、あなたの目をくり抜くことはできません。そんなことをしたら、何も見えなくなってしまうじゃありませんか」

「ツバメよ、ツバメよ、小さなツバメさん」と王子は言いました。「私の言うとおりにするのです」

そこでツバメは、王子のもう片方の目を取り出し、それを持って飛び降りました。マッチ売りの少女の脇をすばやく飛んで、宝石を彼女の手のひらに滑り込ませました。「なんてきれいなガラス玉なのかしら！」と少女は声を上げ、笑いながら家へ走って行きました。

それからツバメは王子のもとへ戻りました。「もう何も見えないのですね」と彼は言いました。「ぼくがあなたのところにずっといますよ」

「いや、小さなツバメさん」と哀れな王子は言いました。「あなたはエジプトへ行かなければなりません」

「ぼくはあなたのところにずっといますよ」、そうツバメは言うと、王子の足元で眠りにつきました。

翌日、ツバメは王子の肩にとまり、異国の地で見てきたことを1日中語って聞かせました。ナイルの川岸に長い列を作って立っている赤いトキがくちばしで金色に輝く魚を捕まえる様子や、この世と同じくらい長生きで、砂漠に住み、何でも知っているスフィンクスのこと、ラクダのそばをゆっくり歩きながら琥珀色の数珠を手で運ぶ商人のこと、肌が黒檀のように黒く、大きな水晶を崇拝している月の山々の王のこと、大きな緑の蛇が棕櫚の木で眠っていて、20人の僧侶たちがそれに蜂蜜ケーキを食べさせていること、平た

い大きな葉に乗って広い湖を渡り、蝶々と喧嘩ばかりしている小人たちのことなど。

「愛すべき小さなツバメさん」と王子は言いました。「あなたは信じられないようなことをいろいろ話してくれますね。でも、何より信じられないのは、男の人も女の人も嘆き悲しんでいるということです。なぜ悲嘆に暮れているのか、これほど謎めいたことはありません。小さなツバメさん、わが街を飛んで、目にしたことを私に聞かせてください」

そこでツバメがこの大きな街の上を飛んでいくと、お金持ちはきれいな家で楽しく過ごしているのに、乞食はその門前に座り込んでいるのが見えました。うす暗い路地に飛んでいくと、青白い顔をして飢えた少年たちがもの憂げに黒々とした通りを眺めています。橋の下では、2人の少年が暖を取ろうと抱き合って横になっていました。「ああ、お腹が空いた！」と2人が言うと、「ここで寝ていてはダメだ」という夜回りのどなり声。2人は雨の中へふらふらと歩いていきました。

王子のところへ戻ってくると、ツバメは見てきたことを話しました。

「私の体は金で覆われています」と王子は言いました。「これを1枚1枚はがして、貧しい人たちにあげなさい。生きている人たちはみな、金があると幸せになれると思っていますから」

ツバメが金片を1枚また1枚とはがしていくと、幸福な王子はついにどんよりとした灰色になってしまいました。ツバメが、金片を1枚また1枚とはがしては、貧しい人たちのところへ持って行くと、子どもたちの顔にはしだいに血の気が戻り、笑い声を上げながら通りで遊びました。「パンが食べられるよ！」と子どもたちは叫んでいました。

"In the square below," said the Happy Prince, "①there stands a little match-girl. She has ②let her matches fall in the gutter, and they are all spoiled. Her father will beat her ③if she does not bring home some money, ④and she is crying. She has no shoes or stockings, and ⑤her little head is bare. Pluck out my other eye and give it to her, ⑥and her father will not beat her."

"I will stay with you one night longer," said the Swallow, "but I cannot pluck out your eye. You ⑦would be quite blind then."

"Swallow, Swallow, little Swallow," said the Prince, "do as I command you."

So he plucked out the Prince's other eye, and darted down with it. He swooped ⑧past the match-girl, and slipped the jewel into the palm of her hand. "What a ⑨lovely bit of glass!" cried the little girl; and she ran home, ⑩laughing.

Then the Swallow came back to the Prince. "You are blind now," he said, "so I will stay with you always."

"No, little Swallow," said the poor Prince, "you ⑪must go away to Egypt."

"I will stay with you always," said the Swallow, and he slept at the Prince's feet.

⑫All the next day he sat on the Prince's shoulder, and told him stories of ⑬what he had seen in strange lands. He told him of the red ibises, who stand in long rows on the banks of the Nile, and ⑭catch gold-fish in their beaks; of the Sphinx, who is as old as the world itself, and lives in the desert, and knows

Grammar Points

ここに気をつけて読もう

① なぜthere stands ...という表現が用いられているのでしょうか?

② なぜletが使われているのでしょうか?

③ なぜif節中の動詞が現在形になっているのでしょうか?

④ このandはどのような意味でしょうか?

⑤ どのような状態を表しているのでしょうか?

⑥ このandはどのような意味でしょうか?

⑦ ここでwouldが使われているのはなぜでしょうか?

⑧ このpastの品詞はなんでしょうか?

⑨ このlovelyの品詞はなんでしょうか?

⑩ このlaughingは、どのような文法的な役割を果たしていますか?

解釈のポイント → *p.268*

このときのツバメの心情を考えてみましょう。

... so I will stay with you always.

⑪ なぜここでmustが使われているのでしょうか?

⑫ このallはどのような意味でしょうか?

⑬ このwhatの品詞はなんでしょうか?

⑭ このcatchの主語はどれでしょうか?

- -

N O T E S

- -

L.002 match-girl ▶マッチ売りの少女 / gutter ▶溝

L.023 ibis ▶トキ (ナイル地方に多く生息するトキは、神の使いとしてエジプト人に崇拝されていました)

everything; of the merchants, who walk slowly ⑯by the side of
their camels and carry amber beads in their hands; of the King
of the Mountains of the Moon, who is as black as ebony, and
worships a large crystal; of the great green snake that sleeps in a
palm tree, and has twenty priests to feed it with honey-cakes;
and of the pygmies who sail over a big lake on large flat leaves,
and are always at ⑰war with the butterflies.

"Dear little Swallow," said the Prince, "you ⑰tell me of
marvellous things, ⑱but more marvellous than anything is the
suffering of men and of women. ⑲There is no Mystery so great
as Misery. Fly over my city, little Swallow, and tell me what you
see there."

So the Swallow flew over the great city, and saw the rich
⑳making merry in their beautiful houses, while the beggars were
sitting at the gates. He flew into dark lanes, and saw the white
faces of starving children looking out listlessly at the black
streets. Under the archway of a bridge two little boys were lying
in one another's arms ㉑to try and keep themselves warm. "How
hungry we are!" they said. "You ㉒must not lie here," shouted
the Watchman, and they wandered out into the rain.

Then he flew back and told the Prince what he ㉓had seen.

"I am covered with fine gold," said the Prince, "you must
take it off, leaf by leaf, and give it to my poor; the living always
think that gold can make them happy."

㉔Leaf after leaf of the fine gold the Swallow picked off, ㉕till
the Happy Prince looked quite dull and grey. Leaf after leaf of

Grammar Points

⑮ この by の品詞はなんでしょうか？

⑯ なぜこの war には冠詞がついていないのでしょうか？

⑰ なぜ現在形が使われているのでしょうか？

⑱ この文の主語はどの部分でしょうか？

⑲ この文の Mystery と Misery の「関係」を説明してください。

⑳ この文の making は、どのような文法的役割を果たしていますか？

㉑ この to 不定詞は何用法でしょうか？

㉒ この must はどのような意味でしょうか？

㉓ なぜ過去完了が使われているのでしょうか？

㉔ この文の主語はなんでしょうか？

㉕ この till はどのような意味でしょうか？

....
N O T E S
....

L.028 ebony ▶ 黒檀

L.031 pygmy ▶ 小人

L.041 listlessly ▶ 力なく、物憂げな様子で

L.045 watchman ▶ 警備員

the fine gold he brought to the poor, and the children's faces
㉖grew rosier, and they laughed and played games in the street.
"We have ㉗bread now!" they cried.

Grammar Points

㉖ この grow はどのような意味でしょうか？

㉗ なぜ、この bread には冠詞がついていないのでしょうか？

NOTES

L.053 rosy ▶ バラ色の、（健康的で）赤みがかった顔色の

「ここに気をつけて読もう」の解説

Commentaries on Grammar Points

→ p.237

① なぜ there stands ... という表現が用いられているのでしょうか？

... <u>there stands</u> a little match-girl.

▶ ▶ ▶ **a little match-girl が初めて話題になっているからです。**

解説 There is[are] ... という形式の文を「存在文」あるいは「there構文」と呼びます。be動詞の代わりに、「存在」を表すstandやlieなどの自動詞が使われることもあります。一般に、there構文は「**あなた（たち）は知らないと思いますが…という人（もの）があります**」ということを伝えるときに用いられます。つまり、話し手が話題としたい人やものを取り上げるときに使われる構文なのです。ここでは、**a little match-girl が初めて話題になっている**ため、その導入の手段としてthere構文が用いられているわけです。

以下の例文を通じて、there構文のニュアンスを確認しておきましょう。

例 I'm terribly sorry that I'm late. <u>There was</u> a lot of traffic.
（遅れて本当にすみません。渋滞がひどかったので）

…▶ 遅刻の理由として「渋滞」を挙げているわけですが、「この渋滞がどれほどだったのか」を聞き手は知りません。ですので、話し手はthere構文を用いて、「渋滞がひどかった」ということを新情報として聞き手に提示しているのです。

例 <u>There's</u> a new Italian restaurant near here.
（この近くに新しいイタリアンのお店があるんですよ）

…▶ 「新しくできたレストラン」のことを、相手に教えようとしていると

きのひとことです。

上の２つ目の例では、そのレストランのことを聞き手が既に知っていた場合、Yes, I know. I went there with my friends a couple of days ago. It's really nice, isn't it?"（そうなんだよね。数日前に友人と行ってきたの。とてもよいところだよね）などと言われてしまう可能性もあります。このように、there構文は、あくまでも「これから述べる情報について聞き手はまだ知らないと、話し手が思っている時」に使われます。「聞き手が本当に知らないかどうか」は関係ありません。

→ p.237

② なぜletが使われているのでしょうか？

She has <u>let</u> her matches fall in the gutter, and they are all spoiled.

▶ ▶ ▶「わざとではない」というニュアンスが込められているからです。

解説 ... let her matches fall in ...で使われているletは、目的格補語（〈SVOC〉のC）として動詞の原形をとることができます。letの基本的な意味は**「許可を与えて、…させてあげる」**で、例えばMy father <u>let</u> me go out tonight.（私の父は今晩出かけることを許してくれた）のような使い方ができます。この文は、「私」が今晩外に出かけたいと望んでいて、それを父親が「許可した」という意味なのです。

しかし、本文で使われているShe has let her matches fall in the gutter ...の場合は、「マッチが許可を求めてきたので、彼女が許した」という意味にはなりません。目的語が「もの」である場合は、letは「…がするがままにまかせる」という意味になります。ここでは、彼女は「マッチが落ちるがままに落ちてしまうのを、止められなかった」、つまり**「わざと落としたのではない」**ということを表しています。

このように、letは使われている文脈によって、「許可」と「放任・放置」という意味にわかれます。ちなみに、有名なクリスマスソングのLet It Snowは、「外はひどい天気だが、部屋の中は暖かい。どうせどこにも外出できないのだから、雪よ、降れ降れ！」という気持ちを歌っています。このletも「…がするがままにまかせる」という意味ですね。

ちなみに、letには面白い表現がいくつかあります。まず、**Live and let live.**は、どのような意味かわかりますか。let liveはlet others liveの省略ですが、「自分は生きなさい。そして、他の人たちも生きさせなさい」→「自分は好きに生き、他の人たちも好きに生きさせなさい」ということから、「**人は人、自分は自分**」「**他人の生き方にあれこれ干渉するな**」という意味になります。**Let bygones be bygones.**はどうでしょう？ bygonesとは「既にgo byしたこと」、つまり「過去のこと」です。「過去のことは過去のことにしておきなさい」ということから、これは「**過去のことは水に流そう**」という意味の慣用表現です。また、**let slip**は「口を滑らせる」という意味の表現。let ... slipで「…をつい滑らせてしまう」→「口を滑らせて…をばらしてしまう」という意味になります。She let slip what she observed.なら、「彼女は自分が目撃したことを、つい口を滑らせて話してしまいました」という意味になります（〈SVOC〉のO（what she observed）が「長い」ので後に置かれて（end-weight）いることに注意）。

→ p.237

③ なぜif節中の動詞が現在形になっているのでしょうか？

Her father will beat her if she <u>does not</u> bring home some money, ...

▶ ▶ ▶ **時や条件を表す副詞節では、未来を表す際に現在形が用いられるからです。**

解説　「時や条件を表す副詞節では未来を表す際に現在形が用いられる」という規則を、みなさんは中学や高校で必ず学習していると思います。

なぜ、現在形が用いられるのかについて簡単に説明しておきます。主節の動詞部分で「未来」を表示する助動詞などが用いられることで、従属節の述語動詞で語られることがらも「未来」のことだと認識することができます。そのため、従属節では改めて繰り返して「未来」を表示する語句を用いる必要がないのです。そのような理由で、副詞節内の動詞は、未来のことを現在形で代用して表しているのです。

→ p.237

④ この and はどのような意味でしょうか？

..., <u>and</u> she is crying.

▶ ▶ ▶ 結果を表しており、「だから…」という意味になります。

解説 接続詞の and は順接の「そして…」という意味でよく用いられますが、ここでは「だから…」という意味で「結果」を表しています。

結果用法の and は、例えば It's cold, <u>and</u> we can't go out.（寒いので、私たちは外出できません）のように、「**前で述べられていることがらが引き起こす結果を、and の後で説明する**」という場合に用いられます。and 以下が「結果」であることをより明確にしたい場合は、and therefore のように接続副詞を併用することもできます。

彼女が泣いているのは、「お金を家に持って帰らないと父親にたたかれてしまう」（Her father will beat her if she does not bring home some money）と思っているからです。そのような事情の「結果」として、「彼女は泣いている」（she is crying）わけです。

→ p.237

⑤ どのような状態を表しているのでしょうか？

... her little head is bare.

▶ ▶ ▶ 「頭に何もかぶっていない」という状態を表しています。

解説 bareは「裸の」「むき出しの」という意味で、**体の一部が露出している**ことを表します。ここでは「頭がむき出しになっている」ために、**「帽子や頭巾、スカーフなどを何もかぶっていない」**ことを表しています。no shoes or stockingsとありますから、この女の子は「裸足」である上に、頭にも何もかぶっておらず、しかも売り物のマッチをダメにしてしまっているわけです。彼女の絶望感がひしひしと伝わってくる記述と言えましょう。

なお、bareは「人」以外にも使うことができる形容詞です。以下の例文で、確認しておきましょう。

例 The wounded soldier was lying on the <u>bare</u> floor with only a thin sheet of blanket.
（その傷病兵は、むき出しの床に、薄い布を1枚だけかぶって横になっていました）
⋯▶ bare floorは「カーペットなどが敷かれていない床」のことです。

例 To a very large percentage of men in Western countries, more than a <u>bare</u> living is necessary to happiness, since they desire the feeling of being successful.
（西洋諸国の非常に多くの人々にとっては、幸福になるには「ただなんとか生きている」という以上のものが必要です。なぜなら、彼らは「自分が成功している」という思いを得たがっているからです）
⋯▶ バートランド・ラッセル『幸福論』より。bare livingとは「なんとか生きている状態」を指します。

この他にも、例えば a <u>bare</u> five percent なら「ほんの5パーセント」、a <u>bare</u> room は「家具の置かれていない殺風景な部屋」、a <u>bare</u> branch は「葉っぱが枯れて落ちた枝」という意味になります。ちなみに、a bare branch には、「花が咲かず、実もできない枝」ということから「結婚できない独身男性」という比較的新しい意味もあります。

→ p.237

⑥ この and はどのような意味でしょうか？

Pluck out my other eye and give it to her, <u>and</u> her father will not beat her.

▶ ▶ ▶ 「そうすれば…」という意味です。

解説 and が2つ使われていますが、最初の and は Pluck out my other eye と give it to her という2つの命令文を並べるために使われています。そして、下線部の and は、〈命令文, and S V〉の形で「…しなさい。そうすれば〜」という意味を表します。

ちなみに、〈命令文, or S V〉は「…しなさい。さもないと〜」という意味の定形表現です。〈命令文, and S V〉とともに、いくつか例文を挙げておきます。

例 Be careful, <u>and</u> you'll make it!
（気をつけてやりなさい。そうすればうまくいきますよ！）

例 Work harder, <u>and</u> you will get what you want.
（もっと一生懸命に働きなさい。そうすれば、欲しい物を手に入れられるでしょう）

…▶ 〈命令文, and S V〉は if を使って書き換えることもできます。この場合は、<u>If you work harder,</u> you will get what you want. となります。

例 Move an inch, <u>and</u> I will shoot you right between the eyes.
（ちょっとでも動いてみろ。そうしたら、脳天に弾を撃ち込んでやるからな）

⋯▶〈命令文, and＋SV〉のパターンになっているものの、「1インチ動き
なさい。そうしたら、脳天に弾を撃ち込んであげますよ」ではないこ
とに注意しましょう。これは「…しなさい」というアドバイスではな
く、「…するな」という「警告」になっています。

例 Walk faster, <u>or</u> you'll be late for work.
（もっと早く歩きなさい。さもないと、会社に遅刻しますよ）

⋯▶ifを使って、<u>If you don't walk faster,</u> you'll be late for work. と言い
換えることもできます。

→ p.237

⑦ ここでwould が使われているのはなぜでしょうか？

You <u>would</u> be quite blind then.

▶ ▶ ▶ **仮定法だからです。**

解説 このwould は**仮定法**だと考えるのがいいでしょう。仮定法を成立させ
るには条件節（if節）が必要ですが、文脈から明らかな場合は**省略さ**
れてしまうこともよくあります。

ここでは、ツバメの「<u>残されたもう一方の目を取り出してしまったら</u>、あな
たは完全に目が見えなくなってしまいます」という気持ちが表現されていま
す。したがって、あえてif節を入れるとしたら、If I plucked out your eye, ...あ
るいはIf I should pluck out your eye, ...のようになります。

→ p.237

⑧ このpastの品詞はなんでしょうか？

He swooped <u>past</u> the match-girl, and slipped the jewel into the palm of her hand.

▶ ▶ ▶ **前置詞**です。

解説 pastには、形容詞で「過去の」「時が過ぎた」、また名詞で「過去」「（人の過去の）素性」、副詞で「過ぎて」「通り越して」などの意味がありますが、ここで使われているpastは**前置詞**です。「**…のそばを通り過ぎて**」という意味を表しています。

swoopは自動詞で、「急降下する」という意味です。例えば、The eagle <u>swooped</u> down upon its prey. は「ワシは急降下して獲物に襲いかかりました」という意味になります。ですから、このHe swooped past the match-girl, ... は「ツバメは急降下して、マッチ売りの少女を通り過ぎていきました」という意味です。つまり、かすめるように飛んだわけですね。その際に、女の子の手の中に宝石をこっそり滑り込ませたのです。

ところで、以下はpastが使われている、言語学の世界では有名な文です。どのような意味かわかりますか？

例 The horse raced past the barn fell.

この文を、前から「素直」に「その馬は納屋を走って通り過ぎた…」と読んでくると、最後にfellという過去形の動詞が登場してずっこけてしまいますね。実は、このracedという単語は動詞の過去形ではなく、「**…を走らせる**」という**意味のraceの過去分詞**なのです。そのため、raced past the barnは「納屋のところを通り過ぎるように走らされた…」という意味になり、直前のthe horseを後置修飾しているのです。この文は、The horse raced past the barnが長い主語になり、最後にfellという動詞が置かれた「第1文型」の文で、「納屋のとこ

ろを通り過ぎるように走らされた馬が転倒しました」という意味になります。

　このように、「素直な読み」をすると途中で袋小路に迷い込んでしまう文の
ことを、「袋小路文」(garden-path sentences) と呼びます。袋小路文のような
「意地悪な」文に触れると、**英文を読み解く能力を向上させる効果的なトレーニ
ング**になりますので、ぜひその他の袋小路文の読解にもチャレンジしてみてく
ださい（拙著『ヘミングウェイで学ぶ英文法2』でも、袋小路文の代表例をい
くつか取り上げています）。

→ p.237

⑨ この lovely の品詞はなんでしょうか？

What a <u>lovely</u> bit of glass!

▶ ▶ ▶ 形容詞です。

解説　語尾が-lyになっているので一瞬「副詞」と思ってしまうかもしれま
せんが、**lovely は副詞ではなく形容詞**です。たしかに-lyという形の
副詞はたくさんありますが、基本的には**「形容詞＋-ly」でなければ副詞になれ
ない**のです。このlovelyは「名詞＋-ly」の形になっていますので、副詞ではな
く形容詞です。

　lovelyはイギリス英語で好んで用いられますが、例えばWe had a <u>lovely</u>
time.（とても楽しい時間を過ごしました）のように「素晴らしい」「楽しい」
という意味や、She looks <u>lovely</u> in the blue dress.（彼女は青いドレスを着て、
かわいらしく見える）のように「かわいい」「美しい」という意味があります。
また、「内面」を表す場合は男性にも用いられHe is a <u>lovely</u> man.は「彼は性格
のいい男性である」という意味になります。「もの」に対して、「素晴らしくて
美しい」という意味で使うこともあります。さらには「天気がよい」「食べ物が
美味しい」「気持ちがうれしい・楽しい」など、さまざまなプラスイメージの表
現として活用されています。

　ここで「美しい」を表すその他の語をまとめておきましょう。

〈 beautiful 〉

「姿形が完ぺきである」「魅力的である」といったニュアンスで、**目や精神
に訴える美しさ**があるものに使います。例えば、目に映る光景だけでなく、
愛情や秩序といった抽象的な概念の美しさまで描写できます。

例 What a beautiful day!
（なんて気持ちのいい天気なんだ！）

例 That was a beautiful game.
（見事な試合でした）

〈 pretty 〉

「顔立ちや容姿が美しく、かわいい」というニュアンスです。prettyは、
特に「外見のかわいらしさ」について用いられることが多い形容詞です。
また、絵や花などの美しさなども描写できます。なお、「子供」や「小動物」
などに対してはprettyではなくcuteを使います。

例 I'm not just a pretty face.
（単にかわいいだけじゃないんだからね）

…▶「見た目がかわいいだけではなくて、才能もあるんですよ」という意
味です。親しい間柄同士で、冗談めかして使われる表現です。

例 This is a pretty story.
（これはおもしろい話です）

…▶ このように、物語などが「おもしろい」「楽しい」という意味にもなり
ます。

〈 good-looking 〉

「外見的な美しさ」を表す言葉で、性別に関係なく用いることができます。日本語の「ハンサムな」「ルックスがいい」に近いイメージです。

例 Samantha likes only good-looking boys.
（サマンサって、「面食い」なんですよ）

⑩ このlaughingは、どのような文法的な役割を果たしていますか？

... and she ran home, laughing.

▶ ▶ ▶ 付帯状況の分詞構文です。

解説

... and she ran home and laughed. のように「連続した動作」と解釈するのは無理がありますから、「付帯状況の分詞構文」だと考えられます。

付帯状況の分詞構文は、主節の動詞によって示される動作と同時に、別の動作が行われることを描写します。2つの出来事が同時に生じる場合、長い背景的動作の方を分詞で表すことになります。ですので、ここではlaughingが分詞になっているため、「ほほ笑みが持続している」という状況が描写されています。つまり、少女はガラス玉を手にしてから、走って帰るまで、ずっとにこやかであったということがわかります。

彼女のこの表情の変化は、マッチをだめにしてしまって泣いていたときの様子とは、対照的な描写になっています。こうした心情の変化が、表情によって描写されていることも見落とさないようにしたいところです。

→ p.237

⑪ なぜここで must が使われているのでしょうか？

... you <u>must</u> go away to Egypt.

▶ ▶ ▶ 「どうあってもツバメはエジプトに行くべきだ」という王子の強い気持ち
が込められているからです。

王子は「ツバメはエジプトに行くべきだ」と強く思っているのです
が、その気持ちがmustに込められています。

　これまで、ツバメはことある度に「エジプトに行きたい」と王子に訴えてい
ました。それにも関わらず、王子はツバメに度重なるお願いをしたので、ツバ
メのエジプト行きは先延ばしになっていました。ここに至って、ツバメはI will
stay with you always.と言って、エジプト行きを諦め、これからもずっと王子
の元にいることを表明しました。ですが、ここで王子はYou must go away to
Egypt.とエジプトへ行くようにツバメに言うのです。

　このmustは強い強制力を持ち、話し手が、自分自身、または聞き手や第三者
に対して、ある行動をする「義務」や「必要」があると考えていることを表し
ます。

　2人称に対してmustが使われると、誰が何を言うかによって変わってきます
が、「命令」や「強い勧告」の意味を持つことがあります。例えば、新型コロナ
ウィルス感染症を広げないために、ときの英国首相であるボリス・ジョンソン
氏は次のように言いました。

例 You <u>must</u> stay at home.
（家から一歩も出ないこと）

これは命令に近い表現になっていることがわかりますね。

→ p.237

⑫ この all はどのような意味でしょうか？

All the next day he sat on the Prince's shoulder, ...

▶ ▶ ▶「…のあいだずっと」という意味です。

解説 allは複数名詞を後ろに取ると、「すべての」「あらゆる」という意味になります。また、単数名詞を後ろに取ると、「全部の」「全体の」という意味になります。ここでは、dayという単数名詞を取っているため、all the next dayは「翌日の間中ずっと」「次の日は1日中」という意味を表します。なお、同様に、all (the) yearは「1年中」、all (the) morningは「午前中ずっと」、all my lifeは「私の一生のあいだ」となります。

他にも、allは抽象名詞を後ろに取ると「最大の」「最高の」という意味になります。例えばHe was all kindness.「彼は親切そのものでした」→「彼はこの上もなく親切でした」、He ran away with all speed.「彼は全速力で逃げました」のような使い方があります。

体の一部に対してallをつけ、その「能力」を強調する用法もあります。

例 John was all ears for her performance.

（ジョンは、彼女の演奏に熱心に聞き入りました）

…▶「全身が耳になるほど集中して聞く」というニュアンスです。

例 I'm all thumbs.

（私は手先が不器用です）

…▶ thumb「親指」は「不器用な指」とされているため、all thumbsは「指がすべて親指になってしまっている」→「不器用な」という意味になります。clumsyやawkwardも、ほぼ同じ意味の形容詞です。

例 She is all skin and bone. Is she eating all right?

（彼女はやせ細っています。ちゃんと食事をとっているのでしょうか？）

…▶「能力」とは少し違います。all skin and boneは「やせ細っている」様子を表す際に使われる表現です。

➡ p.237

⑬ このwhatの品詞はなんでしょうか？

... and he told him stories of <u>what</u> he had seen in strange lands.

▶ ▶ ▶ **関係代名詞です。**

 解説 このwhatは**関係代名詞**で、what he had seen in strange landsは「彼が異国の地で目にしたこと」という**ひと固まりの名詞節**です。

なお、whatには疑問代名詞の用法もあります。<u>What</u> is her name?（彼女の名前はなんですか？）のように文頭に置いて疑問文（直接疑問文）をつくったり、I'll ask him <u>what</u> her name is.のように、文中に疑問文を埋め込んで、**間接疑問文**をつくる用法があります。

間接疑問文をつくるwhatと、関係代名詞のwhatは形式が同じであり、見分けることができない場合もあります。例えば、I didn't know <u>what</u> he wanted.という文のwhatを疑問詞だと解釈すると、**「私は彼が何を欲しいのかわかりませんでした」**となります。関係代名詞と解釈するなら、**「私は、彼の欲しいものを知らなかった」**となります。一方、I did exactly <u>what</u> we were told in the guidance session.（ガイダンスの時に教わったことをちゃんとやりました）のwhatは、関係代名詞であることがわかります。こちらの場合は、what we were toldが「何を教わったのか」ではなく「教わったこと」と一意に解釈できるからです。

では、次の例文は関係代名詞、それとも疑問詞のどちらでしょうか？

例 I told Tom <u>what I had told Ken</u>.

この文はどちらでも解釈することができます。関係代名詞の場合は「私はケンに話したことの同じことをトムに話しました」という意味になります。疑問詞の場合は「私は何をケンに話したのかをトムに話しました」となります。

このような判断は文法の観点からだけではできないため、**文脈からどちらであるか推測する**必要が出てきます。

→ p.237

⑭ この catch の主語はどれでしょうか?

He told him of the red ibises, who stand in long rows on the banks of the Nile, and <u>catch</u> gold-fish in their beaks ...

▶ ▶ ▶ **the red ibises** です。

解説　文の構造を正しく捉えることが大切です。例えば、初見では、以下のような構造になっていると思ってしまったかもしれません。

He ⎡ told him of the red ibises, (who stand ...),
　　⎨ 　　and
　　⎣ catch gold-fish in their beaks ...

つまり、whoの節はwho stand in long rows on the banks of the Nileであり、その後にあるandがtoldとcatchを結び付けているという構造です。しかし、これにはかなり無理があることがわかります。主語がheであるため、catchという形ではheの述語動詞になることはできませんよね。

当初の読みが外れてしまった場合には、直ちに**読みの修正**を行いましょう。この文は、**who stand in long rows on the banks of the Nile, and catch gold-fish in their beaks** がひと固まりの関係詞節であり、先行詞が the red ibises になっています。よって、**catch の主語は the red ibises** ということになります。

→ *p.239*

⑮ この by の品詞はなんでしょうか？

... who walk slowly <u>by</u> the side of their camels ...

▶ ▶ ▶ **前置詞です。**

解説　このbyは「…のそばで」「…のそばを」という意味の前置詞で、walk by ... で「…のそばを通りかかる」という意味になります。

それでは、以下の文のbyの品詞はわかりますか？

例 She sat on a bench in the park and watched people walking <u>by</u>.

「彼女は公園のベンチに座って、通り過ぎる人々を見ていました」という意味ですが、このbyは**前置詞ではなく副詞**です。前置詞の場合、目的語（この場合は「通り過ぎる対象」）が必要になりますが、このbyには目的語がありません。

　このように、同じ形をしていても、目的語の有無によって品詞が変わってしまうので、注意してください。他にも例えば、She is <u>in</u> her room now.（彼女は今、自分の部屋にいます）のinは前置詞ですが、May I come <u>in</u>?（入室してもよろしいですか？）のinは「中へ」という意味の副詞です。

→ *p.239*

⑯ なぜこのwarには冠詞がついていないのでしょうか？

... and are always at <u>war</u> with the butterflies.

▶ ▶ ▶ **ある特定の「戦争」を指しているわけではなく、「不和状態」を指しているからです。**

解説　このwarは、何か特定の「戦争」ではなく、**「不和状態」**を指しています。このように、**ある「状態」を指す場合**は、無冠詞の名詞が使われることがよくあります。

例 Are you <u>at work</u> now?

（今は仕事中ですか？）

…▶ at work は「仕事をしている状態で」という意味を表します。

例 Just sit down and make yourself <u>at home</u>.

（まあ、座ってゆっくりしてください）

…▶ 本来は「家にいて」という意味ですが、「家にいるような状態で」ということから、at home は「くつろいだ状態で」という意味になります。

→ p.239

⑰ なぜ現在形が使われているのでしょうか？

... you <u>tell</u> me of marvellous things, ...

▶ ▶ ▶ いままでいろんな話をしてくれたという「現在完了」的に使っています。

解説 この文で現在形になっている tell は「伝達動詞」です。伝達動詞は、さらに「受信動詞」と「発信動詞」に分けることができます。「受信動詞」は hear / find / read / see のように「主語が情報を得る」という意味をもち、一方「発信動詞」は ask / say / tell / write などのように「主語が情報を与える」という意味を内包するものです。

伝達動詞は、現在形が「現在完了」的な意味で使われることがあります。そのため、この you tell me of ... は「これまでいろいろな話をしてくれた」（≒ you have told me of ...）というニュアンスを表しています。

なお、伝達動詞でも「受信動詞」の場合、この「現在完了的な現在形」の用法は、原則として主語が1人称のときに限られます。I hear you bought a new car. という文は、「車を新調した<u>そうですね</u>」と訳すことができます。I hear ... という現在形になっていながら、実際は発話時点よりも前に「あなたが車を買ったこと」を知ったということがわかります。「知っている状態が、現在も継続している」わけですから、この現在形も「現在完了的な現在形」です。

発信動詞を「現在完了的な現在形」で用いる場合は、主語の制約を受けません。例えばTakeshi writes me that he got married last week.（タケシの手紙には彼が先週結婚したと<u>書いてありました</u>）という文を考えてみましょう。「手紙が書かれたのは『過去』のことだが、『私が情報を得た』のは『現在』である」という考えから現在形が使われていると考えることができます。

→ p.239

⑱ この文の主語はどの部分でしょうか？

... but more marvellous than anything is the suffering of men and of women.

▶ ▶ ▶ **the suffering of men and of women** です。

解 説　isの前に形容詞のmarvellousが来ているため、more marvellous than anythingが主語ではないことに気がつくと思います。この文は、〈SVC〉の文が、〈CVS〉という語順になっているのです。つまり、この文の主語は**the suffering of men and of women** ということになります。

なぜ語順が入れ替わっているのかを、もう少し前の部分から引用して、考えてみましょう。

... you tell me of marvellous things, but more marvellous than anything is the suffering of men and of women.

butの前に、you tell me of marvellous things（あなたは私に信じられないようなことを話してくれました）とあり、それに続くのが、but more marvellous than anything is the suffering of men and of women です。どちらも形容詞のmarvellousが使われていることに注目してください。

英語の一般的な情報構造は「**既知情報 → 新しい情報**」という流れを持っています。つまり、「あなたのお話も信じられないことですが、もっと信じられな

259

いのは…」というふうに、**形容詞のmarvellousを中心に話題を展開させてい**るのです。そのために、marvellousを文の前に移動して〈CVS〉の語順にし、「さらにmarvellousなことは…」と話を続けているわけです。

→ p.239

⑲ この文のMysteryとMiseryの「関係」を説明してください。

There is no Mystery so great as Misery.

▶ ▶ ▶ **「Misery は Mystery の一種である」という関係が成り立っています。**

> **解説** 「惨めさに勝る不思議さはない」という意味の文ですが、**「Misery は Mysteryの一種である」**ということが前提になっています。つまり、「世の中にはいろいろ不思議なことがあるが、その中でも、惨めさに勝る不思議さはない」という意味を表しているわけです。この言葉の含意については、後の「場面解説」を読んでみてください。

なお、MysteryとMiseryという頭韻を踏むことで、発音した際の音の美しさを意識した文になっていますね。そして、この文は〈no＋名詞①＋so＋原級＋as＋名詞②〉という形で、「名詞②が最も…な名詞①である」という意味になり、原級を使って**「最上級」**の意味を表しています。

→ p.239

⑳ この文のmakingは、どのような文法的役割を果たしていますか？

So the Swallow flew over the great city, and saw the rich <u>making</u> merry in their beautiful houses ...

▶ ▶ ▶ **the rich が目的語、そして making が目的格補語になっています。**

> **解説** the richは「お金持ちの人々」という意味ですね（「ワンポイント文法講義⑤」を参照してください）。また、make merryは「陽気に騒ぐ」「うかれる」という意味です。

... saw the rich making merry in their beautiful houses ... は、the rich は**目的語**、making (merry in their beautiful houses) が**目的格補語**で、「…が〜しているのを見る」という〈SVOC〉の構文になっています。全体としては、「(ツバメは) お金持ちがきれいな家で楽しく過ごしているを見ました」という意味になっています。

　知覚動詞の目的格補語に現在分詞が置かれた場合は、**「対象が何かを行っている最中」**であることを表します。これまではずっと「困っている人々」が描写され、その人たちに対して王子が持てる物すべてを与えてきました。ここで、ツバメの視点から「お金持ちが美しい家の中で陽気に騒いでいる様子」を描出することによって、「格差社会」が見事に描き出されています。

→ *p.239*

㉑ このto不定詞は何用法でしょうか?

Under the archway of a bridge two little boys were lying in one another's arms to try and keep themselves warm.

▶ ▶ ▶ **副詞的用法です。**

解説 副詞的用法のto不定詞には、**「目的」**(…するために)、**「結果」**(…となる)、**「原因」**(…して)、**「判断の根拠」**(…するなんて)、**「範囲指定」**(…する点で) という用法があります。

それぞれの用法を、例文を通じて確認しておきましょう。

〈目的〉

　一般に「…するために」と訳されます。目的の意味を明確にするためには、in order to *do* や so as to *do* を使うこともできます。

 I went to Australia to study linguistics.
　（私は言語学を学ぶためにオーストラリアに行きました）

例 Will my heart still leap up when I see a rainbow in the sky, when I grow up <u>to</u> be a man?

（私が将来大人になっても、空に虹が出ているのを見て、私の心は子供のころと変わらずにときめくでしょうか？）

…▶ grow up to be a manは「成長して大人になる」という意味です。

〈 原因 〉

特に感情を表す形容詞の後で用いられることが多く、その感情の原因をto不定詞以下で説明する用法です。「…して」と訳すことができます。

例 I am happy <u>to</u> get to know you.

（あなたと知り合えてうれしいです）

…▶ 一般に「to不定詞は未来のことを表す」と言われますが、このto get to know youは「知り合えて」という意味で、「過去」を表しています。このように、「to不定詞＝未来指向」という公式が当てはまらないケースもあるのです。

例 I'd be happy <u>to</u> invite you.

（よろこんであなたを招待しますよ）

…▶ こちらは「これからあなたを招待する」という意味であり、この場合は、to不定詞は「未来」を表しています。

〈 判断の根拠 〉

主動詞によって示されているなんらかの「判断」の根拠を、to不定詞が示しているパターンです。「…するなんて」と訳すことができます

例 He must be crazy <u>to</u> go out on such a rainy day.

（こんな雨の日に出かけるなんて、彼はおかしいに違いない）

〈 範囲指定 〉

　形容詞と組み合わせて、形容詞の意味の適用範囲を限定する用法です。「…において」「…する点で」などと訳すことができます。

例 This story is difficult <u>to</u> analyze.
　（この物語は分析するのが難しいです）

…▶「どういう方向性において難しいのか」を、「分析する点において難しい」と「範囲指定」しています。

　本文中の to try and keep themselves warm は、「なんとか自分たちを暖かい状態に保とうと」→「暖をとるために」「暖をとろうと」という**「目的」**を表す**副詞的用法の to 不定詞**になっています。また、try <u>and</u> keep は try <u>to</u> keep と言い換えることができます。これは come <u>and</u> see me が come <u>to</u> see me になるのと同じ現象です。

→ p.239

㉒ この must はどのような意味でしょうか？

You <u>must</u> not lie here.

▶ ▶ ▶ must not の形で「禁止」を表しています。

解説　must は強い「強制力」を表しているということは、これまで学習してきたとおりです。この must を否定で用いると、「強い強制力によって、ある行為を行わせない」、すなわち**「禁止」**を表します。have to を否定形にした don't have to は「…する必要は無い」という**必要性を否定する**表現なので、意味の違いには気をつけておきましょう。

→ p.239

㉓ なぜ過去完了が使われているのでしょうか？

Then he flew back and told the Prince what he had seen.

▶ ▶ ▶ 自分が今まで見てきたことという「経験」を表しているからです。

解説　多くの小説は「小説内の現在」は「**過去形**」によって語られます。そのため、小説の中の過去完了形は、「語られている時点より前の出来事」を表す場合と、「経験や結果、継続など」を表す場合があります。後者の場合は、地の文が過去形であるため、「過去完了が現在完了の役割を果たしている」と考えることもできます。

　ここでは、「ツバメが街の中を飛び回って、目にしてきた様々なこと」を王子に伝えています。そのため、この過去完了は、「**自分が今まで見てきたこと**」という「経験」を表すために用いられていると考えられます。

→ p.239

㉔ この文の主語はなんでしょうか？

Leaf after leaf of the fine gold the Swallow picked off, ...

▶ ▶ ▶ **the Swallow** です。

解説　Leaf after leaf of the fine gold まで読んだところで、the Swallow picked off という〈主語＋動詞〉が登場するので、「そうか、Leaf after leaf of the fine gold は名詞のかたまりで、the Swallow picked off の前に関係代名詞の that か which が省略されているんだ」と読んでしまった人もいるかも知れません。しかし、picked off のところで文が区切られてしまうので、その解釈は不可能ですね。

　英文を読むときには、このような試行錯誤の積み重ねがとても大切です。文頭の Leaf after leaf of the fine gold は picked off の目的語です。目的語が文頭に出ており、〈SVO〉の文が〈OSV〉という語順に変化しているのです。よっ

て、**この文の主語は the Swallow** ということになります。

　王子は、この文の前に、you must take it off, leaf by leaf と言っています。leaf by leaf は**「1枚ずつ」**という意味ですね。つまり、「困っている人に1枚ずつ渡すために剥ぎ取りなさい」と言ったわけです。そこでツバメは leaf after leaf、すなわち**「1枚また1枚と、次々に」**金箔を剥がしていきます。leaf by leaf は単に「1枚ずつ」という意味であり、結果が累積していく様子は描かれていません。これに対して、leaf after leaf には「1枚また1枚と、どんどん剥がしていくうちに…」というニュアンスがあります。

　ツバメは金箔を1枚剥いでは貧しい人に届け、再び戻ってきて金箔を剥いで貧しい人にあげました。「そのような行為を重ねていくうちに、王子の像はすっかりみすぼらしくなってしまった」ということが、leaf after leaf という表現によって描かれています。

→ p.239

㉕ この till はどのような意味でしょうか？

Leaf after leaf of the fine gold the Swallow picked off, <u>till</u> the Happy Prince looked quite dull and grey.

▶ ▶ ▶ **and at last、and finally** のような**「ついに」「とうとう」**という意味です。

解説　till / until に「…（するとき）まで」という意味があることはご存じだと思います。

 Don't go near the water <u>until</u> you learn how to swim.
（泳ぎ方を覚えるまでは、水のそばへ行ってはならない）

…▶ この until は接続詞です。

 We waited <u>till</u> noon, but she didn't turn up.

（正午まで待ちましたが、彼女は現れませんでした）

…▶ このtillは前置詞です。

しかし、このtillを「…するときまで」という意味だと解釈すると、「幸福な王子がどんよりとした灰色になってしまうまで、ツバメは金片を1枚また1枚と剥がしました」となってしまい、かなり不自然です。

このようなtillは「程度・結果」を表し、「…するほどまで」や「…してとうとう」という意味で捉える必要があります（≒and at last / and finally）。そうすると、「ツバメが金片を1枚また1枚と剥がしていくと、幸福な王子はついにどんよりとした灰色になってしまいました」という、自然な内容になります。なお、このように「ついには…となる」と訳すパターンのtill / untilは、よく前にコンマが置かれます。

→ p.241

㉖ このgrowはどのような意味でしょうか？

... and the children's faces grew rosier, ...

▶▶▶ 「…になる」という意味です。

解説 growは補語になる形容詞を後ろに取ると、「（主語が）…になる」という意味になります。ただし、いきなり変わるのではなく、「徐々に変化していく」という意味が含まれますので、例えばHe suddenly grew angry. とは言えません。

例 It was growing dark.

（だんだん暗くなってきていました）

…▶ It was getting dark. とほぼ同じ意味になります。

例 Passengers grew impatient with the train delays.

（乗客は、電車の遅延にしびれを切らしました）

　growの後の形容詞を〈**比較級 and 比較級**〉にすると、「ますます」「だんだん」という意味が強調されます。

🔲 As time went on, the Prime Minister <u>grew</u> more and more impatient.
（時間が経つにつれ、首相はさらに苛立ちを強めました）

　なお、Scene 6 には、The poor little Swallow grew colder and colder. という文が登場します。これは「かわいそうな小さなツバメに冬の寒さは増すばかりでした」という意味になります。

→ p.241

㉗ なぜ、この bread には冠詞がついていないのでしょうか？

We have <u>bread</u> now!

▶ ▶ ▶ **不可算名詞だからです。**

解説　breadは**不可算名詞**であるため、不定冠詞をつけて a bread にしたり、複数形（breads）にしたりすることはできません。例えばパンを「1斤、2斤…」のように数える場合は、a loaf of ... という表現を用いて、a loaf of bread / two loaves of bread のようにします。

　しかし、実際には breads という形も使われています。Corpus of Contemporary American English（COCA）には、以下の例文がありました。

🔲 You can create your own grilled cheese sandwich from a list of <u>breads</u>, cheeses and toppings available that day.

これは「リストに載っている、その日のパン、チーズ、トッピングから、好きなものを組み合わせて、お好みのグリルドチーズサンドイッチをお作りいただけます」という意味ですね。このように、不可算名詞を**「種類」として複数示す場合**には、可算名詞扱いをする場合があります。

　また、「飲み物」は通常不可算名詞扱いで、数えるときにはa mug of beer「ジョッキ1杯のビール」や、three cups of coffee「3杯のコーヒー」などの表現が用いられます。しかし、実際の会話では、Three coffees and two beers, please.（コーヒーを3杯、ビールを2杯お願いします）といった具合に可算名詞として使われます。このように、別々の**「個体」**として、不可算名詞を可算名詞として扱うことはよくあります。

　以下の2つの違いを考えてみてください。

Ⓐ Bring me some paper.
Ⓑ Bring me a paper.

　Ⓐは「（コピー用紙などの）紙を持ってきて」という意味です。paperは基本的には不可算名詞で、数えるときはa sheet of paper / two sheets of paperのような言い方になります。Ⓑの可算名詞のpaperは**「新聞」**という意味であり、Bring me a paper.は「新聞を1部持ってきて」という意味になります。このように、不可算名詞を「製品」として捉える場合には、可算名詞扱いになります。

解釈のポイント ·· Beneath the surface

このときのツバメの心情を考えてみましょう。

　... so I will stay with you always.

→ 助動詞のwillについては何度も見てきました。1人称主語にwillが続くと

「単純未来」あるいは「意志未来」のどちらかになりますが、このI will ...から
は「強い意志」が感じられるはずです。

　心優しいツバメは、献身的に王子のために働き続けてきました。しかし、エ
ジプトへの思いはずっと持ち続けていました。実際、ツバメは王子の頼み事を
終えるたびに、「エジプトに行く」ことを告げていました。しかし、そのツバメ
の気持ちには、少しずつ変化が生じていたのです。

　ツバメは、王子の頼みに応じ、ためらいながらも、残された片目を引き抜き
ます。これによって王子は両目を失い、ついに何も見えなくなってしまいまし
た。王子に対する思いはここで一気に高まり、ツバメは**今この瞬間に決心をし
た**のです。つまり、**「エジプト行きを諦めて、王子と一緒にいよう」**と思うよう
になったのです。

　なお、ここで用いられている副詞のalwaysは「いつも」という意味ではなく
「いつまでも」というニュアンスです。I'll always love you.（いつまでもあな
たのことを愛しています）やI'll always remember you.（いつまでもあなたの
ことを忘れません）のような使い方をします。

theという単語ほど難しく、私たちを悩ませるものはありません。定冠詞としてのtheは「聞き手にもそれが何かとわかると話し手が思っていること」を表し、そこから様々な意味役割が派生してくると考えられています。ここでは、theが名詞を支配する用法ではなく、後ろに形容詞が来るパターンについて考えてみたいと思います。

┃〈the ＋形容詞〉の用法┃

本文では、以下の場面で〈the ＋形容詞〉が使われていました。

> So the Swallow flew over the great city, and saw <u>the rich</u> making merry in their beautiful houses, while the beggars were sitting at the gates.
>
> （そこでツバメがこの大きな街の上を飛んでいくと、お金持ちはきれいな家で楽しく過ごしているのに、乞食はその門前に座り込んでいるのが見えました）

〈the ＋形容詞〉は「…な人々」という意味であり、このthe richはrich people「お金持ち（の人々）」と言い換えることができます。while節のthe beggars「乞食たち」と対比され、ツバメの視点を借りて、この街には「きれいな家で何不自由なく暮らしている金持ち」と「門のところで物乞いをしている人々」がおり、貧富の格差があまりにも大きいことが描き出されています。

また、以下の王子の発言にも〈the ＋形容詞〉が登場します。

> "I am covered with fine gold," said the Prince, "you must take it off, leaf by leaf, and give it to my poor; <u>the living</u>

always think that gold can make them happy."

（「私の体は金で覆われています」と王子は言いました。「これを1枚1枚はがして、貧しい人たちにあげなさい。生きている人たちはみな、金があると幸せになれると思っていますから」）

　このthe livingはliving people「生きている人々」という意味を表しています。注意していただきたいのは、the richが、**the rich people** ではなく、**rich people を意味している**ということです。例えばThe rich are not always happy.はRich people are not always happy.と書き換えられますので、「お金持ちが必ず幸せであるとは限りません」という「一般論」になります。しかし、これをThe rich people are not always happy.としてしまうと、「そのお金持ちたちは…」という意味になり、「ある特定の人たち」についての説明になります。このように、**「…な人々」という意味になる〈the＋形容詞〉で使われているthe には「その…」という意味が含まれていない**ことに気をつけましょう。ただし、After the car collision, the injured were taken to the hospital.（自動車事故の後に、負傷者たちは病院へ搬送されました）のように、文脈によっては「限定された人たち」を表すこともあります（ここでは、the injuredが「怪我をしている人」全般を指しているのではなく、「その事故によって負傷した人々」という「ある特定の人々」を指しています）。

　ところで、このThe living always think that gold can make them happy.（生きている人は金があれば幸せになれるといつも思っている）という王子の発言について、少し考えてみたいと思います。かつて人間の心を持っていた頃の王子は、壁の向こうの世界に貧しく、悲惨な生活をしている人々がいることなどまったく知らずに過ごしていました。悲しさを知らず、涙を流すことはありませんでした。

　像になった今、王子の目には貧しい人たちの姿がはっきりと見えています。そうした人々に対して、自身の体を装飾する金箔や宝石を分け与えるという**王子の自己犠牲**が描かれています。また、ツバメも自分のエジプト行きを先延ば

しにして、王子の望みをかなえる手伝いをするのです。こうした自己犠牲が描かれる一方で、ワイルドは冷静に社会を批判しています。それがこの王子の発言に表されています。

ワイルドは「生きている人たちにとっては金が幸福になる重要な要素である」と王子に語らせます。ワイルドは一時期、社会主義的な思想を持ち、資本主義に対する嫌悪感を持っていました。そのため、利己主義的な発想を皮肉めいて書いているのです。この物語に登場する人々は、金のために苦しみ、金を得るために働き、さらに多くの金と名声を得ることを望んでいる人たちです。そうした人々をワイルドは様々な場面で寓話的に描き出しているのです。

┃〈the ＋形容詞〉の注意点┃

すべての形容詞が、この〈the ＋形容詞〉というパターンで使うことができるわけではありません。brave / dead / elderly / guilty / injured / innocent / living / old / poor / rich / sick / unemployed / wealthy / wise / young などの形容詞がよく用いられます。また、... people「…な人々」という意味になるために、叙述用法のみに用いられる形容詞（alone / asleep / aware などのように、名詞の前に直接置くことができない形容詞）を〈the ＋形容詞〉という形で使うことはできません。

例 The educated differ from the uneducated as much as the living differ from the dead.
（教育を受けた人と受けていない人には、生きている人と死んでいる人と同じぐらいの差があります）

…▶ 古代ギリシャの哲学者、アリストテレスの言葉。the dead「死んでいる人々」以外にも、the educated / the uneducated / the living という〈the ＋形容詞〉が使われています。

例 It is important to respect <u>the elderly</u>.

（高齢者を敬うことは大切です）

   …▶ elderlyは「年をとった」という意味の形容詞です。

例 Protect <u>the innocent</u>. Defend <u>the weak</u>. Respect the gods. Obey the laws.

（罪なき人々を保護しなさい。弱き人々を守りなさい。神々を敬いなさい。法に従いなさい）

   …▶ ジョージ・R・R・マーティンのファンタジー小説『王狼たちの戦旗』に登場するセリフ。the weak も「弱き人々」という〈the ＋ 形容詞〉になっていますね。

「…な人々」という訳語からもわかるように、〈the ＋ 形容詞〉が「…な人々」という意味を表す場合、**通常は複数扱い**になります。また、〈the ＋ 国を表す形容詞〉はthe Japanese「日本人」やthe British「英国人」のように「**…の国の人々**」という意味になり、こちらも同様に複数扱いです。

例 I like the relaxed way in which <u>the Japanese</u> approach religion.

（日本人が宗教に対して堅苦しく考えないことを、私は気に入っています）

   …▶ デイブ・バリーという人の書いた *Dave Barry Does Japan* という本の中で見つけた表現です。このthe JapaneseはJapanese peopleと置き換えることが可能です。

例 Englishmen are dying for England, <u>Americans</u> are dying for America, <u>Germans</u> are dying for Germany, <u>Russians</u> are dying for Russia.

（英国人は英国のために、アメリカ人はアメリカのために、ドイツ人はドイツの

ために、ロシア人はロシアのために戦って、命を落としているのです）

　　　…▶ ジョセフ・ヘラーの代表作『キャッチ＝22』（*Catch-22*）に出てきた
　　　　　文です。「アメリカ人」は the American ではなく、Americans と表現
　　　　　します（German や Russian も同様です）。

　なお、例外的に**「単数扱い」**をすることも可能な〈**the ＋ 形容詞**〉もありま
す。

　例 The accused was found not guilty.
　　（被告人は無罪になりました）

　　　…▶ The accused were all found guilty.（被告人は全員有罪になりました）
　　　　　のように、複数の人々をまとめて指すこともあります。

　また、the former「前者」／ the latter「後者」という決まり文句的な表現も
単数扱いになることがあります。〈the ＋ 形容詞〉には、「人」「人々」だけでな
く、the beautiful「美しいもの」「美しさ」のように**「抽象概念」を表す用法**も
あります。この場合も、その特性から単数として扱われます。

　そこで、the good とはどのような意味を持つでしょうか？　この the good に
は3つの意味があります。1つは「善良な人たち」（＝ good people）、もう1つ
は「よいもの・こと」（＝ good things）、そしてもう1つが「よいこと」「善」
（＝ goodness）です。このように〈the ＋ 形容詞〉には**最大で3つの意味で解
釈できる可能性**があります。同様に、the beautiful は「美しい人たち」（＝
beautiful people）、「美しいもの・こと」（＝ beautiful things）、そして「美」（＝
beauty）という3つの意味になりえます。

　例 Only the good die young.
　　（若死にするのは善人だけ）

　　　…▶ ビリー・ジョエルが1978年に出したシングル曲のタイトルです。こ

のthe goodはgood people「善良な人たち」という意味で、複数扱い
になっていますね。

🔲 A man's true wealth is <u>the good</u> he does in this world.
（人の本当の財産とは、その人がこの世界の中で積む善行なのです）
　…▶ イスラム教開祖、ムハンマドの言葉。この文のthe goodはgood
　　 things「善い行い」のことを指しています。

🔲 <u>The good</u> is the enemy of the best.
（「良」は「最良」の敵である）
　…▶「『良い』というレベルで満足してしまっていては、『最良』にはたど
　　 り着けない」という意味のことわざで、努力し続けることの大切さを
　　 説いています。このthe goodは「よいこと」という意味の抽象名詞
　　 で、単数扱いになっています。

　最後に、〈the＋形容詞〉の**theが省略されるケース**を見ておきましょう。ま
ずは、many / moreといった**数量形容詞や人称代名詞の後**に〈the＋形容詞〉
が続く場合です。

🔲 We can find that there are more <u>poor</u> than ever before.
（以前よりも貧困層の数が増えていることがわかります）
　…▶ more poorはpoorerの誤記ではありません。このpoorはpoor
　　 peopleの意味で、there are more poor people ...は「貧しい人々が増
　　 えています」という意味を表しています。

　また、(both) A and Bのような**対句**の形を取る場合にも、theが省略されるこ
とがあります。

例 It seems that people both <u>young</u> and <u>old</u> have lost interest in politics.

（若い人たちも年配の人たちも同様に政治に興味を無くしているように思えます）

…▶ youngはyoung people、oldはold peopleという意味で使われています。

┃〈the＋比較級、the＋比較級〉の用法┃

「theと形容詞の組み合わせ」の他の例として、〈the＋比較級, the＋比較級〉という構文も確認しておきましょう。この構文は「比例比較級」と呼ばれるもので、「…なほど、ますます〜」という「比例」を表すために用いられます。

例 Life is pure adventure, and <u>the sooner</u> we realize that, <u>the quicker</u> we will be able to treat life as art.

（人生とは純粋な冒険です。そのことに早く気づいた人ほど、人生を芸術のように扱うことができるでしょう）

…▶ アメリカの詩人・歌手・公民権運動家、マヤ・アンジェロウの言葉です。

例 <u>The older</u> we get, <u>the weaker</u> our memory gets.

（年を取れば取るほど、ますます記憶力が弱くなっていきます）

この〈the＋比較級, the＋比較級〉は、比較的なじみのある構文だと思いますが、どうしてこの表現が「…なほど、ますます〜」という意味を表すのかについて理解を深めておきましょう。

The older we get, the weaker our memory gets. という文を例にとって説明しますが、〈the＋比較級, the＋比較級〉というパターンは、2つの文が**接続詞なしに並べられている文**になっています。前半のthe older we getは、theが

olderを修飾し、the olderがgetの補語になっています。同様に、後半のthe weaker our memory getsもtheはweakerを修飾しています。

　接続詞がないので判断に迷うかもしれませんが、この文はthe older we get「年を取れば取るほど」が**前提を表す従属節**であり、the weaker our memory gets「ますます記憶力が弱くなっていく」が**帰結を表す主節**になっています。the older we getとthe weaker our memory getsの順番を入れ替えることはできません。The weaker our memory gets, the older we get.としてしまうと、「記憶力が弱くなるにつれて、ますます年を取っていきます」という奇妙な文になってしまいます。

　従属節と主節に登場するtheは、それぞれどのような意味なのでしょうか。「形容詞の比較級」の前に置かれているのですから、実はこれらのtheは**「定冠詞」ではなく「副詞」**だと考えるのが自然です（形容詞を修飾できるのは副詞だけです）。

　〈the＋比較級, the＋比較級〉の最初のtheはto [in] some degree「ある程度は」あるいはin what degree「どの程度までは」という**「不特定の度合い」**を示しています。これに対して、後半のtheはto [in] that degree／by so much「その程度まで」という意味だと考えることができます（さらに細かく見ていくと、最初のtheは関係副詞のtheで後半のtheは指示副詞であるということもできます）。

　つまり、the older we getは「ある程度年を取るまで（だけ）」という意味であり、後半のthe weaker our memory getsは、先行する「ある程度年を取るまで（だけ）」を受けて、「どの程度年を取るまでか」について提示しているのです。the weaker our memory getsは「記憶力が弱まってくる程度まで」という「具体的な程度」を示しています。全体としては**「記憶力が弱まってくる程度まで年を取る」**ということになりますので、「年を取れば取るほど、ますます記憶力が弱まってくる」と訳すことが可能になるのです。

　少々複雑ですが、「副詞のthe」が存在するということは、ぜひ押さえておきましょう。「それにもかかわらず」という意味の接続副詞nevertheless／

nonethelessは、それぞれnever＋the＋less / none＋the＋lessという合成語ですが、このtheも副詞です。例えばneverthelessは、theの後に比較級が来ており、それをneverが否定しています。ですので、neverthelessは「<u>その分だけ</u>より少ないということは決してない」→「それにもかかわらず」という意味になったと考えられます。

▍〈the＋比較級, the＋比較級〉の具体例 ▍

「〈the＋比較級, the＋比較級〉は、受験英語特有の堅苦しい言い方であり、実際にはあまり使われていない」と思っている人も多いかもしれませんが、そんなことはありません。少し古いものですが、合衆国大統領のドナルド・トランプ氏が、まだ実業家だった2014年にこんなツイートをして話題になっていました。

> 例 <u>The more</u> you know, <u>the more</u> you realize how much you don't know. How can you possibly discover anything if you already know everything?

このThe more you know, the more you realize how much you don't know. は、The more I learn, the more I realize I don't know.（より多くのことを学べば学ぶほど、自分が無知だということに気づかされる）というよく知られた警句がベースになっています（初出はアリストテレス、ソクラテス、アインシュタインなどと言われていますが、真偽不明です）。

さて、このトランプ氏の発言はどういった意味なのでしょうか？ The more you knowは「人がもっと多くのことを知るという程度まで」ということであり、どの程度まで知るかというと、the more you realize how much you don't know.「どれほど知らないかということに、もっと気がつくぐらいまで」です。そこから、この文は**「人はたくさんのことを知れば知るほど、自分が物事を知**

らないということに気がつくのです」という意味になります。その後に続く、How can you possibly discover anything if you already know everything? は「すべてを既に知っているとしたら、どうやって新たな発見ができるのでしょうか、できるはずありません」とつぶやいているわけです。

このツイートに対して、So the more you learn, the LESS you learn? Wow, you must have learned a LOT. というリプライがついていました。「つまり、あなたはより多くのことを学べば学ぶほど、学ぶことは<u>少なくなるわけ？</u> うわー、<u>たくさんのことを</u>学んだのね」という、なかなか面白い「ツッコミ」になっていますね。トランプ氏は、時折このような「知ったかぶりの口調」(know-it-all tone) の発言をしますが、その度ごとに、かなり手厳しいツッコミを受けている印象があります。

ところで、〈the＋比較級〉が印象的に使われている文章として英語母語話者がすぐに思いつきそうなものとしては、以下の『**赤ずきん**』が代表例だと思います。

"But Grandmother! What big ears you have," said Little Red Riding Hood as she edged closer to the bed.

"<u>The better</u> to hear you with, my dear," replied the wolf.

"But Grandmother! What big eyes you have," said Little Red Riding Hood.

"<u>The better</u> to see you with, my dear," replied the wolf.

"But Grandmother! What big teeth you have," said Little Red Riding Hood her voice quivering slightly.

"<u>The better</u> to eat you with, my dear," roared the wolf and he leapt out of the bed and began to chase the little girl.

「まあ、おばあさん、とても耳が大きいわ」とベッドに近づきながら赤ずきんは言いました。

「お前の声がよく聞こえるようにだよ」とオオカミは答えました。

「でも、おばあさん、目がとても大きいわ」と赤ずきんは言いました。

　「お前がよく見えるようになんだよ」とオオカミは答えました。

　「でも、おばあさん、歯がとても大きいわ」と赤ずきんは声を震わせながら言いました。

　「お前をしっかり食べれるようになんだよ」とオオカミは言って、ベッドから出ると赤ずきんを追いかけました。

　The better to hear you with ... のtheは「指示副詞」で、赤ずきんのWhat big ears you have.「なんて大きな耳をしているの」という発言を受けています。つまり、「**どの程度の大きな耳をしているのか**」ということを、the better 以下で伝えているのです。ここでは、オオカミは「お前の声がよく聞こえるほどである」と言っているのです。ここで取り上げた引用部分で用いられているオオカミの〈the（指示副詞）＋比較級〉の表現はすべて赤ずきんの言葉を前提として成り立っており、The better to see you with ... / The better to eat you with ...は、それぞれ「どのくらい大きな目なのか」「どのくらい大きな口なのか」を示しているわけです。

　この『赤ずきん』の例は、指示副詞theの指し示す内容が前に置かれる変則パターンでした。なお、次の文のように、**because / for / on that account などが後続する場合**は、〈the＋比較級〉を1つしか用いないこともあります。

　I do not love him the less because he has faults.

　「欠点があるからといって、それ以下の愛はない」→「**欠点があるにもかかわらず、私は彼を愛する**」という意味になりますね。He has faults; nevertheless I love him. と言い換えることもできる表現です。

　〈the＋比較級, the＋比較級〉という基本形をしっかりイメージできていれば、変則パターンもきちんと対応できるはずです。このように、theの後ろに形容詞が置かれたり、比較級が置かれたりする場合には、その表現の持つ意味内

容をしっかり考えて読むようにしたいところですね。

Scene 5 解説 ——「なぜ悲嘆に暮れているのか、これほど謎めいたことはありません」

　Scene 5では、王子が、残っていた片方のサファイアの目をマッチ売りの少女にあげてしまい、ついには視覚さえ失ってしまいます。それに加えて、全身を美しく飾っていた純金の薄片も、1枚1枚はがされて、貧しい人たちのもとに届けられますから、王子の像は輝くような色彩を失って「どんよりとした灰色」になってしまいます。それでもなお、Scene 4に続いて、この場面でも色彩表現は多く見られます。ナイルの川岸の赤いトキや、そのトキがつかまえる金色の魚、商人が運ぶ琥珀色の数珠、月の山々の王の黒檀のような肌の色、棕櫚の木に眠る大きな緑の蛇。ツバメが語るこうした幻想的な光景は、王子の像がある、凍てつくように寒い北ヨーロッパの風景や貧しい人々の暮らすこの街の状況と対照をなしていて、それがこの作品の豊かな視覚性を生み出しているわけですが、注目すべきは、ワイルドが、この両者をたんに対照的に描くだけでなく、「信じられない」（marvellous）という形容詞を媒介にして強く結びつけているということです。正反対であるものが実は同じものの表と裏であった、ということは私たちの日常にもよくあります。生と死も、その1つかも知れません。でも私たちは通常、そのように「正反対のものが実はつながっている」ということにあまり目を留めません。ワイルドの表現の巧みさの1つは、私たちが通常、かけ離れていて対比的・対照的だと思っているものの内側に秘められた強いつながりを、鮮明に浮かび上がらせる手法にあると言えるでしょう。表層と深層、芸術と実用といったことへの彼のまなざしにも、こうしたことがうかがえます。

　王子が「何より信じられない」と語ったのは、この街の人々が嘆き悲しみ、「悲嘆に暮れている」（Misery）ことでした。彼はそれを「謎めいたこと」（Mystery）と言っています。MiseryもMysteryも大文字で記されていますから、何らかの意味でこの言葉が強調されている、あるいは、抽象的な内容ではなく、何か具体的なことを指している、と考えられるでしょう。王子は、何をMiseryと呼び、またMysteryと考えたのでしょうか。

　神秘とか不思議とか謎といった意味を持つMysteryは、言うまでもなく、宗教的な秘跡や秘儀を指す語でもあります。信じられないようなことが起こり、人々がそれを信じるようになる、それがまさに秘跡や秘儀です。Mysteryをそういう

視点で捉えるならば、人々が嘆き悲しんでいるMiseryには、宗教的な意味合いが出てきます。もっともそれが、やがては救われるということなのか、それとも、そういう救いをもたらすはずの秘術が、現代は逆転してしまって、とても信じられないような状態になってしまっている、ということなのかは、はっきりしません。前者を願いつつも、後者に目を向けざるをえない、そういう王子の苦境が語られているとも言えるでしょう。

　ワイルドは、アイルランドの首都ダブリンのウェストランド・ロウ21番地に生まれ、その翌年、メリオン・スクウェア1番地に引っ越して、少年時代をここで過ごしました。いずれも、名門トリニティ・コレッジに近く、裕福な知識人が多く住む地域でした。ただ、当時のアイルランドは、大英帝国と呼ばれたイギリスに編入されてその支配下にあり、ダブリンも、ロンドンのようなイギリスの大都市と同様、深刻な貧困とスラムの問題に直面していました。ワイルドの育った地域はダブリンの中心部ですが、19世紀後半には、そうした中心部に住んでいた富裕層が次第に郊外へと移り、その跡地に建てられた集合住宅には、貧困にあえぐ人々が多く住むようになっていました。ヴィクトリア女王付きの医官にも任ぜられた眼科医の父と、詩人でもあり社交界においても活躍した母のもとで、何不自由なく暮らしていた少年ワイルドですが、その彼の目に、お金持ちのきれいな家の門前に座り込む「乞食」や、うす暗い路地で青白い顔をしている「飢えた少年たち」のもの憂げな表情が映っていたことは確実です。ダブリンは、そういう極端な貧富の差がはっきりと見える街でした。しかもこの街は、ロンドンほど匿名性の高い街ではない。どこから来てどこへ行くのか分からない、というようなことはなく、住人の多くは同胞のアイルランド人だったのです。

　ツバメの語る幻想的な光景と、王子の像のある街の貧しい人々の様子との間を自由に往還し、その両者を人間社会の縮図として表現してみせる──ワイルドのこのダイナミックな描写の背景には、彼の育った街ダブリンの個性が宿っていたのかもしれません。

世紀末を駆け抜けた天才作家の栄光と挫折

「申告するものは何もありません、私の才能以外には」(I have nothing to declare but my genius.) ──1882年1月、客船アリゾナ号でニューヨークにやって来たオスカー・ワイルドは、税関申告品を尋ねられた際、こう答えたと言われています。弱冠27歳、なるほど彼には申告すべきものはなかったのかもしれません。オクスフォードを首席で卒業したものの、文人としては美術批評数篇と悲劇1作を手がけたのみ。19世紀後半のロンドンで人気を博していたサヴォイ・オペラの興行主ドイリー・カートの勧めで、審美主義（aestheticism）についての講演旅行という触れ込みでやっては来たものの、実際には、サヴォイ・オペラの『ペイシャンス』のアメリカ上演のための宣伝活動の一環に過ぎず、アメリカのジャーナリズムが、彼の唱える審美主義にどれだけ反応するかもわかりません。普通の人だったら心配や不安で押しつぶされそうになるところですが、ワイルドは、そういう人間ではありませんでした。自らが美の化身であるとして、その日常生活までも新聞・雑誌に意図的にさらけ出しつつ、アメリカに滞在した1年間に141回もの講演をしています。彼の文名が高まったのは、実はこのアメリカ講演旅行からであったと言ってもよいでしょう。

いささかセンセーショナルにアメリカでデビューを飾ったワイルドでしたが、彼の主張は、一見、奇をてらったもののようで、実はそうではありませんでした。主張は首尾一貫しています。例えば、彼はナイアガラの滝について、講演で次のように述べています。「ナイアガラの滝を初めて見たのですが、がっかりしてしまいました。壮麗さに欠けるし、水の流れの線も単純です」。講演を成功させようとするならば、聴衆にとって少しは心地よいことを言うのが普通でしょう。しかし彼はそうはしなかった。彼の美的基準からみてふさわしくなければ、ふさわしくないと言ったのです。とは言え、自分の言葉が聴衆を怒らせることは十分に意識していました。だからこそ、自らの考えを率直に述べた。聴衆を憤慨させつつ、自分の主張への注目の度合いを高めて行く──不躾にも思われる彼の発言には、そういうわけで、彼の率直な気持ちと、それから

率直な気持ちを最も効果的に伝える卓抜な方策の両方が含まれていた、と言ってよいでしょう。

　美的とされるものの俗物性にこのような形で強烈な批判を加えたワイルドが、他方で、アメリカの美として讃えたのが、ふと立ち寄った小さな店で見かけた金細工師の、地味ながらも熟練を要する技とその誠実な仕事ぶりであり、また、「実用性という広大な砂漠の中にある不合理なかわいらしいオアシス」のような無名のアメリカの少女たちでした。これもまた、アメリカを愚弄していると取られかねない発言ですが、そう受けとられることは既に計算済み。しかも、たんに計算づくというのではなく、まさに彼の率直な意見表明でもあったわけです。『幸福な王子』の中でも、大げさに美とは何かを語る俗物を諷刺しつつ、刺繍を懸命に仕上げようとするお針子さんや、殺伐とした街中でマッチを売る少女に、作者の優しいまなざしが注がれていました。

　講演旅行を文人としての経歴の1つの出発点としていることからもわかるように、ワイルドは、終生、饒舌であり、その周囲には喧騒がありました。アメリカで、あえて反感を煽りつつ、自らの存在感を高めたというのは、極端な例かも知れませんが、ロンドンへ戻ってからも、彼は、ジャーナリズムの俗物性を批判しつつもその中心にあって、饒舌に評論を繰り出し、登場人物がその多弁さを生かして活躍する喜劇によって劇場を湧かせました。男性同士の「重大猥雑行為」をしたことによる刑法違反で逮捕・受刑の苦しみを味わったその晩年でさえも、監獄の独房の外では、彼をめぐる喧騒がやむことはなかったのです。

　ワイルドの文章に饒舌さが見られるのは、ある真実を語ろうとする場合に、彼が常にそれを複数の視点から描き出そうとしていた、ということが理由の1つです。『虚言の衰退』や『芸術家としての批評家』といった彼の評論の多くに、複数の登場人物による会話形式が採用されていることも、そうした考え方によるものと言ってよいでしょう。なぜ複数の視点から語るのかと言えば、「1つに見える真実が、実は多くの事象に広がっていて、通常、私たちが気づかないでいるそういう広がりにこそ真実が宿っている」と考えていたためでしょう。彼の文章には寓意表現や警句的表現が多く含まれていることはよく知られ

ていますが、一見異なるものが1つのセンテンスにおさめられていたり、読者が予想もしなかったような逆説が登場したりするのは、彼のそうした思考法と表現によるものです。例えば彼は、「批評の最高にして最低の姿は、自伝体である」と、『ドリアン・グレイの肖像』の序言に記しています。最高ならば最高、最低ならば最低と書けばいいし、批評と自伝がどうして結びつくのか、少なくとも一般的には分かりにくい。しかし、ワイルドの言う批評が、芸術家の生み出した美を完全に吸収しつつ、それを別のコンテクストに置き換え、新たな生命を吹き込む使命を帯びたものであったことを了解できれば、この警句の卓抜さは容易に理解できるはずです。つまり、そういう美の置き換えを純粋な形でなしえないような俗物が批評にかかわれば、それはその人物の利己的な、つまらない自伝にしかならない、しかし、もしそれを純粋な形で置き換えられるような人物であれば、その批評行為は、まさに美に殉じた最高の自伝になりえる、というわけです。私たちはここで、ツバメ以外には何も語らなかった幸福な王子の像と、自分の像を作るようにと言い争っている議員たちとの対比的な姿を思い浮かべてもよいかもしれません。

　多面的に広がっている真実の現れを複数の視点から描き出すというワイルドの文章は、当然のことながら、彼自身が抱く、そして人間の持つ感情の中でも最も強いと言ってよい「愛」や「性」の表現にも見られるものでした。彼は、生涯にわたって、複数の男性および女性を、言葉の一般的な意味以上に深く愛し、その愛を表現しようとした作家でもあります。時代の寵児として、俗物的人物を含む多くの著名人に囲まれていたワイルドでしたが、その心の奥底には、親しい人間を深く愛する気持ちが強くあったようです。女の子の誕生を願っていた母親の意を受けて女装することもありましたし、ついに生まれた妹が、愛されながらも夭折した時には、その気持ちを「レクイエスカット」（"Requiescat"）という詩に表現し、彼女の遺髪を入れた封筒を終生大事にしていたと言われています。彼はまた、早い時期から、同性の友人にも、一般的な友情以上の情愛を感じることがあったようです。オクスフォード大学在学中に記した「無為な日々」（"Wasted Days"）と題する詩の一節に、次のような表

現があります。「美しく華奢な少年、この世の苦しみとは無縁 / 豊かな金髪が耳に垂れ / 思い焦がれる眼はぼんやりと涙に覆われて / さながら雨露を透かして眺める深青の水のよう / 接吻は青白い頬に汚れを残すことなく / 紅の下唇は、愛を恐れてきゅっと引き締まる / その白い喉は鳩の胸よりも白い / ああ！なんということ！ もしすべてが空しいとしたら」。『幸福な王子』における王子とツバメを結ぶ深い愛情や別れのキスに、みなさんはどのような印象を持たれましたか？

　1884年、コンスタンス・ロイドと結婚したワイルドは、2人の男の子に恵まれ、また文筆の才のあった妻に雑誌執筆の機会を作るなど、家庭人としての幸福を短期間ながら味わうのですが、その後は、周知の通り、クウィーンズベリー侯爵の三男アルフレッド・ダグラスと知り合い、彼との同性愛関係にはまり込んでいくことになりました。ただここでちょっと留意しておきたいのは、異性間の恋愛やキリストの人間愛などには自由な表現が許されていたものの、同性愛については、そうではなかった、ということです。ワイルドの同性愛が、人間への深い愛情の1つの形であったとすれば、彼はそれだけ強く、何らかの表現を求めたはずです。しかしそれは、法律的にも社会的にも許されなかった。実は、ワイルドの最後にして最高の傑作喜劇とされる『まじめが肝心』(*The Importance of Being Earnest*、1895年) には、同性愛表現を求める彼の欲求のほとばしりが見られます。タイトルは、もちろん表面的には、この喜劇のストーリーからわかる通り、「アーネスト」という名前が大事、というやや皮肉を込めた意味です。しかし、この「アーネスト」には、当時、男性の同性愛を示す符丁のような意味があったと言われています。「わが心に灯をともしたのはアーネスト」という句が繰り返される、『まじめな愛』(*Love in Earnest*) という詩集が、同性愛詩人ギャンブリル・ニコルソンによって出版されたのは1892年のことでした。加えて、1890年代のイギリスにおいては、女性の地位向上と社会風紀の矯正を目標とする言論において、つまり同性愛を危険視する見方において、「まじめ」が、まさにキーワードとしてしばしば使われていました。どうやらワイルドは、この『まじめが肝心』に至って、饒舌には語れない、

しかし最も重要な自らのアイデンティティを、さまざまな寓意表現を用いて明らかにしようとしていたように思われるのです。

　そういうワイルドの新たな表現欲求は、この喜劇が成功を収めた直後に「重大猥雑行為」の嫌疑で逮捕された後も、衰えることはなかったようです。彼は国外逃亡を勧める周囲の意見を斥け、裁判において、正々堂々と同性愛の意義を論じます。ただそれはまったく受け入れられず、結局、2年間の監獄生活を強いられることになりました。饒舌や喧騒とは対極にあった独房で記された『獄中記』に、静かな「悲哀」が語られていることは、先のコラムでもみた通りです。ただ、世紀末を疾風の如く駆け抜けたこの天才作家の文学活動には、饒舌と喧騒の背後に、やはり常に、静寂に満ちた「悲哀」の気持ちが働いていたのではないかと思います。むしろ、その「悲哀」があったからこそ、彼は、真実を多面的に捉えて社会の隅々にまで目を配り、卓抜な警句や逆説を生み出すことができたのではないでしょうか。『幸福な王子』における王子の像とツバメが、あれだけ饒舌に言葉を交わしながら、最後には一言も発しなくなる、というのは、ワイルドの心の奥底にあった静寂な「悲哀」の現れとも言えるでしょう。『まじめが肝心』に見られる同性愛的合意は、そういう彼が、ついに、表現の自由を抑圧されていた心の奥底を明らかにしようとした、新たな、そして貴重な一歩だったと思われます。

　2013年、ワイルドの刑法違反の罪は、女王エリザベス2世によって、公的に無実であることが宣言されました。しかし、人間の深い愛情をはじめ、実用主義の名のもとに安易な価値観を押し付ける社会の俗物性の問題など、ワイルドが饒舌に語ろうとしたテーマの多くは、今日にあってもなお鋭い輝きを放っているように思います。

オスカー・ワイルドの詩
「無為な日々」に付されていた挿絵
（Violet Troubridge による）

王子とツバメの死

　本格的な冬が訪れ、雪が降り、街路は凍りつきます。凍てつく寒さは、ツバメの生命を奪ってしまいます。宝石や金箔が剥ぎ取られ、今やみすぼらしい姿をしている王子の像も、街のお偉方によって溶かされてしまいます。彼らの魂は救われるのでしょうか。

　やがて雪がふり、その後、あたりは凍りつきました。街路はまるで銀でできているかのように、キラキラと輝いていました。水晶でできた刀のような長いつららが家々の軒先から垂れ下がり、人々はみな、毛皮を着て歩いています。真っ赤な帽子を被った小さな男の子たちは、氷の上でスケートをしていました。

　かわいそうな小さなツバメに冬の寒さは増すばかり、でも王子のもとを離れようとはしませんでした。ツバメは王子のことをとても愛していたのです。彼は、パン屋が目を離しているすきに店先でパンくずをついばみ、また羽をバタバタさせてなんとか体を温めようとしました。

　しかし、ついに、死ぬときが来たことを悟りました。ツバメには、王子の肩に乗るためにもう一度飛び上がる力しかありませんでした。「さようなら、王子様！」と彼はささやきました。「あなたの手にキスしてもいいですか？」

　「嬉しいです、小さなツバメさん、ついにエジプトへ旅立つのですね」と王子は言いました。「ちょっとここに長くとどまりすぎましたね。あなたにはぜひとも私の唇にキスしてもらいたい。私はあなたを愛しているからです」

　「エジプトへ行くのではありません」とツバメは答えました。「ぼくは、死の館へ赴くのです。死は、眠りの兄弟みたいなものですよね？」

　そうしてツバメは幸福な王子の唇にキスをすると、そのまま死んで王子の足元に落ちました。

　その瞬間、バチッという不思議な音が王子の像の中でしました。何かが壊れたような音。実は、鉛でできた心臓が真っ二つに割れていたのです。それほどまでにひどく厳しい寒さでした。

　翌朝早く、市長が議員たちといっしょに下の広場を歩いていました。円柱のところを通りかかると、彼は王子の像を見上げて言いました。「なんたること！ 幸福な王子はひどくみすぼらしいじゃないか！」

　「ほんとうにみすぼらしいですね！」と、いつも市長の言う通りにする議員たちは声を上げ、像を見ようとそばに寄りました。

　「刀からはルビーが落ちてしまっているし、目は両方ともない、金もすっ

290

かりはげている」と市長は言いました。「まったくこれでは、乞食同然だ！」

「乞食同然ですな」、議員たちも言いました。

「おまけに、足元には死んだ鳥がいるぞ！」と市長は続けました。「鳥はここで死んではならぬと、お触れを出さなければなるまい」そこで町の書記はこの提案を書き留めました。

そこで彼らは幸福な王子の像を引きずりおろしました。「もはや美しくないのだから、なんの役にも立たない」と、大学の美術教授が言いました。

それから王子の像は鋳造所で溶かされ、溶かされた金属をどうするかについて、市長は議会を開きました。「もちろん、別の像を作らねばなりませんな」と市長は言いました。「私の像にするのがよかろう」

「いや私の像だ」と、議員たちはめいめい口にし、喧嘩になってしまいました。最近私が彼らの話を耳にしたときも、まだ言い争いを続けているということでした。

「おかしなことだ！」と、鋳造所の監督が言いました。「この壊れた鉛の心臓は、まったく溶けないじゃないか。こんなものは外へ放り出さねばならぬ」そこで、王子の鉛の心臓は、ごみの山の上に投げ捨てられました。そこには死んだツバメも横たわっていました。

「街にある最も大事なものを2つ、持ってきなさい」と、神様が1人の天使に言いました。天使は神様のところへ、鉛の心臓と死んだ鳥を持って行きました。

「おまえは正しい選択をした」と神様は言いました。「わが楽園の庭で、この小さな鳥にはいつまでも歌を歌わせ、幸福な王子には、わが黄金の都で、私のことを讃えてもらうようにするつもりだからだ」

Then the snow came, and ①<u>after</u> the snow came the frost. The streets looked as if they ②<u>were</u> made of silver, they were so bright and glistening; long icicles like crystal daggers hung down from the eaves of the houses, everybody went ③<u>about</u> in furs, and the little boys wore scarlet caps and skated on the ice.

The poor little Swallow grew colder and colder, but he would not leave the Prince, ④<u>he loved him too well</u>. He picked up crumbs outside the baker's door when the baker was not looking, and tried to keep himself warm by flapping his wings.

But at last he knew that he ⑤<u>was going to die</u>. He had ⑥<u>just</u> strength ⑦<u>to fly up to the Prince's shoulder once more</u>. "Good-bye, dear Prince!" he murmured, "will you let me kiss your hand?"

"I am glad that you are going to Egypt at last, little Swallow," said the Prince, "you have stayed too long here; but you ⑧<u>must</u> ⑨<u>kiss me on the lips</u>, for I love you."

"It is not to Egypt that I am going," said the Swallow. "I am going to the House of Death. Death is the brother of Sleep, is ⑩<u>he</u> not?"

And he kissed the Happy Prince on the lips, and ⑪<u>fell down dead</u> at his feet.

At that moment a curious crack sounded inside the statue, as if something ⑫<u>had broken</u>. The fact is that the leaden heart had snapped ⑬<u>right</u> in two. It certainly was a dreadfully hard frost.

Grammar Points

ここに気をつけて読もう

① この after は接続詞ですか、それとも前置詞ですか?

② この were は単純過去形でしょうか、それとも仮定法過去でしょうか?

③ この about の品詞はなんでしょうか?

④ 省略されている語句を補ってください。

⑤ なぜ、ここで *be going to do* が用いられているのでしょうか?

⑥ この just の品詞はなんでしょうか?

⑦ この to fly up to the Prince's shoulder once more は、何用法の to 不定詞でしょうか?

⑧ この must は、どのような意味でしょうか?

⑨ なぜ kiss my lips という言い方になっていないのでしょうか?

⑩ この he は誰 (何) を指していますか?

⑪ down と dead の品詞は、それぞれなんでしょうか?

⑫ なぜ、ここで過去完了が使われているのでしょうか?

⑬ この right の品詞はなんでしょうか?

....
NOTES
....

L.001 frost ▶ 霜、凍結、厳しい寒さ

L.003 glisten ▶ 輝く、きらめく

L.003 icicle ▶ 氷柱、つらら

L.003 dagger ▶ 短剣

L.004 eave ▶ 軒、ひさし (通例は複数形 eaves が用いられます)

L.008 crumb ▶ パンくず、少量、小片

L.022 crack ▶ ひび (が入ったときの音)

L.024 snap ▶ (音を立てて) 折れる、割れる

Early the next morning the Mayor was walking in the square below in company with the Town Councillors. As they passed the column he ⑭looked up at the statue: "Dear me! how shabby the Happy Prince looks!" he said.

"How shabby, indeed!" cried the Town Councillors, who always agreed with the Mayor; and they ⑮went up to look at it.

"The ruby has fallen out of his sword, his eyes ⑯are gone, and he is golden no longer," said the Mayor; "⑰in fact, ⑱he is little better than a beggar!"

"Little better than a beggar," said the Town Councillors.

"And ⑲here is actually a dead bird at his feet!" continued the Mayor. "We must really issue a proclamation ⑳that birds are not to be allowed to die here." And the Town Clerk made a note of the suggestion.

So they pulled down the statue of the Happy Prince. "As he is no longer beautiful he is no longer useful," said the Art Professor at the University.

Then they melted the statue in a furnace, and the Mayor held a meeting of the Corporation to decide ㉑what was to be done with the metal. "We ㉒must have another statue, of course," he said, "and it shall be a statue of myself."

"Of myself," said each of the Town Councillors, and they quarrelled. When I last heard of them they were quarrelling still.

"What a strange thing!" said the overseer of the workmen at the foundry. "This broken lead heart ㉓will not melt in the

G r a m m a r   P o i n t s

⑭ この look up at ... は、どのような意味でしょうか？

⑮ この go up は、どのような意味でしょうか？

⑯ この are gone は、どのような意味でしょうか？

⑰ この in fact は、どのような意味を表していますか？

⑱ ... he is (　　) as bad as a beggar. のカッコ内に適語を入れて、ほぼ同じ意味
の文に書き換えてみましょう。

⑲ この here の品詞はなんでしょうか？

⑳ この that は、どのような文法的役割を果たしているでしょうか？

㉑ この what 節を、助動詞を使って能動態に書き換えてください。

㉒ この must はどのような意味でしょうか？

解釈のポイント　→ *p.324*

この I は「誰」を指しているのでしょうか？

When I last heard of them they were quarrelling still.

㉓ この will はどのような意味でしょうか？

....
N O T E S
....

`L.028` Dear me! ▶「おや！」「まあ！」

`L.028` shabby ▶ みすぼらしい、使い古された

`L.037` proclamation ▶ 宣言、布告

`L.043` furnace ▶ かまど、溶鉱炉

`L.050` overseer ▶ 監視員、教区の民生委員（監督官）

`L.051` foundry ▶ 鋳物 [鋳造] 工場

furnace. We must throw it away." So they threw it on a dust-heap where the dead Swallow was also lying.

"Bring me the two most precious things in the city," ㉔<u>said</u>

God to one of His Angels; and the Angel brought Him the leaden heart and the dead bird.

"You have rightly chosen," said God, "for in my garden of Paradise this little bird ㉕<u>shall</u> sing for evermore, and in my city ㉖<u>of</u> gold the Happy Prince shall praise me."

Grammar Points

㉔ この said の主語はどの部分でしょうか？

㉕ この shall はどのような意味でしょうか？

㉖ この of はどのような意味でしょうか？

N O T E S

| L.058 | for evermore ▶永遠に |

| L.059 | praise ▶…をほめる、…を称える |

「ここに気をつけて読もう」の解説

Commentaries on Grammar Points

→ p.293

① この after は接続詞ですか、それとも前置詞ですか？

Then the snow came, and <u>after</u> the snow came the frost.

▶ ▶ ▶ **前置詞です。**

解説 after を接続詞と捉えると、after the snow came は〈接続詞＋主語＋動詞〉ということになり、the frost が「余って」しまいます。come に他動詞用法はありませんし、come が補語にとれるのは形容詞だけですから、the snow came the frost を〈SVO〉や〈SVC〉の「文」として捉えることもできません。

実は、**この after は前置詞**であり、after the snow はひと固まりで「雪の後」「雪に続いて」という意味の前置詞句になっているのです。came the frost は、主語と動詞の順序が入れ替わっています。本来の語順は the frost came after the snow だったのですが、after the snow が文頭に移動されたことで、**「動詞第二位語順」**のルールが適用されています（Scene 1 の「ここに気をつけて読もう①」を参照）。

この come は Spring has come.（春が来ました）や The time has come to decide what to do.（何をするか決めるときが来ました）のように、「（季節・機会）がやってくる、到来する」という意味になります。

このような語順になっていることで、「雪になり、雪に続いて氷になった」「雪が降って、そのまま凍りついた」という話の流れがとてもわかりやすくなっています。また、この文は**「音楽的な美しさ」**を感じさせます。以下のようにすると、まるで「詩の一節」のようになります。

Then the snow came

And after the snow came the frost

このような倒置構造が採用されたのは、情報構造や文法的な制約という理由だけではなく、文学的な効果を狙う意図もあったのかもしれませんね。

→ p.293

② この were は単純過去形でしょうか、それとも仮定法過去でしょうか?

The streets looked as if they <u>were</u> made of silver, they were so bright and glistening ...

▶ ▶ ▶ **仮定法過去です。**

解説　they were made of silver (通りは銀でできていた) という記述は、事実とは異なります。したがって、ここは**仮定法過去**になっていると考えるのが適切です。「主節の動詞lookedと、見た目上の時制 (動詞の形) が揃っている」ことから、「ここは仮定法過去ではなく、単なる単純過去形ではないのか」と思われる方もいるかもしれません。

「典型的」な〈as if + 仮定法〉のパターンは、以下のように「**主節が現在形、as if節が仮定法過去**」になっているものでしょう。このように、主節とas if節の時制の違いから、仮定法の「香り」を嗅ぎ取ることができます。

例 He looks <u>as if</u> he saw a ghost.
(彼は、まるで幽霊でも見たかのような表情をしています)

例 You have to act <u>as if</u> it were possible to radically transform the world. And you have to do it all the time.
(この世界は根本的に変えることができる —— そのようなつもりで行動しなければだめです。そして、その姿勢を常に持ち続けなければならないのです)

…▶ アメリカの活動家・著作家・学者、アンジェラ・デイヴィスの言葉。

　また、主節が過去形である場合は、「**主節が過去形、as if節が仮定法過去完了**」で「**まるで…したかのように〜だった**」という意味を表すパターンが典型的です。

> 例 He looked <u>as if</u> he had seen a ghost.
> （彼は、まるで幽霊でも見たかのような表情をしていました）

　しかし、実は「主節とas if節の時制の組み合わせ」は、**比較的自由**なのです。それは、この表現の成り立ちを考えてみるとわかります。He looks as if he saw a ghost. という表現は、He looks he would look if he saw a ghost.（彼は、<u>仮に彼が幽霊を見た場合にそう見えるであろう表情</u>をしています）の省略だと考えることができます。「仮に彼が幽霊を見た場合にそう見えるであろう表情」は、**主節の動詞が表す時間とは無関係**です（as if節には「時制の一致」は適用されません）。そのため、主節とas if節は「**切り離して**」考えることができます。

　なお、話者の確信度が比較的高いときには、as if節中で「**現在形**」または「**現在完了**」が使われます。

> 例 Kenji looks <u>as if</u> he has been crying.
> （ケンジは泣いているようでした）
> …▶ この場合、話し手はケンジが泣いていたことをほぼ確信しています。

> 例 It looks <u>as if</u> it's going to snow.
> （雪が降りそうな空模様です）
> …▶ It looks <u>like</u> it's going to snow. と、ほぼ同じ意味になります。

→ p.293

③ このaboutの品詞はなんでしょうか？

... everybody went <u>about</u> in furs, ...

▶ ▶ ▶ 副詞です。

解説 「…について」という意味の前置詞用法についてはよく知られていると思います。しかし、この文のaboutは前置詞ではなく、「周囲に」という意味の**副詞**です。ここではgo aboutで「歩き回る」という意味を表しています。

副詞用法のaboutの例文をいくつか見ておきましょう。

例 When we got to the beach, we took off our sandals and went <u>about</u> barefoot.

（海岸に着くと、私たちはサンダルを脱ぎ、裸足で歩き回りました）

⋯▶ go aboutは「歩き回る」という意味の句動詞。barefootは「裸足で」という意味の副詞です。

例 Don't just stand <u>about</u> doing nothing.

（何もせずに、ただ突っ立っていないで）

⋯▶ stand aroundは「何もせずにボサッと立っている」というニュアンスになります。アメリカ英語ではstand aroundのほうを用いるのが一般的です。

例 A rumor went <u>about</u> that he was going to resign.

（彼が辞職するのではないか、という噂が広まりました）

⋯▶ このgo aboutは「（噂などが）広まる」という意味です。

また、in furs「毛皮を着て」のinは、「…を身につけて」という意味で使われ

る前置詞ですね。

例 Look at the man <u>in</u> the black jacket standing over there.
（向こうにいるあの黒いジャケットを着た男の人を見て）

例 I slept <u>in</u> my contact lenses.
（コンタクトレンズをしたまま寝てしまいました）

⋯▶ in *one's* contact lensesで「コンタクトをつけたまま」という意味になります。このように、inは「…の中に」という「イメージ」だけでは捉えきれない場合もあります。

→ *p.293*

④ 省略されている語句を補ってください。

…, he loved him too well.

▶ ▶ ▶ …, he loved him too well <u>to leave him</u>. です。

解説　He loved him too well.は「ツバメは王子のことをあまりにも愛していました」という意味ですが、「どれほど愛していたのか」「あまりにも愛していたから、どうなのか」という具体的内容が省略されています。

その具体的な内容は、直前にhe would not leave the Prince（彼はどうしても王子の元を離れるつもりはありませんでした）という部分を指しています。したがって、このleave the Princeを〈too … to 〜〉「あまりにも…なので〜できない」という構文に組み込んだ、He loved him too well to leave him.が「省略前」の形ということになります。

too wellのtooは「想定している基準を超えている」ことを表しています。「基準を超えた愛情」が芽生えたために、ツバメは王子の元を去ろうとはしませんでした。これまでエジプトに行くことを常に願っていたツバメは、王子への「愛」によって、王子から離れられなくなっていたのです。

→ *p.293*

⑤ なぜ、ここで *be* going to *do* が用いられているのでしょうか？

But at last he knew that he <u>was going to die</u>.

▶ ▶ ▶ **死んでしまうという運命を悟っていたからです。**

解説 これまで触れてきたように、*be* going to *do* は、「既に予定として決めていること」に対して用います。ここでは、もう1つの用法である「**必然的未来**」を表す *be* going to *do* が使われています。この用法は「**…する（になる）だろう、はずだ**」という意味になります。ツバメは「自分はまもなく死んでしまうのだ」と、**自身の運命を悟っていた**のでしょう。

この *be* going to *do* の例として、His wife <u>is going to have</u> a baby. は「彼の奥さんは既に妊娠していて、もうすぐ赤ちゃんが産まれる」という意味になります。これを will にすると、「いつか産むだろう」という意味になります。

ちなみに、*be* going to *do* には「予測」（…しそうである、…するだろう）の意味もあります。例えば、The Lions <u>are going to win</u> the game.（ライオンズがその試合に勝ちそうです）という文は、「もう試合の終盤で、おそらくこのまま勝つだろう」と思われるときなどに用います。

→ *p.293*

⑥ この just の品詞はなんでしょうか？

He had <u>just</u> strength to fly up to the Prince's shoulder once more.

▶ ▶ ▶ **副詞です。**

解説 後に strength という名詞が続いているため、この just を形容詞だと判断した人も多いかもしれません。たしかに just には形容詞用法もありますが、<u>just</u> treatment「公正な処遇」のように「当然の、公正な、正しい」という意味になります。実は、本文で使われている just は**副詞**です。副詞の just

には、「ほんの…だけ（にすぎない）」「ただ…だけ」という意味で名詞や前置詞句などを修飾する用法があります。

例 He is just a little child.
（彼はほんの小さな子供にすぎません）

…▶ このjustはonlyと置き換えることが可能です。なお、a mere childも「ほんの子供」という意味になりますが、このmereは形容詞です。

例 I talked the stranger just for laughs.
（その見知らぬ人に、面白半分に話しかけてみました）

…▶ just for ... は「ただ…のために」という意味で、just for laughs「面白半分に」以外にも、just for kicks「ちょっとしたスリル（kicks）を得るためだけに」やjust for the fun of it「単なるお遊びで」などの類似表現があります。

以下の例のように、副詞のjustには「かろうじて」「なんとか」という意味もあります。

例 I just caught the last bus and got home at 12 midnight yesterday.
（終バスになんとか間に合って、昨日は夜中の12時に帰宅しました）

…▶ この場合はjustをbarelyに置き換えることができます。

例 We made it just in time.
（なんとかぎりぎり間に合いました）

…▶ just in timeは「ぎりぎり間に合って」という意味になる場合と、「ちょうどいいときに」という意味になる場合があります。

また、以下は「**おしくも**」という意味を表しています。

- 例 We <u>just</u> missed the 6:30 train to Clarksville.
  （クラークスビル行きの6時30分の列車に、ひと足違いで乗れませんでした）

このように、「ぎりぎり間に合った」という場合と「おしくも間に合わなかった」という場合の、どちらにも使うことができます。

さらに、justは「**ちょうど**」「**まさに**」「**きっかり**」という意味も表します。

- 例 It's <u>just</u> five o'clock.
  （今、ちょうど5時です）
  ⋯▶ It's five <u>sharp</u>. と言うこともできます。なお、It's just five o'clock. は、文脈によっては「<u>まだ</u>5時です」という意味になることもあります。

- 例 He looks <u>just</u> like his father.
  （彼は父親にまったくそっくりです）

このように、副詞のjustには様々な用法があるので、正しく理解するのはなかなか骨が折れます。

➡ p.293

⑦ この to fly up to the Prince's shoulder once more は、何用法の to 不定詞でしょうか？

He had just strength <u>to fly up to the Prince's shoulder once more</u>.

▶ ▶ ▶ **形容詞的用法です。**

解説 justは副詞でしたが、このto fly up to the Prince's shoulder once more というto不定詞は**形容詞的用法**です。直前の名詞である strength を後置修飾しています。fly upは「上に飛ぶ」という意味ですが、up には「近づいて」「そばに」という意味もあります。

　なお、これまでも何度か登場していますが、Prince'sは、busの複数形がbuses [bʌsiz] になるのと同じように、「プリンスィズ」（[prínsiz]）と発音します。

　かくして、ツバメは最後の力を振り絞って敬愛する王子の肩に飛び乗ります。この物語のクライマックスが近づいています。

→ p.293

⑧ この must は、どのような意味でしょうか？

You <u>must</u> kiss me on the lips ...

▶ ▶ ▶ 「ぜひ…してください」という「勧誘・提案」の意味です。

解説 You must kiss me ... のmustを「義務・必要性」だととって、「あなたは私にキスをすべきです」という意味であると考えることもできるのですが、それでは文脈上、少しおかしなことになってしまいます。

　このYou must ...は、「ぜひ…してください」という意味で、「**勧誘・提案**」を表しています。つまり、You must kiss me on the lips ...は、「**手ではなく、ぜひ私の唇にキスをしてくれないか**」という意味になります。

　「勧誘・提案」のmustは、You must see the movie.（その映画は必見ですよ）やYou must come again.（ぜひ、また来てくださいね）のように主に親しい間柄で使われ、相手に対する「好意」を含んでいます。

　これまで一生懸命尽くしてくれたツバメに対して好意を表すために、「ぜひ唇にキスをしてくれ」と申し出ます。つまり、王子にとっては「**感謝の口づけ**」なのですが、ツバメにとって、この口づけはどのような意味を持っていたのでしょうか。

→ p.293

⑨ なぜ kiss my lips という言い方になっていないのでしょうか？

You must <u>kiss me on the lips</u> …

▶ ▶ ▶「愛情の表現」であることを強調しているからです。

解説　「私の唇にキスする」は kiss my lips と表現することもできますが、ここでは前置詞の on を使って、kiss me on the lips という言い方になっています。両者には大きなニュアンスの差があります。kiss my lips は「唇自体」に焦点が置かれ、「**唇にキスをする**」という「**行為**」のみを描写している感じがあります。また、直接目的語として「唇」をとると、ある種の「生々しさ」も感じさせます。これに対して、kiss me on the lips は「私にキスをする」という**愛情表現**であり、その際にキスをするのが「唇」である、というイメージです。なお、一般には、部位を直接目的語に取るパターンよりも、〈動詞＋人＋前置詞＋ the ＋部位〉というパターンが好んで用いられています。〈the ＋部位〉は〈所有格＋部位〉になることもありますが、ほとんどの場合は定冠詞が使われます。

　少し前のところで、ツバメはこのように言っています。

“Good-bye, dear Prince!” he murmured, “will you <u>let me kiss your hand?</u>”

（「さようなら、王子様！」と彼はささやきました。「あなたの手にキスしてもいいですか？」）

　なぜ、ツバメは Will you let me <u>kiss you on your hand</u>? という言い方を用いなかったのでしょうか？ 人のいいツバメには、「図々しいこと」ができません。それは、Scene 2 の、こんな場面でも描かれていました。

“What! is he not solid gold?” said the Swallow to himself. He was too polite to make any personal remarks out loud.

（「なんということ！ 中まで金でできているわけじゃないのか？」ツバメはそう心の中で思いました。彼は礼儀を弁えていましたから、自分の思いを声高に言うことはなかったのです）

ツバメには、思っていることを面と向かって相手に言えない「奥ゆかしさ」があります。本当はエジプトに行きたいのに、王子の頼みを最後まで断れなかったことも、その現れと言っていいでしょう。この Will you let me kiss your hand? は、「**愛情の表現なんていう図々しいことではなく、最後のお願いとして、せめて手に口づけをさせてもらえませんか？**」という、とても切ない思いを感じさせ、読者の涙を誘います。

→ p.293

⑩ この he は誰（何）を指していますか？

Death is the brother of Sleep, is he not?

▶ ▶ ▶ **Death を指しています。**

解説 この he は、文の主語である **Death** を指す代名詞です。Death を the brother of Sleep「眠りの兄弟」として「**擬人化**」（personification）しているため、he で受けているのです。

なお、..., is he not? という見慣れない付加疑問文の形になっていますが、より一般的な形は..., isn't he? となります。ただ is he not という語順は、イギリス英語では比較的使われています。

ある英語母語話者に確認したところ、その人の感覚では、isn't he と is he not には微妙な違いがあるとのことでした。以下の2つの文を用いて説明します。

Ａ He's at school today, isn't he?

Ｂ He is at school today, isn't he?

　Aの文の付加疑問文の部分を「下降調のイントネーション」で読むと、「彼は今日は学校に行っていますよね？」という意味になります。この場合、**話し手が「He's at school today. だと思っている」**ということが示唆されます。これに対して、Bの文で、**最初のisを強調して読み**、付加疑問文の部分を「上昇調のイントネーション」で言うと、「彼は、今日は学校に行っているんですよね？　そうじゃないんですか？」のようなニュアンスになり、話し手の**「He's at school today. なのかどうかわからない」**という気持ちが込められます。

　その人の感覚では、is he notという言い方は「　B　の場合にしか用いられない」とのことでした。そうすると、Death is the brother of Sleep, is he not?（死は眠りの兄弟のようなものですよね？）という表現には、**「本当にそうだとは確信しきれていない」**という、ツバメの不安感や悲しみが表れているのかもしれません。この感覚は、すべての英語母語話者に共通したものではありませんが、1つの「読みの可能性」として、参考にしてみてください。

→ p.293

---

⑪ down と dead の品詞は、それぞれなんでしょうか？

..., and fell <u>down</u> <u>dead</u>.

▶ ▶ ▶ **down は「副詞」、dead は「形容詞」**です。

解説　このfall down deadという表現は「下に落ちて死ぬ」という意味で、downは副詞、deadは形容詞です。fall deadだけでも「落ちて死ぬ」という意味を表すことができます。このfallは「落ちる」「倒れる」という完全自動詞（〈SV〉の構文で使う自動詞）ではなく、補語をとる不完全自動詞です。「落ちる」という意味も入っていますが、**「落ちて…になる」**という意味であることに注意してください。

例　She <u>fell</u> asleep and missed the final part of the movie.
（彼女は眠ってしまい、映画の最後の場面を見逃しました）

…▶ fall asleepは「眠りに落ちる」という意味です。fall unconsciousは「意識を失う」という意味になります。

例 Our editor-in-chief _fell_ ill due to excessive overwork.
（うちの編集長は、過労のために体を壊してしまいました）

例 Hitomi got married and _fell_ pregnant. She is due next month.
（ヒトミは結婚して、妊娠しました。来月出産予定です）
…▶「病気」や「眠り」は「落ちる」というイメージと結びつきやすいですが、このように「妊娠」に対してもfallを使うことがあります。

例 He suffered a brain hemorrhage and _fell_ into a coma.
（彼は脳内出血を起こし、昏睡状態になりました）
…▶ このように、前置詞句を補語にとることもできます。他にも、fall in love with ...「…のことが好きになる」やfall out of sight「見えなくなる」などの表現が使われています。

→ p.293

⑫ なぜ、ここで過去完了が使われているのでしょうか？

At that moment a curious crack sounded inside the statue, as if something _had broken_.

▶ ▶ ▶ 「現時点での仮想やあり得ないこと」を表しているからです。

解説 一般に小説は「現在のこと」を「過去形」で描いていますので、**小説内での仮定法過去完了は「仮定法過去」として捉えて考えることが**できます。ここでは、仮定法過去完了によって「現時点での仮想やあり得ないこと」を表すのです。この ... as if something had broken ...は、「その瞬間に、何

かが壊れたかのような…」と考えることができます。

→ p.293

⑬ この right の品詞はなんでしょうか？

The fact is that the leaden heart had snapped <u>right</u> in two.

▶ ▶ ▶ 副詞で、in two を強調しています。

解説 　right in two で「真っ二つに」という意味になります。right は in two を強調する副詞です。この用法の right は「ちょうど」「ぴったり」「完全に」「すっかり」など、様々な意味を表します。

例 I bumped into Mr. Tanaka <u>right</u> in front of the station.
（私は田中さんに駅の真ん前で偶然出会いました）

　…▶ right は in front of the station を強調しています。「真正面」「真ん前」といったニュアンスになります。

例 I'll be <u>right</u> by your side till the morning comes.
（朝が来るまで、あなたのすぐそばにいますよ）

　…▶ この right は by your side を強調しています。

→ p.295

⑭ この look up at ... は、どのような意味でしょうか？

As they passed the column he <u>looked up at</u> the statue ...

▶ ▶ ▶ 「…を見上げる」という意味です。

解説 　look up「見上げる」という意味の句動詞です。ここは look up at ... で、「…を見上げる」という意味になります。p. 176のイラストに描かれていたように、王子の像は「かなり高いところ」に据えられていたと考

えられます。そのため、わざわざ「見上げる」という動作が必要になるわけです。

　なお、look up at ... に形が似たlook up to ...とは「…を尊敬する」という意味があります（「見上げる」という意味で使われることもあります）。反対に「…を軽蔑する」「…を見下す」はlook down on [upon] ...です。

　例　I <u>look up to</u> my parents because they are both very diligent.
　　（両親はどちらも大変勤勉なので、私は2人のことを尊敬しています）

　例　A proud man is always <u>looking down on</u> things and people; and, of course, as long as you are looking down, you cannot see something that is above you.
　　（高慢な人は、常に人や物を見下しています。言うまでもありませんが、いつも下ばかり見ていたら、自分より上にあるものを見ることなどできません）
　　…▶『ナルニア国物語』などの作品で知られるイギリスの小説家、C・S・ルイスの『キリスト教の精髄』という作品に登場する言葉です。

→ p.295

⑮ このgo upは、どのような意味でしょうか？

... and they <u>went up</u> to look at it.

▶ ▶ ▶「近づく」という意味です。

解説　go upのupは「近づいて」「近くに」「こちらに」という意味の副詞なので、go upは「近づく」「近寄る」という意味を表しています。upには「上に」という意味もありますが、ここは「王子の像を見るために、塔に登った」という意味ではないことに気をつけてください。

　upはシンプルな言葉であるだけに、多様な意味を持っています。

例 He got <u>up</u> from the chair and went out of the room.
（彼はいすから立ち上がり、部屋を出ていきました）

⋯▶ この up は「起きて」「立って」という意味を表しています。

例 The truck pulled <u>up</u> at the service door.
（そのトラックは搬入口のところに停まりました）

⋯▶ この up は「停止した状態に」という意味です。

例 It seems there's something <u>up</u> in his room.
（彼の部屋で何かが起きているようです）

⋯▶ この up は「物事が起こって」「進行中で」という意味です。

　あまりにもたくさんあるので後は割愛しますが、「停止した状態」と「進行している状態」の両方を表してしまうのですから、私たち非母語話者にはなかなか「手強い」相手だと言えますね。いわゆる「イメージ」で包括的に捉えるのは無理がありますから、pull up「車を停める」/ get up「起きる、立ち上がる」/ up and running「活発に動いて、作動して」などのように「**句動詞やコロケーションの形**」で1つ1つ覚えていき、自分で使いこなすことで感覚を掴むというのが一番確実だと思います。

→ p.295

⑯ この are gone は、どのような意味でしょうか？

The ruby has fallen out of his sword, his eyes <u>are gone</u>, ...

▶ ▶ ▶「なくなっている」という意味です。

解説　これまでにも何度か説明してきたが、最後にもう一度だけ確認しておきましょう。この *be* gone は一見すると「受け身」のように思えてしまいますが、文中では「現在完了」の意味で用いられているのです。ここでは

「なくなっている」という意味を表しています。

　古い英語で使われていた〈be動詞 ＋ 移動を表す自動詞（comeやgoなど）〉で「完了」や「結果」を表す用法の名残が、この表現なのです。

⑰ このin factは、どのような意味を表していますか？

... <u>in fact</u>, he is little better than a beggar!

▶▶▶「実際」という意味です。

解説　in factは「実際」という意味で、前に出てきた内容を補足・強調するために使われます。しかし、in factの前後の意味的な関係によって、その訳し方にはさまざまなバリエーションがあります。

　まず、この場面の話の流れをもう一度確認しておきましょう。

　"The ruby has fallen out of his sword, his eyes are gone, and he is golden no longer," said the Mayor; "<u>in fact</u>, he is little better than a beggar!"

　「宝石や金箔はなくなっている」→「乞食も同然だ」ということですから、ここでは「**前言を補足している**」と考え、「**実際**」「**実のところ**」などのように訳すことができます。

　次の例はどうでしょう？

例 They told me it would be cheap, but <u>in fact</u>, it cost me nearly 20,000 yen.

　butが使われていることからも明らかですが、in factの前後は「逆接」の関係になっています。「『安くすませられますよ』と言われたのに、実際は2万円

近くもかかった」という意味になります。**前言を否定しているので、「(ところが) 実際は」**と訳すのが適切ですね。

また、以下の文のin factはどう訳すといいでしょうか？

例 She's a good guitarist. <u>In fact</u>, she's a genius.

「彼女は優れたギタリストである」→「彼女は天才である」という話の流れになっていますから、「前言の補足」と考えて「実際」と訳してもいいのですが、「天才」という強い言葉が使われているので、これは**「前言の強調」**をしていると考えられます。「彼女は優れたギタリストです。<u>いや、それどころか</u>、天才と言ってもいいでしょう」のように訳すことができます。

in factは、他にも**「むしろ」**や**「要するに」**などと訳される場合もありますが、前後の意味関係をしっかり見極めて、適切な訳語を考えることが大切です。

→ *p.295*

⑱ ... he is (　) as bad as a beggar! のカッコ内に適語を入れて、ほぼ同じ意味の文に書き換えてみましょう。

... he is little better than a beggar!

▶▶▶ **... he is (almost) as bad as a beggar!** と書き換えることができます。

解説　... he is little better than a beggar! という文は、littleが「ほとんど…ない」という準否定であることから、「彼はほとんど乞食と変わりません」→**「彼は乞食同然です」**という意味を表しています。littleをnoに変えて、... he is no better than a beggar! にしても、意味はほとんど変わりません。

これをas bad asという原級比較を用いて表現すると、「彼は乞食と<u>ほとんど同じぐらいひどい</u>」となりますから、**... he is almost as bad as a beggar.** と表現することができます。

→ p.295

⑲ この here の品詞はなんでしょうか？

..., here is actually a dead bird at his feet!

▶ ▶ ▶ 副詞です。

解説　here は「副詞」です。Here is ... は「ここに…がある」という意味で
すが、ここでは「**王子の像の足下にツバメが死んでおり、それを市長
が見上げている**」という状況が描かれています。ですので、この here は、日本
語の「ここに」と完全には対応していないことがわかります。

　here は言及される事物、情報が「**話し手のなわ張りの中**」にあることを表
し、「なわ張りの外」を表す there と対になっています。もちろん、ここで言う
「なわ張り」とは抽象的な概念であり、here という副詞が指すのは「**話し手が
自分の領域だと認識している範囲**」です。例えば Here comes the train.（ほ
ら、電車が来るよ）は、「自分がいる場所をなわ張りと認識し、その中に電車が
入ってくる」ということを表します。

　市長の here is ... という発言には、市長が王子の像を含めてすべてを「自分の
領域内のもの」として捉えていることが表されていると言っていいでしょう。

→ p.295

⑳ この that は、どのような文法的役割を果たしているでしょうか？

We must really issue a proclamation <u>that</u> birds are not to be
allowed to die here.

▶ ▶ ▶ 「同格」の that です。

解説　We must really issue a proclamation ...（私たちは本当に通達を出さ
なければならない…）というところまで読んだところで、that が登場
します。その時点で、この that の役割について吟味する必要が出てきます。

　issue は第3文型をとる動詞であり、a proclamation が目的語になっていま

す。その後に続いている that 節には、以下の2つの可能性が想定できます。

A a proclamation を先行詞とする「関係代名詞節」
B a proclamation と「同格」

A だと考えた場合、a proclamation という先行詞が「取り出されて」いるので、that 節は名詞が欠けた「不完全な文」になっていなければなりません。しかし、birds are not to be allowed to die here は「鳥がここで死ぬことは許されるべきではない」という「完全な文」になっています。そのため、この that は**「同格」**であると判断できます。

　ただし、英文を読んでいくときに〈名詞＋that 節〉が出てきたら、that 以下は情報を「補足している」「詳述している」と考えて**「左から右に」**読むという技術も必要です。本文の We must really issue a proclamation that birds are not to be allowed to die here. を例にすると、「私たちは本当に通達を出さなければならない…」というところまで読んだ上で、**「それはどういう通達かと言うと…」**という具合にそのまま続けて読むのです。この読み方を、以下のように that 節が関係代名詞節である場合も適用するのです。

例 We must really issue a proclamation that would make that day a national holiday.
（私たちはなんとしても、その日を祝日にする通達を出さなければなりません）

　この場合は、「私たちは本当に通達を出さなければならない…」と読んできたら、that 節のところで「その通達はどういうものかと言うと…」と理解しておき、「その日を祝日にするような通達です」と「左から右に」読んでいくのです。

　このように that 節の種類に関係なく、「左から右に」読んでいくことによって、英文を読むスピードは格段に向上します。

しかし、このような読み方をするには、例えばthat would make ...のところで「主語がない」ことを見抜き、would makeの主語は先行詞のa proclamationであると瞬間的に判断できる能力が必要です。つまり、**きちんとした文法の知識がなければ、「正しく速く」読むことはできない**のです。

→ p.295

㉑ このwhat節を、助動詞を使って能動態に書き換えてください。

... what was to be done with the metal.

▶ ▶ ▶ **... what they should do with the metal.**

解説 このwhat節中のwas to be doneは「**be to不定詞**」と呼ばれるものです。be to不定詞には「**予定**」「**意図**」「**運命**」「**義務**」「**可能**」という意味がありますが、ここは「その金属はどのようにされる<u>べきか</u>」という「**義務**」の意味と考えておきましょう。

そこで、what was to be done with the metalをshouldを使って表してみると、what <u>should</u> be done with the metalとなります。「その金属にどうすべきか」を考えているのはthey「彼ら」ですから、能動態に書き換えると**... what they should do with the metal.**となります。

→ p.295

㉒ このmustはどのような意味でしょうか？

We <u>must</u> have another statue, ...

▶ ▶ ▶ **「…しなければならない」という「義務・必要」の意味です。**

解説 「私たちは、別の像を立てなければならない」と述べており、このmustは「**義務・必要**」を表しています。主語がweになっているのは、市長として「この街を代表している」という思いの表れだと言っていいでしょう。

このWe must ... に続いて、市長は以下のように発言しています。

"We <u>must</u> have another statue, of course," he said, "and it <u>shall</u> be a statue of myself."

mustは「どうしても…しなければならない」という強い義務を表しますが、この... it shall be a statue of myself.のshallも、話し手の強い意志を表しています。この意志が他者に向けられることによって、「命令」のような響きが伴います。また、「私の意志において…となるだろう」という発言の裏には**「他者の意志など意に介さない」**という思いも透けて見えます。市長の**「傲慢さ」「わがままぶり」**が描写されている場面と言えるでしょう。

「傲慢」「わがまま」という点では、他の市議たちも負けていません。彼らは、この後、口々に「自分の像を建てるべきだ」と主張し、口論が続くことになるのです。ここには、人間の名誉に対する欲深さが見て取れます。**「みすぼらしい像だ」**と騒いでいた市長、そしてそれに同調していた市議たちが、今度は**「自身の像を建てること」**に執着するという、本当に醜い姿が描き出されています。

→ p.295

㉓ このwillはどのような意味でしょうか？

This broken lead heart <u>will</u> not melt in the furnace.

▶ ▶ ▶ **will not** で**「拒絶」**を表しています。

解説 主語がthis broken lead heart「この割れた鉛の心臓」という「もの」になっていますが、このwillも比喩的に**「ものの意志」**を表す用法です。否定形のwill not / won'tで、「もの」を主語にした場合、それが「まるで意志を持っているか」のように**「どうしても…しない」**という**「拒絶」**の意味を表すことがあります。

例 My car <u>won't</u> start, so I need to call a towing service.
（車のエンジンがどうしてもかからないので、レッカーサービスを呼ばなければなりません）

例 This door <u>won't</u> open. Let's use a crowbar to pry it open.
（このドアはどうしても開かないので、バールでこじ開けましょう）

→ p.297

㉔ この said の主語はどの部分でしょうか？

"Bring me the two most precious things in the city," <u>said</u> God to one of His Angels ...

▶ ▶ ▶ **God** です。

解説　"Bring me the two most precious things in the city," said God to one of His Angels ... を本来の語順に戻すと、God said to one of His Angels, "Bring me the two most precious things in the city," ... となります。つまり、**said の主語は God** です。「動詞第二位語順」の原則が適用されて、動詞が「被伝達文」の直後、つまり「前から2番目の位置」に置かれています。

→ p.297

㉕ この shall はどのような意味でしょうか？

... in my garden of Paradise this little bird <u>shall</u> sing for evermore ...

▶ ▶ ▶ 「神の意志」を表す shall です。

解説　shallは、もともと「お金を借りている」という意味の本動詞で、そこから義務・束縛を表す法助動詞として発達してきたものです。助動詞のshallは、「神の意志」を表す言葉として聖書で数多く使われています。例

えば、Thou shalt not kill.（現代英語では You shall not kill.）は「汝、殺すなかれ」「あなたは人を殺してはならない」という意味ですが、このような You shall ...は、「神が人々の行動を束縛している」表現と言えます。法令や契約書などでも shall がよく使われますが、これは「法や契約が束縛している」というイメージになります。

　... in my garden of Paradise this little bird shall sing for evermore ... という文の発話者は「神」なので、shall は**「神の意志」**を表しています。「神の意志において、この鳥にうたわせよう」→「この鳥をいつまでも歌っていられるようにしてやろう」という意味になります。

　なお、神様ではない私たちが shall を使うときは、**「話し手の意志」**によって、ある行為の実現が保証されるというニュアンスになります。例えば、You shall die.は「話し手（＝私）の意志において、あなたは死ぬだろう」ということから、「死んでしまえ」「殺してやる」という物騒な意味を表します。She shall have this book.は「話し手（＝私）の意志において、彼女はこの本を手にするだろう」→「彼女にこの本をあげるつもりです」という意味になります。他にも One day we shall die.（私たちはいつか必ず死にます）のように、主語の意志には関係なく、**運命的に必ずそれが実現すること**を表すときにも shall が使われます。

→ p.297

㉖ この of はどのような意味でしょうか？

... in my city _of_ gold the Happy Prince shall praise me.

▶ ▶ ▶「構成要素」を表す of です。

解説　A of B という構造は、「B の A」という訳語を当てはめればほぼ理解できると思っている人が多いかもしれませんが、of は実に**「奥が深い」前置詞**です。例えば a cup of tea を「紅茶のカップ」とは訳すことができませんよね。「カップ1杯の紅茶」のように、tea を主体とした捉え方をする必要が

あります。

　A of Bは、さまざまな意味関係を表します。先ほどみたa cup of teaは〈**容器＋of＋内容物**〉という関係が成り立っています。

例 One <u>of</u> the students in my class is from Italy.
（私のクラスの学生の1人はイタリア出身です）

…▶ one of the studentsは「studentsという全体の中の1人」→「学生の（中の）1人」という意味ですね。これは〈**部分＋of＋全体**〉という意味関係です。

例 The love <u>of</u> money and the love of learning rarely meet.
（金銭欲と学問的欲求はめったに相容れない）

…▶「お金もうけに夢中な人は学問に興味がなく、学問を追求する人はお金もうけに興味がない」という意味のことわざ。このthe love of moneyは「お金が好きであること」という意味であり、〈**行為・動作＋of＋行為・動作の対象（被動作主）**〉という関係になっています。

例 May the love <u>of</u> God lead us all forward with hope.
（神の愛が、我々を希望と共に前に進ませんことを）

…▶ このthe love of God「神の愛」は「神が我々を愛すること」であって、「我々が神を愛すること」ではありません。つまり、上のthe love of moneyとはまったく逆の〈**行為・動作＋of＋行為者・動作主**〉という構造になっています（なお、文脈によってはthe love of moneyが「お金<u>への</u>愛」という〈**行為・動作＋of＋行為・動作の対象（被動作主）**〉になることもあります）。また、the love of my lifeは「人生を愛すること」でも「人生に愛されること」でもなく、「生涯の恋人」という意味になります。

例 The manager is hostile to the idea <u>of</u> his subordinates working from home.

（部長は、部下が自宅で仕事をするという考えに反感を持っています）

⋯▶ このofは「…という」という意味で、「**同格**」の関係を表しています。

例 Are you a member <u>of</u> the baseball club?

（あなたは野球部に入っているのですか？）

⋯▶ このofは「**範囲**」「**所属先**」を表しています。

例 We are a family <u>of</u> three.

（うちは3人家族です））

⋯▶ a family of threeは「3人からなる家族」という意味で、このofは「**構成要素**」「**材料**」「**内容**」などを表すときに用いられます。This desk is made of wood.（この机は木製です）のofと同じ用法です。

例 A man <u>of</u> courage never wants weapons.

（勇気ある者には、武器など必要ない）

⋯▶ これはことわざで、a man of courageは「勇気のある人」という意味になります。このofは「**性質**」を表しています。なお、a man of Tokyoは「東京出身の男性」という意味であり、こちらは「**出所**」「**起源**」を表す用法です。

例 The waiter cleared the table <u>of</u> the dishes.

（ウエイターはテーブルからお皿を片付けました）

⋯▶ このofは「**除去**」「**剥奪**」を表しています。He was robbed of his bag on the train.（彼は電車内でカバンを強奪されました）のofも同様の用法です。

さて、本文のmy city of goldを考えてみると、「黄金でできた私の街」→「黄金の街」という意味になりますので、これは**「構成要素」**を表していると考えられます。My city is made of gold. という文が基になっていると考えていいでしょう。なお、少し前に出てくるin my garden of Paradiseは「楽園に属する庭」という**「所有関係」**を表すofですね。

解 釈 の ポ イ ン ト 〟〟〟〟〟〟〟〟〟〟〟〟〟〟〟〟 Beneath the surface

このIは「誰」を指しているのでしょうか?

When I last heard of them they were quarrelling still.

→ この小説は、一貫して**「3人称の語り」**という形式が取られています。しかし、ここにきて、いきなり "I" という表現が登場するので、強い違和感を禁じえません。

まずは、簡単に小説の語りの形式についてまとめておくことにしましょう。小説とは、情景や出来事、登場人物の心情などを「誰か」が語るものです。これを**「語り手」**と呼び、実際にアイディアをまとめて執筆をする**「作者」**とは区別して考えます。

語り手には、代表的な2つのタイプがあります。ひとつは、**「小説内に出てくる特定の登場人物」**です。もうひとつは、**「全知の語り手」**という、何でもお見通しな語り手です。さらに、後者の「全知の語り手」の場合、「私」という人物が物語を語りながら読者に働きかける場合と、「私」が完全に姿を消された状態で、物語が語られる場合があります。

「語り手＝登場人物」の例として、次のような小説の書き出しがあります。

例 You don't know about me without you have read a book by the name of *The Adventures of Tom Sawyer*; but that ain't

324

no matter. That book was made by Mr. Mark Twain, and he told the truth, mainly.

（『トム・ソーヤの冒険』という名前の本をきみが読んだことがなかったら、俺が誰だかわからないだろう。でも、そんなことは問題ではない。マーク・トゥエインさんがその本を作ったのさ。そして本当のことを言ってた、大体は）

　これはマーク・トゥエイン『ハックルベリー・フィンの冒険』の冒頭部分です。『トム・ソーヤの冒険』の9年後に出版された作品ですが、この語り手は「ハックルベリー・フィン」という登場人物である少年です。登場人物が「前口上」のようなものを読者に対して語りかけるパターンです。

　さて、ここで『幸福な王子』の語り手について考えてみます。ツバメの「心の中」の描写までできてしまうのは、いわゆる「全知の語り手」以外にはありえません。この「全知の語り手」は、When I last heard ... という文が出てくるまでは姿を隠し、「王子が…と言った」や「マッチ売りの少女が泣いている」という具合に、**常に第3者を主体として**語っていました。これを便宜上「**3人称・全知の語り手**」と呼ぶこともあります

　When I last heard ... という部分で、物語の「地の文」に、突然1人称代名詞が登場してきました。地の文に1人称代名詞が使われる場合、自由直接話法のような登場人物の思考内容をダイレクトに表すことがあります。しかし、これは登場人物による語りになっていません。「この前、私が聞いたところによると…」と、**語り手が後日談を語るために顔を出してきた**のです。

　ちょっと「ルール違反」にも思える、この"I"は、やはり作者すなわち「**オスカー・ワイルド自身**」を指していると考えるのが妥当でしょう（物語中、ここだけで使われている「1人称代名詞による語り」は、「1人称・全知の語り手」と呼ばれるものです）。なぜ「ワイルド自身」がここで登場するのかについての考察は、この後の「場面解説」をぜひお読みください。

ワンポイント文法講義 ⑥

Mini-lecture

特定の表現を「強調」したい場合、一番単純かつ確実なのは、その表現を「強く発音する」ことで実行できます。しかし、これは「話し言葉」の場合に限られます。ある特定の表現を文法的操作によって強調する際には、「強調構文」というパターンがとても便利です。

強調構文とは

『幸福の王子』の以下の場面でも、強調構文が使われていました。

"It is not to Egypt that I am going," said the Swallow. "I am going to the House of Death. Death is the brother of Sleep, is he not?"

（「エジプトへ行くのではありません」とツバメは答えました。「ぼくは、死の館へ赴くのです。死は、眠りの兄弟みたいなものですよね？」）

I am not going to Egypt. という文の **to Egypt という副詞句を強調するため**に、It is not to Egypt that I am going. という形になっています。

特定の要素をit is[was] ... thatの間に移動することによって強調する、このような構文のことを**「分裂文」**(cleft sentence)といいます。it is[was] ... thatによって、元の文が「分裂」しているので、このような名称がついています。itとthatの間には、名詞（句）、前置詞句、副詞（句・節）などを置くことができます。

例 It was Takeshi that ate my cake.

（私のケーキを食べたのはタケシです）

⋯▶ 元の文はTakeshi ate my cake.であり、主語のTakeshiを強調しています。なお、この場合はthatの代わりにwhoを使って、It was Takeshi <u>who</u> ate my cake.とすることもできます。

例 It was playing tennis that they enjoyed.
（彼らが楽しんだのはテニスをすることでした）

⋯▶ They enjoyed playing tennis.の目的語である、playing tennisを強調した文です。このplayingは動名詞ですね。

例 It was to Hiro that Mariko spoke.
（マリコが話しかけたのはヒロでした）

⋯▶ 単に「話しかけた」という事実の描写ではなく、「誰に話しかけたのか」が強調されています（元の文はMariko spoke to Hiro.）。このように、前置詞句（前置詞＋名詞）も強調の対象になりえます。

例 It was last night that I met Professor Smith.
（スミス教授に会ったのは昨夜でした）

⋯▶ 元の文はI met professor Smith last night.で、last nightが強調されています。後でくわしく説明しますが、強調構文は多くの場合「…ではなくて、〜である」というニュアンスを含みます。おそらくこの文も、例えばIt was last night that I met Professor Smith, <u>not this morning</u>.（スミス教授に会ったのは、<u>今朝ではなく</u>昨夜でした）のように使うのがより自然です。

例 It was because the Chuo Line was delayed this morning that I was late for the morning class.
（朝の授業に遅刻をしたのは、今朝中央線が遅れたからです）

⋯▶ 理由を示すbecause節が強調されています。元の文はI was late for

the morning class because the Chuo Line was delayed this morning.
です。

▎強調構文における「焦点」▎

　上で説明したように、文中の特定の名詞（句）・前置詞句・副詞（句・節）を強調するには、**It is [was] X that Y.** という「分裂文」が用いられます。ここで、分裂文がどのように成り立っているのかを確認しておくことにします。

　(A) <u>Maki</u> bumped into **(B)** <u>Professor Yamada</u> **(C)** <u>at Hibiya Park</u> **(D)** <u>yesterday.</u>（昨日、マキはヤマダ教授に偶然日比谷公園で出くわしました）という文の、**(A)** から **(D)** の部分を強調すると、以下のような文がそれぞれできあがります。■は強調される要素が抜き出されてできた「空所」です。

(A) を強調した文

It was Maki that [who] ■ bumped into Professor Yamada at Hibiya Park yesterday.

(B) を強調した文

It was Professor Yamada that Maki bumped into ■ at Hibiya Park yesterday.

(C) を強調した文

It was at Hibiya Park that Maki bumped into Professor Yamada ■ yesterday.

(D) を強調した文

It was yesterday that Maki bumped into Professor Yamada at Hibiya Park ■.

It is [was] X that Y. のXの位置に来る要素は**「焦点」**とし、そしてYの部分に後回しされる部分は、**既に前提として示されている旧情報**であると考えることができます。「焦点」の位置にある情報は、フォーカスされるべき「新情報」というわけです。ですから、新情報、つまり「既知ではない情報」を求めるWho bumped into Professor Yamada at Hibiya Park yesterday?（昨日、誰が日比谷公園で偶然山田教授に出くわしましたか？）という疑問文に対する強調した答えとして、**(A)** を用いることは可能です。同様に、When did Maki bump into Professor Yamada at Hibiya Park?（マキはいつ日比谷公園で偶然ヤマダ教授に出くわしましたか？）という疑問文に対して、yesterdayを強調して答える場合には **(D)** を用います。「疑問」とは**「知りたいことをたずねる」**こと、そして「強調」とは**「伝えたいことを示す」**ことなのですから、両者は表裏一体の関係になっているわけです。

ところで、2008年度のセンター試験で以下のような整序英作文問題が出題されました。空所に❶～❺を1つずつ入れて、正しい文を完成させられますか？

Has it really been that long? It (　　)(　　)(　　)(　　)(　　) when we last met.

❶ it　❷ only yesterday　❸ seems to me　❹ that　❺ was

Has it really been that long?は「本当にもうそんなに経つの？」という意味ですので、おそらくはIt's been five years since we last met.（最後に会ってから、もう5年経っているね）のような発言に対する返事だと考えられます。

答えは❸❹❶❺❷。つまり、**It seems to me that it was only yesterday when we last met.** という文ができあがります。It seems to me の that節以下に分裂文が来る形式です。It seems to meのitは後のthat節以下を示す仮主語になっています。そして、that以下は... it was only yesterday when we last met. と続きます。このようにIt is[was] X that YのXの部分に時を表す副

詞が来た場合、thatの代わりにwhenが用いられることがあります（既に説明したとおり、Xが人の場合はthatがwhoになることもあります）。It seems to me that it was only yesterday when we last met. という文はitが2回も登場するのでやや複雑ですが、1つ目はIt seems (to me that) ...「…のように思われる」のit、そして2つ目が強調構文（分裂文）のitであることがわかれば問題ありませんね。

また、強調構文は疑問文でも大いに活用することができます。いくつか例を挙げておきましょう。

例 Who was it that ate my chocolate?
（私のチョコレートを食べたのは一体誰なの？）

　…▶ X ate my chocolate.（Xが私のチョコレートを食べました）を、強調構文のIt was X that ate my chocolate.（私のチョコレートを食べたのはXです）にし、それをさらに疑問文にしたものです。

例 Why was it that he said such hurtful things?
（彼がそのような心ない言葉を言ったのは一体どうしてなんだろうか？）

　…▶「理由」を強調した疑問文になっています。この場合、whyの代わりにhowを使うこともできます。

　強調構文では、It is ... とIt was ... の両方が用いられます。たいていは元の文の主動詞の時制が引き継がれますが、そうならないこともあります。例えば、**発話をしている現時点で誰の行為であるのか**を決定づけるようなときには、be動詞を現在形にして、It **is** X that ＋過去形.とすることがあります。

　Johnson killed Mr. Miller.（ジョンソンがミラー氏を殺害しました）という文を例に考えてみましょう。「ミラー氏が殺害されるという事件があり、犯人がずっと不明だったが、ようやくジョンソンの犯行だったことが今判明した」という場合であれば、So it's Johnson who [that] killed Mr. Miller.（つまり、ミ

ラー氏を殺害したのはジョンソンなのです）という**2つの動詞の時制が異なる文**ができあがります。このように、話し手や書き手の気持ちが「現在」に向いている場合は、時制をそろえない形が採用されます。

▌分裂文が「伝えたいこと」▐

ここまで、分裂文を構造的な観点から見てきましたが、分裂文が伝える「意味」について考えてみましょう。強調構文の「強調」とは**何をどのように強調しているのか**を考えておくことで、英文の意味をつかみ取れるようになります。つまり、書き手や発話者がどのような意図を達成するために、分裂文を用いて「強調」しているのかを考えてみることが大切です。

分裂文は、ノーマルな文の名詞（句）、前置詞句、副詞（句・節）という要素を他と「**対比**」するために用いられます。例えばKen wants a Nintendo Switch.（ケンはNintendo Switchが欲しい）を、強調構文のIt is a Nintendo Switch that Ken wants.（ケンが欲しいのはNintendo Switchです）とします。そうすると、この文は「ケンが欲しいのは、プレイステーションや他のものではなく、Nintendo Switchである」という意味を持ちます。つまり、It is a Nintendo Switch that Ken wants, not a PlayStation.となるわけです。他にもIt's in the kitchen that I study.は「私が勉強する場所は、他のどの場所でもなく、キッチンである」という意味になります。このように、**It is[was] X (not Z) that Y.**あるいは、**It is[was] X that Y (not Z).**のように、**not Zに入るものは何かと考えながら読む**ことで、テクストの理解が深まるのです。

否定文の場合、例えばIt's not the students that are in the wrong.（間違えているのは学生ではありません）という文は、It's not the students that are in the wrong. It's the teacher.（間違えているのは学生ではなく、先生のほうです）のように文章が展開することがよくあります（It's not the students that are in the wrong but the teacher.やIt's not the students, but the teacher, that are in the wrong.のようにすることも可能）。このような「対比」が隠れてい

ることを意識して読むと、**次にどんな内容が来るのかをある程度予想できる**ため、読解の深化やスピードアップに繋がります。

　ここで、再び本文で使われていた強調構文を見てみましょう。

"<u>It is not to Egypt that I am going</u>," said the Swallow. "I am going to the House of Death. Death is the brother of Sleep, is he not?"

　I am not going to Egypt. ではなく、It is not to Egypt that I am going. という強調構文によって表現されているのはなぜでしょうか。そこで、It is not to Egypt that I am going (but Z). の but Z に当たるものは何かと考えてみます。それが次の文、I am going to the House of Death. で明らかになります。つまり、ツバメが言いたいのは **It is not to Egypt that I am going but to the House of Death.** ということだったのです。

　これまでツバメはずっとエジプトに行くことを望んでいました。その気持ちがどのようになっていたのか、簡単に振り返ってみましょう。ツバメは、ルビーを貧しい家庭の少年に届けた後、王子のところに戻ってきます。そしてツバメは、I am just starting. と現在進行形の表現で、王子に別れを告げます。「気持ちの上では既にエジプトに向かっている」、そして「今すぐにでもエジプトに行きたい」と願うツバメの気持ちが読み取れるでしょう。サファイアを若い作家に届け、戻ってきたツバメは、王子に Dear Prince, I must leave you, ... と伝えます。この must leave という表現からは、ツバメが「どうしてもエジプトに行かねばならない、そのためにこの場を去らねばならない」と思っていることがわかります。そして、マッチ売りの少女が困っているのを見かねた王子はツバメにもう一方の目にあるサファイアを渡すように命じます。そして、戻ってきたツバメは、王子に I will stay with you always. と告げます。ツバメはそれまでずっとエジプトにいくことを望んでいたのですが、ここで、その態度に変化が生じ、気持ちが変わったことがわかります。渡り鳥である自分が越冬でき

ないことはツバメ自身がよくわかっているはずですので、ツバメのI will stay with you always.という発言から、「死への覚悟」を読み取った鋭い読者もいらっしゃるかもしれません。それはおそらくそのとおりで、既に死を覚悟していたツバメの発したIt is not to Egypt that I am going.という言葉には、「これから自分は死んでしまうのだ」という気持ちがこもっており、とても重みを感じさせます。単に「私はエジプトには行きません」では不十分であり、ここは**「私はエジプトには行かないのです。私が行くのは…」という含みのある強調構文**を使うのがふさわしいのです。

▎疑似分裂文とは ▎

「強調構文」（分裂文）とよく似た構文に、疑似分裂文（pseudo-cleft sentence）があります。まずは次の文を見てください。

例 What Paul is is very handsome.

この文を見て「なぜisが2つ連続しているのだろう？」と不思議に思われる方もいらっしゃると思いますが、文法的にはなんの問題もありません。この文の意味については後ほど説明しますが、疑似分裂文とは、このように**what節を主語として文頭に置くことで強調構文（分裂文）と同じような効果をもたらす構文**です。

I wanted to study linguistics.（私は言語学を勉強したかったのです）という文のlinguisticsを強調すると、It was linguistics that I wanted to study.（私が勉強したかったのは言語学でした）という分裂文になります。これを擬似分裂文にすると、**What I wanted to study was linguistics.**となります。既に説明したとおり、分裂文はIt is[was] X that Y.という形でXを強調します。これに対して、疑似分裂文は**What Y is X.「YであるのはXだ」**というようにXを強調し、分裂文とは「前後が入れ替わった」ような形になっています。

What Y is X.のWhat Yの部分で「前提」が表され、Xが焦点となります。It is X that Yの分裂文とは異なり、Xの部分には補語である形容詞や動詞句を置くことができます。What Y is X.のXの位置に動詞句が来た場合は、What S do [does/did] is という形になります。なお、前提であるWhat Yの部分は「主語」であるため、省略することはできません。一方、分裂文は必ずしもthat以下を必要としません。It is X that Yの場合は、**Xの要素を強調することが最も重要**であり、それは以下の例に見るようにthat以下を省略することができることからもわかります。

A: Who takes out the garbage in your house?
B: It's the husband.
（お宅では誰がゴミを出しますか？／夫です）

⋯▶ It's the husband.は、分裂文のIt's the husband that [who] takes out the garbage in your house.のthat以下を省略したものです。

では、疑似分裂文の形式に慣れるために、いくつか例を見ていきましょう。

例 What Ken is doing is sleeping all day long.
（ケンがしていることといえば1日中寝ていることである）

⋯▶ 元の文はKen is sleeping all day long.です。sleeping all day long「1日中寝ている」という部分が強調されています。

例 What he did was play the piano.
（彼がしたことは、ピアノを弾いたことである）

⋯▶ He played the piano.が元の形です。

例 What's important is that you try your very best.
（大切なのは最善をつくすことです）

⋯▶ That you try your very best is important.（あるいは It is important that you try your very best.）を擬似分裂文にしたものです。この What's important is that ... は、よく見かける決まり文句的表現です。

例 **What John is, is a complete idiot.**
（ジョンがどんな人物なのかと言えば、完璧な愚か者です）

⋯▶ 主語の切れ目をわかりやすくするためにコンマを入れていますが、このコンマは省略できます。元の文は John is a complete idiot. です。なお、what の位置を変えて、A complete idiot is what John is. のように言うこともできます。

最後に上げた例が大きなヒントになると思いますが、最初に見た What Paul is is very handsome. は What Paul is が主語であり、全体としては**「ポールがどんな人物であるかと言えば、すごくハンサムです」**という意味を表しています。

What Paul is is very handsome. という文の、1つ目の be 動詞は**「叙述の be 動詞」**で、2番目が**「指定の be 動詞」**です。指定の be 動詞とは、例えば The chair is Ken.（議長はケンである）のように、**主語で述べられた役割が、誰であるかを特定する**ときなどに使われるものです。一方、Ken is a chair.（ケンは議長である）のように、**人物や事物の属性を述べる**ものを叙述の be 動詞（または「措定の be 動詞」）と言います。What Paul <u>is</u> is very handsome を元の文に戻した Paul is very handsome. は「ポールという人物の属性」を述べていますので、この is は「叙述の be 動詞」だとわかります。

｜ まとめ ｜

このワンポイント文法講義では、分裂文と疑似分裂文についてみてきました。どちらの形式も、元になる文があり、それを「変形」させたものであるということが確認できたと思います。なお、It is X that Y. という分裂文は「対比」の

ために用いられる他、「場面設定」の役割を担うことがあります。例えば、時を表す副詞句が焦点の位置に置かれた、It was early this morning that the car crashed into the wall.（その車が壁に突っ込んだのは、今朝早くのことでした）のようなものがあげられます。ここでは「夜遅くではなく早朝だった」という対比・強調をする必要が特に感じられませんので、これは単に「場面設定」（scene-setting）として、early this morning を**前の方に出してハイライトしている**と考えるのが自然ですね。*A Comprehensive Grammar of the English Language* によれば、このようなパターンの構文は "especially perhaps in BrE radio and television news"「おそらく、特にイギリスのラジオやテレビのニュースで」用いられるとされています。

　It was Takeshi that ate my cake. や What Paul is is very handsome. のように「強調」した文のことを、言語学的には**「有標」**（marked）と呼びます。これに対して、Takeshi ate my cake. や Paul is very handsome. といった「ノーマル」な文のことを**「無標」**（unmarked）と呼びます。有標性のある形式が選択されている場合、そこには必ず「理由」があるはずです。文章を読んでいるときに有標な表現に出会ったら、「なぜ、ここでこの文形式が使われているのだろう」と考えて読むようにしましょう。そうすることによって、その文に込められているメッセージを読み取れるはずです。

Scene 6 解説 —— ワイルド作品の様式美

　ついに最後の場面となりました。衰弱したツバメに、もはやエジプトへ帰る力はなく、最後の力を振り絞って王子にキスをした後で力尽きてしまいます。その瞬間、王子の鉛の心臓も真っ二つに割れてしまう。王子の像は鋳造所で溶かされてしまいますが、最後まで溶けなかったこの割れた鉛の心臓は、死んだツバメとともに、最終的には、天使によって、神様のいる楽園へ運ばれることになります。

　読者のみなさんはすでにお感じかと思いますが、この Scene 6 には、Scene 1 を連想させるような場面が少なからずあります。議員がまたやって来て、なんとも世俗的なことをあれこれ言っていますし、Scene 1 のときは数学教師でしたが、今度は美術教授が現れて、何やらもっともらしいことを述べています。もちろん Scene 2 から Scene 5 でも、困窮した人々をはじめ、鳥類学の教授や船乗りたち、それにスズメなども登場して街の様子はある程度描かれていました。しかしなんと言っても話の中心を担っていたのは、王子とツバメでした。それが再び、王子の像の周囲に日常的な喧騒が戻ってくるのです。作品全体が、ゆるやかに対称型をなしていることがわかります。

　ワイルドは、ストーリー展開の上でのこうした構成感覚を強く意識していました。ストーリー展開だけではありません。会話文にも、何かを説明する文章にも、こういう構成感覚が働いていて、それが、時に読者を幻惑するような独特の逆説や皮肉を表現することに繋がっていました。Scene 6 では美術教授が、王子の像のことを「もはや美しくないのだから、なんの役にも立たない」と対句的な表現で語っています。逆に言えば、美しいものは役に立つ、というわけです。ひょっとするとそうかもしれない、と思う方もいらっしゃるかも知れませんが、ワイルドはそう考えてはいませんでした。Scene 1 の解説でも触れましたが、『ドリアン・グレイの肖像』の序言の最後に、彼は "All art is quite useless" と記しています。実際、この王子の像の中にあった鉛の心臓こそ、ワイルドにしてみれば、美、あるいは芸術そのものであったわけですが、この美術教授にはまったく理解できないのでした。

　さて、そういうあらゆる側面での構成感覚を重視したワイルドでしたが、それゆえ、そうした分かりやすい構成の崩れたところに、彼の真心が隠されていると

338

見ることができます。Scene 6を読みながら、まず不思議に感じられるのは、議員たちがまだ「言い争い」をしている様子を耳にしたという、最後の方で出てくる「私」という存在でしょう。どうして、作品の最終局面に至って、観察者であり作品の語り手である「私」がわざわざ顔を出すのか。この「私」の後に言葉を発するのは、鋳造所の監督と神様だけです。そういうタイミングで、ワイルドは「私」をはさんだ——それは、『幸福な王子』というこの話が、たんなるおとぎ話ではなく、町の議員とも知り合いである大人の「私」が、たしかに見聞してきたことの報告なのです、という作者のメッセージだったのではないでしょうか。『幸福な王子』が出版された当時、彼は、3歳と2歳になる2人の男の子の父親で、短いながらも、家庭人としての幸せな生活を送っていましたから、この「私」は、お父さん、と言い換えてもよいのかもしれません。

　Scene 6がScene 1と明らかに異なる構成を取っているもう1つの点は、言うまでもなく、最後の2段落。Scene 1ではツバメの恋わずらいが紹介されていましたが、Scene 6ではきわめて簡潔に、天上界の様子が描かれています。作品を締めくくる神様の最後の言葉は、神様自身の意志を示すshallを用いて、強く響きます。それは、サファイアの目を運ぶことに躊躇していたツバメに対して王子が呼び掛ける「私の言う通りにするのです」にも増して、厳粛で澄明なものと言えるでしょう。王子の像とツバメと市中の人々の間で展開してきたストーリーは、この最後の2段落によって、一気に天上界へと引き上げられます。それは、もろもろの「悲嘆」に暮れるような社会にあって、また、浅薄な実用性を第一義とするような俗悪な世俗の中にあって、渾身の力を込めて奮闘し、イギリスの19世紀末を駆け抜けたオスカー・ワイルドという文人が、最後まで心の奥底に秘めていた安寧の地であったのかも知れません。しかし、そういう安寧は、全力で奮闘した後に初めて訪れるもの——Scene 1とは決定的に異なるこの最後の2段落には、そういうワイルドの決意と希望が表出しているのではないかと思います。

The Nightingale and the Rose

　最後に、『幸福な王子』と同じ短編集（The Happy Prince and Other Tales）に収載されている、『ナイチンゲールとバラの花』（*The Nightingale and the Rose*）の朗読をお楽しみください。『幸福な王子』と同じぐらい、あるいはそれ以上に「音楽的な美しさ」を持つ作品です。簡単な注釈もつけてありますので、参考にしてみてください。

The Nightingale and the Rose

"She said that she would dance with me if I brought her red roses," cried the young Student; "but in all my garden there is no red rose."

From her nest in the holm-oak tree the Nightingale heard him, and she looked out through the leaves, and wondered.

"No red rose in all my garden!" he cried, and his beautiful eyes filled with tears. "Ah, on what little things does happiness depend! I have read all that the wise men have written, and all the secrets of philosophy are mine, yet for want of a red rose is my life made wretched."

"Here at last is a true lover," said the Nightingale. "Night after night have I sung of him, though I knew him not: night after night have I told his story to the stars, and now I see him. His hair is dark as the hyacinth-blossom, and his lips are red as the rose of his desire; but passion has made his face like pale ivory, and sorrow has set her seal upon his brow."

"The Prince gives a ball to-morrow night," murmured the young Student, "and my love will be of the company. If I bring her a red rose she will dance with me till dawn. If I bring her a red

holm-oak tree
「カシの木」
nightingale
「ナイチンゲール (サ
ヨナキドリ)」

for want of ...
「…がないために」
wretched 「悲惨な」

hyacinth
「ヒアシンス」

of the company
「出席して、参加して」

342

025 rose, I shall hold her in my arms, and she will lean her head upon my shoulder, and her hand will be clasped in mine. But there is no red rose in my garden, so I shall sit lonely, and she will pass me by. She will have no heed of me, and my

030 heart will break."

"Here indeed is the true lover," said the Nightingale. "What I sing of he suffers: what is joy to me, to him is pain. Surely Love is a wonderful thing. It is more precious than

035 emeralds, and dearer than fine opals. Pearls and pomegranates cannot buy it, nor is it set forth in the market-place. It may not be purchased of the merchants, nor can it be weighed out in the balance for gold."

040 "The musicians will sit in their gallery," said the young Student, "and play upon their stringed instruments, and my love will dance to the sound of the harp and the violin. She will dance so lightly that her feet will not touch the floor,

045 and the courtiers in their gay dresses will throng round her. But with me she will not dance, for I have no red rose to give her;" and he flung himself down on the grass, and buried his face in his hands, and wept.

050 "Why is he weeping?" asked a little Green

heed「関心」

dear「貴重な」

pomegranate
「ザクロ」(ここでは
宝石の「ザクロ石」)
set ... forth
「…を陳列する」

courtier「廷臣」
gay「鮮やかな」

fling「投げ出す」

Lizard, as he ran past him with his tail in the air.

"Why, indeed?" said a Butterfly, who was fluttering about after a sunbeam.

"Why, indeed?" whispered a Daisy to his neighbour, in a soft, low voice.

"He is weeping for a red rose," said the Nightingale.

"For a red rose!" they cried; "how very ridiculous!" and the little Lizard, who was something of a cynic, laughed outright.

But the Nightingale understood the secret of the Student's sorrow, and she sat silent in the oak-tree, and thought about the mystery of Love.

Suddenly she spread her brown wings for flight, and soared into the air. She passed through the grove like a shadow, and like a shadow she sailed across the garden.

In the centre of the grass-plot was standing a beautiful Rose-tree, and when she saw it, she flew over to it, and lit upon a spray.

"Give me a red rose," she cried, "and I will sing you my sweetest song."

But the Tree shook its head.

"My roses are white," it answered; "as white as the foam of the sea, and whiter than the snow

flutter「羽を動かして飛ぶ」
sunbeam「陽の光」

weep for ...「…のことで泣く」

something of ...「ちょっとした…」
cynic「皮肉屋」
outright「無遠慮に、公然と」

soar「飛翔する」

grass-plot「芝生」

light upon ...「…に降りる」
spray「小枝」

upon the mountain. But go to my brother who grows round the old sun-dial, and perhaps he will give you what you want."

sun-dial「日時計」

080 So the Nightingale flew over to the Rose-tree that was growing round the old sun-dial.

"Give me a red rose," she cried, "and I will sing you my sweetest song."

But the Tree shook its head.

085 "My roses are yellow," it answered; "as yellow as the hair of the mermaiden who sits upon an amber throne, and yellower than the daffodil that blooms in the meadow before the mower comes with his scythe. But go to my brother who 090 grows beneath the Student's window, and perhaps he will give you what you want."

mermaiden「人魚」
daffodil「スイセン」
mower「芝刈り人」
scythe「草刈り用の大鎌」

So the Nightingale flew over to the Rose-tree that was growing beneath the Student's window.

"Give me a red rose," she cried, "and I will 095 sing you my sweetest song."

But the Tree shook its head.

"My roses are red," it answered, "as red as the feet of the dove, and redder than the great fans of coral that wave and wave in the ocean-cavern. 100 But the winter has chilled my veins, and the frost has nipped my buds, and the storm has broken my branches, and I shall have no roses at

fans of coral「扇形になっている珊瑚」
cavern「大洞窟」
vein「葉脈」
nip「凍えさせる」

345

all this year."

"One red rose is all I want," cried the Nightingale, "only one red rose! Is there no way by which I can get it?"

"There is a way," answered the Tree; "but it is so terrible that I dare not tell it to you."

"Tell it to me," said the Nightingale, "I am not afraid."

"If you want a red rose," said the Tree, "you must build it out of music by moonlight, and stain it with your own heart's-blood. You must sing to me with your breast against a thorn. All night long you must sing to me, and the thorn must pierce your heart, and your life-blood must flow into my veins, and become mine."

by moonlight 「月光の出ているうちに」

"Death is a great price to pay for a red rose," cried the Nightingale, "and Life is very dear to all. It is pleasant to sit in the green wood, and to watch the Sun in his chariot of gold, and the Moon in her chariot of pearl. Sweet is the scent of the hawthorn, and sweet are the bluebells that hide in the valley, and the heather that blows on the hill. Yet Love is better than Life, and what is the heart of a bird compared to the heart of a man?"

chariot「一人乗りの二輪馬車」

hawthorn「サンザシ」
bluebell「ブルーベル (釣鐘草)」
heather「ヘザー (ギョリュウモドキ)」

So she spread her brown wings for flight, and

soared into the air. She swept over the garden like a shadow, and like a shadow she sailed through the grove.

grove「林」

The young Student was still lying on the grass, where she had left him, and the tears were not yet dry in his beautiful eyes.

"Be happy," cried the Nightingale, "be happy; you shall have your red rose. I will build it out of music by moonlight, and stain it with my own heart's-blood. All that I ask of you in return is that you will be a true lover, for Love is wiser than Philosophy, though she is wise, and mightier than Power, though he is mighty. Flame-coloured are his wings, and coloured like flame is his body. His lips are sweet as honey, and his breath is like frankincense."

stain「色を染める」

The Student looked up from the grass, and listened, but he could not understand what the Nightingale was saying to him, for he only knew the things that are written down in books.

frankincense「乳香（古くから宗教儀式などで使われていたお香の一種）」

But the Oak-tree understood, and felt sad, for he was very fond of the little Nightingale who had built her nest in his branches.

"Sing me one last song," he whispered; "I shall feel very lonely when you are gone."

So the Nightingale sang to the Oak-tree, and

her voice was like water bubbling from a silver jar.

When she had finished her song the Student got up, and pulled a note-book and a lead-pencil out of his pocket.

lead-pencil「鉛筆」

"She has form," he said to himself, as he walked away through the grove——"that cannot be denied to her; but has she got feeling? I am afraid not. In fact, she is like most artists; she is all style, without any sincerity. She would not sacrifice herself for others. She thinks merely of music, and everybody knows that the arts are selfish. Still, it must be admitted that she has some beautiful notes in her voice. What a pity it is that they do not mean anything, or do any practical good." And he went into his room, and lay down on his little pallet-bed, and began to think of his love; and, after a time, he fell asleep.

pallet「わら布団」

And when the Moon shone in the heavens the Nightingale flew to the Rose-tree, and set her breast against the thorn. All night long she sang with her breast against the thorn, and the cold crystal Moon leaned down and listened. All night long she sang, and the thorn went deeper and deeper into her breast, and her life-blood ebbed away from her.

ebb away from ...
「…からだんだんな
くなる」

She sang first of the birth of love in the heart of a boy and a girl. And on the topmost spray of the Rose-tree there blossomed a marvellous rose, petal following petal, as song followed song. Pale was it, at first, as the mist that hangs over the river——pale as the feet of the morning, and silver as the wings of the dawn. As the shadow of a rose in a mirror of silver, as the shadow of a rose in a water-pool, so was the rose that blossomed on the topmost spray of the Tree.

But the Tree cried to the Nightingale to press closer against the thorn. "Press closer, little Nightingale," cried the Tree, "or the Day will come before the rose is finished."

So the Nightingale pressed closer against the thorn, and louder and louder grew her song, for she sang of the birth of passion in the soul of a man and a maid.

And a delicate flush of pink came into the leaves of the rose, like the flush in the face of the bridegroom when he kisses the lips of the bride. But the thorn had not yet reached her heart, so the rose's heart remained white, for only a Nightingale's heart's-blood can crimson the heart of a rose.

And the Tree cried to the Nightingale to

topmost「最上部の」

petal「花びら」

maid「独身の女性」

delicate「ほのかな」

flush「赤らみ」

crimson「…を深紅色に染める」

349

press closer against the thorn. "Press closer, little Nightingale," cried the Tree, "or the Day will come before the rose is finished."

So the Nightingale pressed closer against the thorn, and the thorn touched her heart, and a fierce pang of pain shot through her. Bitter, bitter was the pain, and wilder and wilder grew her song, for she sang of the Love that is perfected by Death, of the Love that dies not in the tomb.

And the marvellous rose became crimson, like the rose of the eastern sky. Crimson was the girdle of petals, and crimson as a ruby was the heart.

But the Nightingale's voice grew fainter, and her little wings began to beat, and a film came over her eyes. Fainter and fainter grew her song, and she felt something choking her in her throat.

Then she gave one last burst of music. The white Moon heard it, and she forgot the dawn, and lingered on in the sky. The red rose heard it, and it trembled all over with ecstasy, and opened its petals to the cold morning air. Echo bore it to her purple cavern in the hills, and woke the sleeping shepherds from their dreams. It floated through the reeds of the river, and they carried its message to the sea.

210
215
220
225
230

pang「激痛」

perfect「…を完全なものにする、…を完成させる」

girdle「ガードル、帯状のもの」
heart「(花の) 芯」

faint「弱々しい」

beat「羽ばたく」
film「薄いもや」

choke「…を窒息させる」

linger on「ぐずぐずする」

bear「運ぶ」

shepherd「羊飼い」

350

"Look, look!" cried the Tree, "the rose is finished now;" but the Nightingale made no answer, for she was lying dead in the long grass, with the thorn in her heart.

And at noon the Student opened his window and looked out.

"Why, what a wonderful piece of luck!" he cried; "here is a red rose! I have never seen any rose like it in all my life. It is so beautiful that I am sure it has a long Latin name;" and he leaned down and plucked it.

Then he put on his hat, and ran up to the Professor's house with the rose in his hand. The daughter of the Professor was sitting in the doorway winding blue silk on a reel, and her little dog was lying at her feet.

"You said that you would dance with me if I brought you a red rose," cried the Student. "Here is the reddest rose in all the world. You will wear it to-night next your heart, and as we dance together it will tell you how I love you."

But the girl frowned.

"I am afraid it will not go with my dress," she answered; "and, besides, the Chamberlain's nephew has sent me some real jewels, and everybody knows that jewels cost far more than

why「【間投詞】あれ、おや」

pluck「…を摘み取る」

wind「…を巻きつける」

go with ...「…によく合う」

flowers."

"Well, upon my word, you are very ungrateful," said the Student angrily; and he threw the rose into the street, where it fell into the gutter, and a cart-wheel went over it.

"Ungrateful!" said the girl. "I tell you what,

you are very rude; and, after all, who are you? Only a Student. Why, I don't believe you have even got silver buckles to your shoes as the Chamberlain's nephew has;" and she got up from her chair and went into the house.

"What a silly thing Love is," said the Student as he walked away. "It is not half as useful as Logic, for it does not prove anything, and it is always telling one of things that are not going to happen, and making one believe things that are

not true. In fact, it is quite unpractical, and, as in this age to be practical is everything, I shall go back to Philosophy and study Metaphysics."

So he returned to his room and pulled out a great dusty book, and began to read.

upon my word
「(驚きを表して) い
やはや、これまた」
ungrateful「恩知ら
ずな」

gutter「側溝」
cart wheel
「(荷馬車・荷車の)
車輪」

buckle「留め金」

metaphysics「形而
上学」

352

英語学習の
お勧め参考書

英語を読むために必須の英文
法の知識を確実に身につけるた
めのお勧めの文法書や、文学を
より楽しむための学習書・参考
書をピックアップしました。ま
た、オスカー・ワイルドの世界
をより深く味わうための書籍も
紹介しています。

Suggested
Readings

✎ 英文法の知識を身につけるための本

わからないことがあったらすぐに調べられるように、少なくとも1冊は、ある程度厚みのある包括的な文法書を持っておきましょう。

【手元に必ず置いておきたい包括的な文法書】
中邑光男 他[編]『ジーニアス総合英語』(大修館書店)
基本的な英文法は網羅されています。また、文法コラムも学習に有意義です。

江川泰一郎『英文法解説』(金子書房)
発展的な文法項目を確認するなら、まずはこの本から。

安藤貞雄『現代英文法講義』(開拓社)
日本語で書かれた本格的な英文法書としては、これが一番と言えるぐらいくわしいものです。

【最近の学術的な知見を取り入れたもの】
時吉秀弥『英文法の鬼100則』(明日香出版社)
認知言語学をベースに、初学者にもわかりやすく文法が説明されています。

鍋島弘治朗『英日翻訳の技術』(くろしお出版)
「認知言語学的発想」を取り入れた翻訳技術を学べます。「代名詞」「無生物主語」などといった章構成になっているため、文法知識のブラッシュアップも図れます。

【問題を解きながら英文法を楽しく学ぶなら】
田中健一『英文法基礎10題ドリル』(駿台文庫)
単語の並べ替えをしながら、英語の語順に慣れることで、英文法の基礎を身につけられます。

竹岡広信『英作文基礎10題ドリル』(駿台文庫)
語順や語法、文法を意識して文を作る練習をすることで、英語のカタチを習得できます。

仲本浩喜『仲本の英文法倶楽部』(代々木ライブラリー)
大学入試問題を解きながら、英文法の基礎をわかりやすい解説で理解できます。

◪ 文学をより楽しむための本

文学を通じて英語を学習する具体的な方法や、文学を「どう読むのか」の指南書など、文学をより楽しめるようになるための本をピックアップしてみました。

【文学作品を味わいながら英語力も身につけられる本】
阿部公彦『英語的思考を読む』（研究社）
阿部先生の『幸福な王子』の解説も読むことができます。様々な文学作品のおいしい英文を引用しながら、その読みが提示されます。

鴻巣友季子『翻訳ってなんだろう？』（ちくまプリマー新書）
翻訳という作業を通じて、「作品を読む」とはどのようなことなのかを実例と共にわかりやすく説明しています。

行方昭夫『解釈につよくなるための英文50』（岩波ジュニア新書）
入試問題でよく見かける作家や作品の解釈について、対話方式で学習できます。「精読」とは何かを我々に教えてくれる1冊です。

【文学の世界への入り口】
ローラー・ミラー［総合編集］、巽孝之［日本語版監修］、越前敏弥［訳］『世界物語大事典』（三省堂）
古典的名作はもちろん、ファンタジーやSFに至るまで、あらゆる「物語」を紹介している大著です。

柴田元幸『書き出し「世界文学全集」』（河出書房新社）
世界文学の名作73編の「書き出し」部分を、柴田先生の見事な訳で楽しめます。

上田勤、行方昭夫『英語の読み方、味わい方』（新潮選書）
現代英米文学作品のすぐれた抜粋を素材に、語彙・構文からシンボリズムまで徹底的に解説した名著。作品の背景や著者についての解説もあり、訳文も逸品です。

✒ オスカー・ワイルドの作品を楽しむための本

本書を通じて、オスカー・ワイルドの作品に興味を覚えたら、ぜひ以下の書籍にも手を伸ばしてみてください。

西村孝次［訳］『オスカー・ワイルド全集』(青土社)

この全集訳（全5巻）のほか、『幸福な王子』などの童話集や『サロメ』や『ウィンダミア卿夫人の扇』『まじめが肝心』などの演劇、『ドリアン・グレイの肖像』や『獄中記』などは、各種文庫本で簡単に入手できます。

富士川義之・玉井暲・河内恵子［編著］『オスカー・ワイルドの世界』(開文社出版)

ワイルドの個別作品から世紀末文化の諸相、ワイルド作品の現代へのアダプテーションなどを、気鋭の執筆陣が詳しく明快に論じています。

山田勝［編］『オスカー・ワイルド事典 —— イギリス世紀末大百科』(北星堂書店)

ワイルドの人生と作品に関する約250項目を分かりやすく解説した事典。ワイルドの影響を受けた芥川や谷崎、三島といった文人についての解説も収載しています。

宮崎かすみ『オスカー・ワイルド ——「犯罪者」にして芸術家』(中公新書)

「私は人生にこそ精魂をつぎ込んだが、作品には才能しか注がなかった」と語るワイルドのきわめて起伏に富んだ人生を、豊富な資料をもとに解説。

山田勝『世紀末とダンディズム —— オスカー・ワイルド研究』(創元社)

ワイルドを1つの典型とするダンディズムの精髄と芸術至上主義、そして世紀末文化の諸相を詳説した、この分野の基本書です。

前川祐一『イギリスのデカダンス —— 綱渡りの詩人たち』(晶文社)

従前の基準や権威、信仰が崩れ去る状況を「デカダンス」と言いますが、イギリス19世紀末、ワイルドとその周囲の詩人たちの人生と作品に、そのデカダンスの精髄をたどっています。

オスカー・ワイルド年譜

　オスカー・ワイルドの生涯を年譜にまとめました。作品に関しては、代表的な作品のみ掲載しています。

1854年10月16日　ダブリンで誕生。

1871年　トリニティ・コレッジ（ダブリン）入学 —— 17歳

1874年　モードリン・コレッジ（オクスフォード）入学 —— 20歳

1878年　モードリン・コレッジ卒業 —— 24歳

1880年　『ヴェラ、実は虚無主義者』出版 —— 26歳

1881年　『詩集』出版 —— 27歳

1884年　コンスタンス・ロイドと結婚 —— 30歳

1885年　長男シリル誕生 —— 31歳

1886年　次男ヴィヴィアン誕生。17歳のロバート・ロスと親密な関係となる —— 32歳

1887年　雑誌『婦人世界』（*The Woman's World*）の編集者（〜1890年まで） —— 33歳

1888年　『幸福な王子とその他の物語』出版 —— 34歳

1890年　『ドリアン・グレイの肖像』の連載開始 —— 36歳

1891年　『ドリアン・グレイの肖像』、『アーサー・サビル卿の犯罪その他』、『ザクロの家』、『意向集』、『社会主義下の人間の魂』出版。私生活では、21歳のアルフレッド・ダグラスと親密な関係となる —— 37歳

1893年　フランス語版の『サロメ』出版 —— 39歳

1894年　『スフィンクス』、英語版の『サロメ』出版。英語版のサロメはダグラスが翻訳したもの —— 40歳

1895年　アルフレッド・ダグラスの父である、第9代クイーンズベリー侯爵ジョン・ダグラスを名誉毀損で訴える。敗訴する一方で、重大猥雑行為をとがめられて逮捕、投獄（2年間）。破産の宣告 —— 41歳

1896年　母が死去 —— 42歳

1897年　投獄中、『獄中記』を書き続ける（出版は1905年にロバート・ロスの編集により刊行）。ロスの出迎えで出獄。フランスへ —— 43歳

1898年　コンスタンス・ホランドと改名していた妻が死去。ダグラスと共にフランス、イタリアなどを転々とする —— 44歳

1900年11月30日　滞在中のパリのホテルで梅毒による脳髄膜炎により死去 —— 46歳

あとがき

　本書は、オスカー・ワイルドの名作『幸福な王子』を原文で読み切る楽しさを実感していただくべく、必要な言葉の知識を、英文法に依りながら解説したものです。原文の音の美しさ、心地よさについては、ピーター・バラカンさんの朗読を通じて味わってみてください。

　評論や新聞記事、各種説明書など、文章にもいろいろありますが、特に文学作品が面白いのには、そこに、人間の想像力や創造力が自由闊達に表現されているからです。もちろん、そうした想像力や創造力は、どんな文章にもある程度は含まれています。新聞記事にも記者の思いが反映していますし、会社の「長期計画」のような文章もまた、将来のことを構想する想像力・創造力の現れと言えるでしょう。ただ、特に文学作品は、ただ1点、作品の描き出す世界を読者が想定できるということのみをもって、読者と向き合います。読者にもさまざまな個性があるわけですから、その向き合い方も自由自在、千差万別と言えるでしょう。

　でも、そういう自由さは、作品の1語1語が、読者にきちんと伝わることで成り立つものです。想像力・創造力の発露があればあるほど、言葉の発するメッセージが、その多義性を含めてきちんと伝わらなければ、文学作品は成立しません。本書の英文法についての解説は、すべて、このことを念頭に置いています。ですから、見事なワイルドの文章とその解説に接することで、自分でも英語の文章を書いてみたくなる方もおられるはずです。

　優れた文学作品は、一義的解釈を斥けるところがあります。私たち人間も、人間社会も、それほど単純に片づけられるものではないからです。『幸福な王子』についても、「王子の像とツバメは救われたのか」「実はツバメは被害者ではないのか」など、さまざまな感想があると思いますが、そういう多様な解釈を生み出すところにこそ、文学の言葉の持つ力がみなぎっています。ただ、そのようなメッセージを確実に受け取るためには、言葉の知識と広がりをしっかりと理解しておいていただきたいと思います。

　共著者である倉林秀男さんとは、かつて、大学の教室でご一緒しました。イギ

リス文学を専門とする私の授業に出席していた倉林さんは、その後、言語学・文体論を専門にされましたが、そういう学生のみなさんに、私自身も大いに刺激を受け、育てられたと思います。本書に満載された言葉の面白さ、そして文学の面白さを、多くの読者のみなさんと共有できることを願っています。

原田範行

著者プロフィール

倉林 秀男 （くらばやし ひでお）

杏林大学外国語学部教授、博士（英語学（獨協大学））。専門は英語学、文体論。＜ことば＞にかかわること全般を研究対象としている。日本文体論学会代表理事（2018年〜2020年）、同学会会長（2020年〜）。著書に『言語学から文学作品を見る―ヘミングウェイの文体に迫る』（開拓社）、『街の公共サインを点検する』（共著、大修館書店）、『ヘミングウェイで学ぶ英文法』（共著、アスク出版）、『ヘミングウェイで学ぶ英文法2』（共著、アスク出版）などがある。

原田 範行 （はらだ のりゆき）

慶應義塾大学文学部教授、博士（文学（慶應義塾大学））。専門は近現代英文学、出版文化史、比較文化論。日本英文学会会長、日本ワイルド協会前会長、日本学術会議会員、Dr. Johnson's House (London) 理事。主な著訳書（邦文）に、『風刺文学の白眉――「ガリバー旅行記」とその時代』(NHK出版)、『「ガリヴァー旅行記」徹底注釈』（共著、岩波書店）、『セクシュアリティとヴィクトリア朝文化』（共編著、彩流社）、『オスカー・ワイルドの世界』（共著、開文社出版）、『読書の歴史』（柏書房）、『パミラ』（研究社）、『クック南半球周航記』（岩波書店）、『召使心得 他四篇――スウィフト諷刺論集』（平凡社）がある。

オスカー・ワイルドで学ぶ英文法

2020年7月27日　初版第1刷発行
2020年9月30日　初版第2刷発行

著者
倉林秀男・原田範行

発行人
天谷修身

デザイン
岡崎裕樹

DTP
アスク組版部

ナレーション
ピーター・バラカン

発行
株式会社アスク出版
〒162-8558 東京都新宿区下宮比町2-6
電話：03-3267-6864（営業）FAX：03-3267-6867

印刷・製本
日経印刷株式会社

ISBN978-4-86639-350-6　Printed in Japan
©Hideo Kurabayashi and Noriyuki Harada. All rights reserved.